Zu diesem Buch

Toleranz, Freundlichkeit und Nettsein sind hehre Ideale des Umgangs miteinander. Die Wirklichkeit sieht anders aus. Unser Leben wird bestimmt von Konkurrenzneid, Status- und Erfolgskämpfen, Intrigen, dauerndem Zank um Kleinigkeiten und zunehmender Gewalt. Eine realistische Alternative liegt in produktivem Streit: Wie sagen wir einander offen und fair die Meinung, ohne den anderen zu verletzen? Wie können wir unser Verhältnis zu Partnern, Freunden und Kollegen vertiefen, ohne mit unliebsamen Ansichten hinterm Berg halten zu müssen? «Miteinander streiten» liefert dafür die Anleitung: Es erläutert die Regeln konstruktiver Auseinandersetzungen und zeigt, wie wir uns unfairer Streiter erwehren können. Besondere Sensibilität erfordern Konflikte mit dem Partner, mit Kindern und am Arbeitsplatz. Aber auch hier nützt das klärende Gespräch – das sprichwörtliche «reinigende Gewitter» – oft mehr als stumme Vorwürfe und vorgetäuschte Harmonie, die mit Unzufriedenheit, Einsamkeit, ja sogar mit dem Risiko psychosomatischer Krankheiten bezahlt werden. Meinungsverschiedenheiten sind kein Unglück, sondern eine Chance für ein genaueres Kennenlernen unserer Mitmenschen und für Wahrhaftigkeit im täglichen Zusammenleben.

Über den Autor

Frank Naumann, geboren 1956 in Leipzig. 1977–1982 Studium der Philosophie, Psychologie und Biologie an der Humboldt-Universität zu Berlin. Spezialisierung auf philosophische Fragen der Naturwissenschaften. 1984 Dissertation, 1989 Habilitation. Seit November 1989 Mitarbeiter am Interdisziplinären Institut für Wissenschaftsphilosophie und Humanontogenese der Humboldt-Universität. Forschungsschwerpunkte: Interdisziplinäre Aspekte der Kommunikationsforschung und Theorien der subjektiven Zeit.

Veröffentlichungen: «Erkenntnis zwischen Abbild und Konstruktion», Mitherausgeber der Bände «Migration», «Kommunikation und Humanontogenese» sowie «Verhalten, Informationswechsel und organismische Evolution», dazu etwa ein Dutzend Fachartikel; literarische Veröffentlichungen: ein Roman («Verlorene Erinnerung», 1991) und sechs Hörspiele.

Frank Naumann

Miteinander streiten

Die Kunst der fairen
Auseinandersetzung

Rowohlt

Redaktion: Wolfgang Müller

MB Ebberberg 190995

Originalausgabe
Veröffentlicht im Rowohlt Taschenbuch Verlag GmbH,
Reinbek bei Hamburg, Juli 1995
Copyright © 1995 by Rowohlt Taschenbuch Verlag GmbH,
Reinbek bei Hamburg
Umschlaggestaltung: Susanne Heeder
(Foto: Zigy Kaluzny / Tony Stone)
Alle Rechte vorbehalten
Satz Sabon (Linotronic 500)
Gesamtherstellung Clausen & Bosse, Leck
Printed in Germany
1290-ISBN 3 499 19795 2

Inhalt

Selbstverständlich würden wir uns gern mit jedermann vertragen. Wer träumt nicht manchmal von einer Welt voll Harmonie und Verständnis, in der die Menschen ihre Meinungsverschiedenheiten ohne Zank und Zwietracht bereinigen? Die täglichen Auseinandersetzungen, die sich um Beruf, Karriere, Geld, Familie und die vielen Kleinigkeiten des Alltags drehen, sind oft zermürbend und bringen nur selten die Verbesserung, die wir erwartet haben.

Aus diesem Grunde hat eine Reihe von Philosophen, Psychologen und Soziologen nach Wegen gesucht, den Streit aus dem Leben der Menschen zu verbannen. Ohne Erfolg, wie jeder von uns aus eigener Erfahrung weiß. Dennoch vertreten besonders enthusiastische Vertreter dieser Richtung auch heute noch die Meinung, daß alle Konflikte sich lösen lassen, ohne daß die Kontrahenten wütend und ärgerlich aufeinander losgehen, ohne daß es zu Wortgefecht und Schlagabtausch kommen muß. Sie haben zu diesem Zweck eine Reihe von Methoden entwickelt, die in der Psychotherapie angewendet werden. Was allerdings passiert, wenn man versucht, therapeutisches Handeln in den Alltag zu übertragen, spiegelt der folgende Insiderwitz wider. Ein Tourist fragt einen Einheimischen: «Können Sie mir sagen, wo es hier zum Bahnhof geht?» Der Einheimische, Psychologe von Beruf, antwortet: «Leider nicht, aber ich finde es super, daß wir mal darüber geredet haben.»

Ich möchte Sie einladen, liebe Leserin und lieber Leser, mit mir eine Reise durch die Welt der Konflikte, Meinungsverschiedenheiten und Interessenkämpfe zu unternehmen. Sie erfahren zu Beginn, aus welchen Gründen der Streit aus dem menschlichen Zusammenleben nicht fortzudenken ist. Warum lassen wir uns weder von moralischen Appellen noch von therapeutischen Trainingsprogrammen abhalten, unser Glück in der Auseinandersetzung mit unseren Mitmenschen zu suchen? Was geschieht, wenn wir versuchen, allen Konflikten aus dem Weg zu gehen und für jedermann und alles jederzeit Verständnis zu zeigen? Mit den

Antworten auf diese Fragen beschäftigen sich die ersten beiden Kapitel.

Ein Streit kann allerdings auch mißlingen – eine Eigenschaft, die er mit allen übrigen menschlichen Verhaltensweisen gemeinsam hat. Wie wir verhindern können, daß Meinungsunterschiede unsere Beziehungen zerstören, davon handelt Kapitel 3. Die Prinzipien, Strategien und Methoden produktiven Streitens lernen Sie in den Kapiteln 5 bis 7 kennen. Im 8. und 9. Kapitel geht es dann um die zwei wichtigsten Schauplätze von Auseinandersetzungen im Alltag: den Arbeitsplatz und die Partnerschaft. Auch der Konflikt wegen und mit Kindern wird zur Sprache kommen. Das abschließende Kapitel 10 enthält als Fazit ein Plädoyer für eine neue Streitkultur in unserer Gesellschaft.

Eine Bemerkung zur sprachlichen Form: Dieses Buch ist ebenso für Frauen wie für Männer geschrieben worden. Um umständliche Aufzählungen und schwer lesbare Wortneuschöpfungen zu vermeiden, habe ich Begriffe wie «Partner», «Person» oder andere (sowie ihre zugehörigen Personalpronomen, zum Beispiel «er» und «sie») in ihrer üblichen Grundform gebraucht, wie sie die deutsche Sprache vorgibt. Ich bitte Sie zu berücksichtigen, daß in den entsprechenden Passagen, unabhängig vom grammatischen Geschlecht, Frauen und Männer gleichermaßen gemeint sind. In Abschnitten, in denen typisch Männliches und typisch Weibliches zur Sprache kommen, werden die Unterschiede durch einen differenzierenden Wortgebrauch dargestellt.

Berlin, November 1994

1

Sich vertragen um jeden Preis?

Der Streit ist der Vater aller Dinge.
Heraklit (540–480 v. Chr.)

Menschen streiten sich, das gehört zu den wichtigsten Grund-
erfahrungen unseres Lebens. Kaum ein Tag vergeht, ohne daß wir
Zeuge gefühlsgeladener Auseinandersetzungen zwischen Eltern
und Kindern, Kollegen oder Ehepartnern werden. Und wie oft
sind wir selbst an heftigen Wortwechseln beteiligt gewesen! Wie
oft haben wir gar den Streit selbst vom Zaun gebrochen! Die Gefühle, die wir dabei empfinden, sind meist zwiespältig. Wir regen
uns auf, spüren aber nicht selten eine heimliche Genugtuung, daß
wir unseren Ärger herausgeschrien haben, daß wir es dem anderen mal richtig gegeben haben. Meist wollen wir nicht zugeben,
daß in unserem Kopf ein kleiner Kobold sitzt, der sich die Hände
reibt, wenn wir die Selbstbeherrschung verlieren. Denn haben wir
nicht von Kindesbeinen an gelernt, daß Streitigkeiten ärgerlich
und ein Zeichen von Unbeherrschtheit sind? Daß es anständiger
ist, seine Neigung zu Zwist und Reibereien zu unterdrücken? Sind
nicht vielmehr Toleranz, Freundlichkeit und nette Umgangsformen jene Werte, nach denen jedermann streben sollte?

Ich möchte in diesem Buch die Ansicht verteidigen, daß der
Streit ebenso notwendig zum menschlichen Dasein gehört wie
Harmonie und Versöhnung. Seit einigen Jahren unterrichte ich
Studenten in Theorie und Praxis der zwischenmenschlichen Kommunikation. Als ich damit anfing, mußte ich feststellen, daß so
ziemlich alle gängigen Übungsprogramme den Schwerpunkt auf
das Erlernen der Fähigkeit legen, durch ein geschicktes Verhalten
im Gespräch Konflikte zu vermeiden oder – wenn diese bereits
ausgebrochen sind – sie auf dem schnellstmöglichen Weg beizule-
gen. Wir übten, bei Zerwürfnissen Verständnis für den Partner zu
zeigen, Ärger nicht in Wutanfällen explodieren zu lassen, sondern

jedes Problem, das in unseren Beziehungen auftritt, im sachlichen Gespräch zu klären. Doch diese Übungen hinterließen bei den Studenten ebenso wie bei mir ein merkwürdiges Gefühl des Unbefriedigtseins. Trotz aller Lernerfolge blieb der Eindruck, daß etwas Wichtiges fehlte.

Das Ideal konfliktfreier Kommunikation Nehmen wir ein Beispiel: Wenn ein Student in einer wichtigen Angelegenheit (wie etwa der Hausarbeit in einem Prüfungsfach) den Termin für seine Zuarbeit nicht eingehalten hatte, durfte der geschulte Kommilitone ihn nicht mehr anschreien: «So etwas Unzuverlässiges wie dich hab ich überhaupt noch nicht erlebt! Das war das letzte Mal, daß ich mit dir zusammen eine Seminararbeit angefangen habe!» Statt ihn in dieser Weise als generell unzuverlässig abzustempeln, sollte er vielmehr nur seinen eigenen Gefühlen Ausdruck geben, und zwar nicht, indem er sie wie in unserem Beispiel einfach nur wütend herausschrie, sondern seine Frustration zahm in Worte faßte. Etwa so: «Ich bin sehr ärgerlich, daß du deine Zusage nicht eingehalten hast. Das hat mich ziemlich in Schwierigkeiten gebracht.»

Ich will nicht bestreiten, daß die Rückmeldung der eigenen ärgerlichen Gefühle an den Partner eine hervorragende Methode sein kann, Probleme ohne Wutanfälle, gegenseitige Beleidigungen und langanhaltende Verstimmungen zu klären. Da im letzten Beispiel nichts Negatives über den Partner gesagt wurde, bietet man ihm die Möglichkeit zu einem sachlichen Gespräch über die Gründe für das nicht gehaltene Versprechen. Ich komme in den folgenden Kapiteln noch auf diese Möglichkeit zurück. Nur – Hand aufs Herz – wer von uns ist schon zu einem solchen Gespräch in der Lage, wenn alles in ihm nach Vergeltung schreit? Wer kann sein aufbrausendes Temperament ständig unter der Kontrolle der Stimme der Vernunft halten? Wer kann schon Tag für Tag seine Wut in sich hineinfressen, ohne daß sich in seinem Inneren ein Aggressionspotential aufbaut, welches später einmal mit seiner gesamten, über Monate und Jahre angestauten Ladung zu explodieren droht?

Hinter dem Ideal eines friedlichen Gesprächs, in dem Meinungsverschiedenheiten ohne Gefühlsausbrüche, Streit und Aggressionen ausgetragen werden, steht die Überzeugung, man könne mittels Bildung und Erziehung andere Menschen und damit eine andere Gesellschaft hervorbringen. Diese Überzeugung wurde im 18. Jahrhundert von dem französischen Aufklärungsphilosophen Jean-Jacques Rousseau (1712–1778) formuliert und hält sich seitdem hartnäckig in den Köpfen vieler Erzieher und Sozialwissenschaftler, obwohl die gesellschaftliche Praxis der letzten zweihundert Jahre dieses Ideal längst widerlegt hat.

Konflikte bestimmen unser Leben Es sind zum einen unsere biologischen Anlagen, unser genetisches Erbe, das eine durchgehende Friedfertigkeit sehr erschwert, wenn nicht gar unmöglich macht. Es handelt sich bei den aggressiven Potenzen des Menschen um einen biologischen Schutzmechanismus, der in vorgeschichtlicher Zeit, als die meisten vorzeitig durch Krankheiten, Jagdunfälle oder Kriege ums Leben kamen, für das Überleben notwendig war. Heute ermöglicht er uns, in der Gesellschaft unsere Individualität und Einzigartigkeit zu behaupten. Ich komme im folgenden Kapitel darauf zurück.

Zum anderen setzt die moderne Gesellschaft mit ihren Strukturen und Sachzwängen dem Willen jedes Erziehers Grenzen. Sie ist auf Wettbewerb und Leistung orientiert. Um seine Lebenspläne zu verwirklichen, muß der einzelne ein beträchtliches Durchsetzungsvermögen entfalten. Konkurrenten um berufliche Positionen, aber auch um die Zuneigung unserer Mitmenschen, zwingen uns immer wieder, uns auf Kämpfe um Status, Recht und Erfolg einzulassen. Wer von seinen Eltern oder Lehrern die Werte der Toleranz und Nachgiebigkeit kennengelernt hat, wird als Heranwachsender von seiner Umwelt sehr schnell darüber belehrt, daß er diese Ideale des öfteren über Bord werfen muß, wenn er nicht unter die Räder des täglichen Daseinskampfes geraten will. Was übrigbleibt, sind ein schlechtes Gewissen und die Trauer um das verlorene Paradies der Kindheit, in dem wir Gut und Böse noch sauber unterscheiden konnten.

Die Faszination der Gewalt Sehen wir der Wahrheit ins Auge: Der Streit ist der Normalzustand menschlichen Zusammenlebens und nicht die Harmonie. Die Gewalt übt auf die meisten Menschen eine unwiderstehliche Anziehungskraft aus. Filme, die blutige Kämpfe, Mord und andere Schrecken zeigen, haben im Fernsehen die höchsten Einschaltquoten. Die meisten Kinder haben (von Land zu Land in verschiedenem Ausmaß) bis zu ihrem vierzehnten Lebensjahr zwischen zehn- und hunderttausend Morde per Bildschirm miterlebt. Jeder Videothekenbesitzer wird Ihnen bestätigen, daß die Ausleihquote der Horrorfilme diejenige von Komödien oder Liebesfilmen um ein Vielfaches übertrifft. Dieser Faszination erliegen Mädchen ebenso wie Jungen. Eine britische Untersuchung aus dem Jahre 1994 ergab, daß knapp die Hälfte der sechzehnjährigen Mädchen gern Grusel- und Horrorgeschichten, aber nur jede fünfte Liebesgeschichten liest. Die Computer- und Videospielesammlung in einem durchschnittlichen Kinderzimmer zeigt uns, daß nichts soviel Faszination auf unsere lieben Kleinen ausübt wie das Zerstören und Abschlachten per Knopfdruck. Einige Wochen, bevor ich die Arbeit an diesem Buch aufnahm, hatte ich mich in einem Computerladen erkundigt, ob es Spiele gibt, an denen ich Studenten die intellektuellen Schwierigkeiten beim Verwalten komplizierter, stark vernetzter gesellschaftlicher Systeme demonstrieren könnte. Ich wollte mit ihnen das Aufbauen von Landschaften üben, nicht das Zerstören. Mir schwebte die Simulation eines Landes vor, das der Computerbenutzer als «Regierungschef» durch Krisen und Naturkatastrophen hindurchzusteuern hatte. Tatsächlich war ein solches Spiel vorhanden, das mir der Verkäufer stolz vorführte. Man sollte als Bürgermeister einer Großstadt zu blühendem Wohlstand verhelfen. Damit aber auch etwas zum Verwalten und Organisieren da war, flog zu meinem Erschrecken am Anfang ein metallenes Monster über die Stadt und legte erst einmal den größten Teil in Schutt und Asche!

Je mehr Politiker ihre Bürger zu einem friedlichen Zusammenleben auffordern, desto mehr scheint die Gewalt in unseren Städten zu explodieren. Je mehr Bücher über die Notwendigkeit einer toleranten und kooperativen Erziehung geschrieben werden, desto mehr werden die Kinder sich selbst und den mit Kampfgetümmel übersäten Bildschirmen überlassen. Die Erzieher in Kindertagesstätten registrieren hilflos, wie bereits die Kleinsten immer mehr dazu neigen, ihre Konflikte mit Fußtritten und Faustschlägen zu regeln. Gleichzeitig wissen wir aus wissenschaftlichen Untersuchungen, daß nahezu 90 Prozent der Eltern eine autoritäre Erziehung bevorzugen, die aus Befehlen und Strafen besteht. Keine Frage, daß zwischen diesen Entwicklungen ein Zusammenhang existiert.

Nicht besser sieht es in der Arbeitswelt aus. Immer mehr Führungskräfte in der Wirtschaft besuchen regelmäßig teure (häufig mehrere tausend Mark pro Wochenende kostende) Kommunikationskurse, in denen sie einen demokratischen Führungsstil für den Umgang mit ihren Mitarbeitern erlernen sollen. Schon die Tatsache, daß viele von ihnen solche Kurse *regelmäßig* besuchen, sagt etwas über ihre geringe Wirksamkeit aus. Ein Kollege, der ein solches Schulungsunternehmen leitet, erzählte mir, daß seine Hauptarbeit darin besteht, ständig neue Übungsspiele für seine Kursteilnehmer zu erfinden, weil die meisten von ihnen die gängigen Übungen schon mehrfach bei früheren Schulungen absolviert haben und längst wissen, welches Verhalten erwartet wird.

Tatsächlich belegen psychologische Untersuchungen, daß die größte Hürde bei solchen Kursen das sogenannte Transferproblem ist. Damit ist die Umsetzung des Gelernten in der Alltagspraxis gemeint. Im Ernstfall nämlich, wenn Termindruck, drohende Umsatzverluste und Karrierestreben auf den gestreßten Manager einschlagen, setzt das «natürliche» Kampfverhalten alle gelernten und eingeübten Regeln vernüftiger Gespräche wieder außer Kraft. Ich will nicht bestreiten, daß Trainingskurse in Gesprächs- und Verhandlungsführung einen gewissen Nutzen haben. Sie können dem überlasteten Direktor oder Abteilungsleiter durchaus neues Selbstvertrauen geben und taktische Hinweise für Situationen, in denen die Beteiligten ihre Gefühle unter Kontrolle haben. Es wäre nur verfehlt anzunehmen, dies wäre immer der Fall. Ein einziger Wutanfall, verbunden mit Beleidigungen und Drohungen, kann die guten Beziehungen, die über Wochen mühevoll aufgebaut wurden, mit einemmal zunichte machen.

Vom Nutzen des Streitens Mehr Freundlichkeit in der Welt durchsetzen, das wollen wir alle. Aber so paradox es klingen mag: Ich glaube nicht, daß dies ohne Streit möglich ist – zumindest nicht zu jeder Zeit, nicht in jeder Situation und nicht für jeden Charakter. Im Konflikt erfahren wir mehr als in jeder anderen Situation, worin sich unsere Ansichten von denen anderer Menschen unterscheiden, auf welche Grenzen unser Handeln stößt und wie unser Verhalten von unseren Mitmenschen beurteilt wird. Ich möchte zeigen, wie wir die im Streit liegenden Chancen nutzen können, wichtige Tatsachen über uns selbst und über unsere Freunde, Kollegen und Partner zu erfahren, die bei einer höflichen Konversation niemals zum Vorschein kommen würden. Wer streitet, muß allerdings wissen, daß er das Risiko von zerbrechenden Beziehungen und seelischen Verletzungen auf sich nimmt. Andererseits enden viele Beziehungen, auch ohne daß jemals ein böses Wort zwischen den Partnern gefallen wäre, und häufig wissen die Beteiligten dann nicht einmal, was die Ursache des Verlustes war. Aus Höflichkeit hatten sie sich nie offen ausgesprochen. Die amerikanischen Psychologen George Bach und Peter Wyden schildern in einem ihrer Bücher die Trennung eines lang verheirateten Ehepaares, das sich nie böse Worte an den Kopf geworfen hatte. Eines Tages ging der Mann wegen einer Besorgung aus dem Haus und kam nicht mehr zurück. Er hinterließ nicht einmal einen Abschiedsbrief. Von den Psychologen später nach den Gründen für sein Verhalten befragt, sagte er, er hätte es niemals fertiggebracht, seiner Frau eine solch unangenehme Nachricht zu schreiben, geschweige denn gar ins Gesicht zu sagen.

Sympathie gewinnen Insbesondere seit den sechziger Jahren gibt es dennoch eine beträchtliche Anzahl von Psychologen und Sozialtherapeuten, die der Meinung sind, man könne Konflikte gänzlich ohne Streit regeln. Mit den Worten: «Die einzige Möglichkeit, einen Streit zu gewinnen, ist, ihn zu vermeiden», brachte einer von ihnen ihr Anliegen auf den Punkt.[1] Es kommen dabei zwei Arten von Methoden zur Anwendung. Das sind zum ersten allgemeine Regeln der Sympathiegewinnung. Sie finden sich bereits ausführlich erörtert in Adolf Freiherr Knigges berühmtem

Buch «Über den Umgang mit Menschen» (1788), in dem es entgegen der landläufigen Meinung nicht um spezielle Benimmregeln geht, sondern darum, wie man sich seine Mitmenschen zu Freunden macht. Seitdem sind diese Regeln in zahlreichen Ratgebern verbreitet worden, zum Beispiel von Dale Carnegie, Josef Kirschner oder Heinz Ryborz (s. Literaturverzeichnis). Das Ziel besteht heutzutage darin, durch eine Art Manipulationsverhalten [2] andere Menschen für sich einzunehmen und sie dadurch leichter für die Unterstützung der eigenen Ziele zu gewinnen. Diese Regeln lauten beispielsweise:

- Überzeugen Sie durch selbstbewußtes Auftreten.
- Stellen Sie nicht sich selbst, sondern den Partner in den Mittelpunkt des Gesprächs.
- Knüpfen Sie an seinen Interessen an.
- Betonen Sie Ihre gemeinsamen Ansichten, nicht die Differenzen.
- Sagen Sie Ihrem Partner Positives (Lob, Anerkennung).
- Lernen Sie zuzuhören, statt selbst zu reden.
- Geben Sie nur die Informationen von sich preis, die von Ihrem Partner auch erfragt werden.
- Vermeiden Sie Vorwürfe, Drohungen und Kritik. Äußern Sie vielmehr Verständnis für das Verhalten des Partners.
- Vermeiden Sie Streit.

Diese Regeln richten die Aufmerksamkeit einzig und allein auf die *Wirkung* von Gesprächen. Was man sagt und was man verschweigt, das hängt einzig und allein davon ab, was man beim Partner erreichen will. Meinem Bedürfnis, mich meinen Mitmenschen zu präsentieren, wie ich wirklich bin, mit meinen Ansichten und Eigenheiten, Vorzügen und Fehlern akzeptiert zu werden – dem darf ich nur nachgeben, wenn es meine Überzeugungsabsichten unterstützt. Alles, was dem positiven Eindruck bei meinen Partnern abträglich sein könnte, soll ich tunlichst unterlassen. Die Anhänger dieser Methoden betonen immer wieder, daß Echtheit im Gespräch und diplomatische Verhandlungskunst keine Gegensätze sein müssen. Dies setzt jedoch voraus, daß es uns immer und

zu jeder Zeit gelingt, all unseren Mitmenschen positive Seiten ab-
zugewinnen und ihre negativen Seiten zu tolerieren. Ist es überhaupt erstrebenswert, jedermann zum Freund gewinnen zu
wollen? Menschen, die im Dienstleistungsbereich arbeiten, wie
Kellner(innen), Verkäufer(innen) und im Sozialbereich Tätige
können ein Lied davon singen, wie anstrengend es ist, Tag für Tag
unsympathischen Mitbürgern ein gleichbleibend freundliches Gesicht zu zeigen und Geduld zu bewahren. Und wehe, wenn es ihnen nicht gelingt, sich selbst davon zu überzeugen, daß jeder ihrer
Klienten liebenswert ist! Dann haben wir es mit jener aalglatten,
aufgesetzten Freundlichkeit zu tun, die wie eine starre, unechte
Maske wirkt und nun gerade unser Mißtrauen weckt. Wie wir
noch sehen werden, sind es Elemente der Körpersprache, vor allem der Mimik, der Gestik und des Blicks, die uns verraten, was
am Verhalten des anderen echt ist und was nicht. Der Versuch,
mit Methoden der Sympathiegewinnung Menschen für sich einzunehmen, kann deshalb sehr leicht in Mißtrauen und Antipathie
umschlagen. Die Psychologie hat jedoch eine zweite Gruppe von
Gesprächsmethoden entdeckt, mit deren Hilfe wir unsere echten
Gefühle ausdrücken und dennoch Streit vermeiden sollen.

Gefühle spiegeln Diese zweite Gruppe von Methoden streit-
freier Gesprächsführung ist ursprünglich von dem amerikanischen Psychologen Carl Rogers für die Psychotherapie entwickelt
worden. Thomas Gordon und andere haben sie auf verschiedene
Alltagsbereiche übertragen (und dabei leicht verändert), zum Beispiel auf den Umgang von Eltern mit ihren Kindern, von Lehrern
mit ihren Schülern und von Führungskräften in Betrieben mit ihren Mitarbeitern. Rogers' Ausgangspunkt war die Praxis des
Psychologen, der im Gespräch mit seinen Klienten die Ursachen
für seelische Störungen, die von Schlaflosigkeit bis zu schweren
Neurosen reichen, herauszufinden hatte. Da der Psychologe nicht
auf Geräte wie Stethoskop oder Röntgenapparat zurückgreifen
kann, bildet für ihn das Gespräch das wichtigste Medium für Dia-
gnose und Therapie. Es ist eine alte Erfahrung der psychologischen Beratung, daß es wenig Sinn hat, Ratschläge zu erteilen. Der
Patient hört am liebsten auf jene Empfehlungen, die ihn in seinem

bisherigen Verhalten bestätigen. Gegenteilige Empfehlungen überhört er oder entscheidet für sich, daß solche Ratschläge für seinen speziellen Fall nicht brauchbar sind. Denn je mehr Schwierigkeiten ein Mensch in seinem Alltag hat, desto mehr sehnt er sich nach Anerkennung und sucht Halt im Gewohnten. Beides findet er in der Bestätigung, daß er richtig gehandelt hat und die Gründe für seine Probleme bei seinen Mitmenschen und in seiner unglücklichen Lebenssituation liegen, nicht bei ihm selbst. Wenn der Psychologe ihm solche Gründe liefert, fühlt sich der Patient anerkannt. Drängt er ihn dagegen, sein eigenes Verhalten zu ändern, passiert es sehr schnell, daß der Patient den gutgemeinten Ratschlägen inneren Widerstand entgegensetzt und sich sagt: «Der versteht mich nicht.»

Rogers empfahl deshalb einen Gesprächsstil, bei dem der Psychologe dem Patienten überhaupt keine Empfehlungen gibt, sondern ihn dazu bringt, durch die Darstellung seiner Schwierigkeiten im Gespräch selbst zu der für ihn passenden Lösung zu gelangen. Die wichtigste Methode dabei ist das emotionale Spiegeln.[3] Danach soll der Psychologe die Sätze seines Klienten nicht kommentieren, sondern sich darauf beschränken, das Gefühl wiederzugeben, das in dessen Äußerungen steckt. Ein therapeutisches Gespräch könnte dann folgendermaßen ablaufen:

KLIENT: Nicht nur, daß mein Chef ständig auf mir rumhackt, wenn ich dann nach Hause komme, fängt meine Frau an, daß ich mich nicht genug um die Kinder kümmere.

THERAPEUT: Sie sind *enttäuscht*, daß Ihre Frau sich nicht mehr für Ihre beruflichen Probleme interessiert.

KLIENT: Genau. Ich verstehe ja, daß sie es mit unseren beiden Rabauken auch nicht leicht hat, aber wenn ich acht Stunden lang zu dem Gemecker meines Chefs ein freundliches Gesicht machen mußte, bin ich fertig. Probleme mit den Kindern sind dann das letzte, was ich noch gebrauchen kann.

THERAPEUT: Sie sind *ärgerlich*, daß Ihre Familie nicht mehr Rücksicht auf Sie nimmt.

KLIENT: Eben. Schließlich bin ich doch derjenige, der das Geld ins Haus bringt, oder? Natürlich brauchen die Kinder auch ihren Vater. Aber wenn es um Schulprobleme geht… Dafür ist am Wochenende auch noch Zeit!

THERAPEUT: Sie *fühlen sich* von Ihrer Familie *überfordert*.

KLIENT: Was heißt überfordert? Natürlich will ich mitkriegen, was zu Hause läuft, es sind schließlich auch meine Kinder. Na ja, vielleicht bin ich ein bißchen zu ungeduldig, weil mir noch mein eigenes Zeug im Kopf herumschwirrt…

Und so weiter. Wir sehen an diesem Gesprächsausschnitt, wie der Mann von der Beschwerde über seine Frau allmählich zu einer Einsicht über seinen eigenen Anteil an seinem Problem gelangt. Das ist ein notwendiger Ausgangspunkt für eine Verhaltensänderung. Wie hat der Therapeut das erreicht? Er hat den Mann weder getröstet («Das ist doch nicht so schlimm.» – «Das geht vielen so.») noch kritisiert («Wie wollen Sie denn Ihren Kindern ein guter Vater sein, wenn Sie sich nicht für ihre Probleme interessieren?»). Er hat ihm auch keine Ratschläge erteilt («Bereinigen Sie erst mal Ihr Verhältnis zu Ihrem Chef.» – «Glauben Sie nicht, es wäre Zeit für eine gründliche Aussprache mit Ihrer Frau?»). Das wäre nämlich eine indirekte Aufforderung an den Klienten, sich zu rechtfertigen, also sein bisheriges Verhalten zu verteidigen. Der Therapeut hat im Gegenteil weder positiv noch negativ Stellung bezogen zu der Darstellung seines Gesprächspartners, sondern nur die Gefühle in Worte gefaßt, die seiner Meinung nach in dessen Äußerungen enthalten sind (sie sind im Text *kursiv* gedruckt). Das zwingt den Klienten, über seine Empfindungen und Einstellungen nachzudenken und sie im weiteren Gespräch zu präzisieren.

Der große Vorteil dieser Art und Weise, ein Gespräch zu führen, besteht darin, daß der Therapeut Verständnis zeigen kann für die Gefühle seines Partners, ohne dessen tatsächliches Verhalten zu kommentieren. Er geht an keiner Stelle auf die Frage ein, ob der Klient im Recht ist mit seiner Meinung über das Verhalten seiner Frau. Damit erfüllt er in idealer Weise die weiter oben genannte Regel, Verständnis statt Kritik zu äußern. Ein Streit über das Verhalten selbst wird vermieden. Diese therapeutische Methode ist nun auch im Alltag möglich. Wenn beispielsweise der Sohn von der Schule nach Hause kommt mit den Worten «Unser Deutschlehrer ist blöd», wird der normale Vater vielleicht entgegnen: «So spricht man nicht über seine Lehrer.» Der therapeutisch geschulte Vater dagegen antwortet: «Du hast dich über Herrn… [Name des Lehrers] geärgert.» Das gibt dem Jungen die Gelegenheit, den Grund für seinen Ärger auszusprechen: «Ich bin so sauer! Zwei Stunden hab ich für das blöde Gedicht gebüffelt, und dann kam es gar nicht dran!»

Die Folgen therapeutischen Kommunizierens Der Haken bei der Übertragung in den Alltag besteht in einer unvermeidlichen Verarmung des zwischenmenschlichen Gesprächs. Wir reden nur noch über die Gefühle des anderen, nicht mehr über sein tatsächliches Verhalten; und wir verzichten darauf, dem anderen unsere eigene Ansicht dazu mitzuteilen. Wir könnten ihn ja verletzen. Er könnte beleidigt sein, sich falsch verstanden fühlen. Was im Sprechzimmer des Psychologen sinnvoll ist, nämlich einen labilen oder neurotischen Menschen in seiner Selbstfindung zu unterstützen, kann im normalen Leben sehr leicht in sein Gegenteil umschlagen. Friedemann Schulz von Thun berichtet im zweiten Band seines «Miteinander reden», wie die Psychologen in den siebziger Jahren massenhaft Lehrer darauf geschult haben, in ihren Klassen die Schüler nicht mehr zu disziplinieren, sondern durch emotionales Spiegeln auf ihre Probleme einzugehen. Die Jugendlichen sollten nicht reglementiert, sondern zur Mitarbeit aus eigenem Antrieb ermuntert werden. Das Ergebnis war genau das Gegenteil des Erwarteten: Die Disziplin in den Klassen war endgültig dahin. Was die jungen Lehrer gebraucht hätten, wäre ein Training ihres Durchsetzungsvermögens gewesen. Psychotherapeutische Methoden setzen nämlich voraus, daß alle Beteiligten zum Gespräch und zur Lösung ihrer Schwierigkeiten im Umgang miteinander auch tatsächlich bereit sind. Was aber, wenn der Partner in Wahrheit ein Gegner ist? Wenn er mit uns *nicht* über seine Gefühle reden *will*? Dann können wir noch versuchen, ihn uns nach den am Anfang genannten Regeln der Sympathiegewinnung zum Freund zu machen. Aber wenn er auf unsere Spielchen nicht eingeht oder wir selbst nicht die Toleranz aufbringen, einem Menschen, der uns nicht mag, gemäß dem biblischen Gebot die andere Wange hinzuhalten, können wir nur noch weglaufen – oder es auf einen Streit ankommen lassen.

Es gibt in diesem Fall allerdings noch einige andere Methoden, die das emotionale Spiegeln ergänzen. Wenn sich Ihr Partner als Gegner entpuppt, können Sie ihm Ihr Unbehagen zurückmelden mit einer sogenannten Ich-Botschaft (auch Feedback genannt, siehe Kapitel 5, S. 115). Statt ihm Vorwürfe zu machen, sagen Sie ihm, was Sie bei seinem Verhalten empfinden.

Unser Beispiel am Anfang dieses Kapitels demonstriert solch einen Fall. Dadurch, daß ich sage, daß ich ärgerlich bin (ohne dem Kommilitonen direkt Vorwürfe zu machen, daß er mich bei der Hausarbeit im Stich ließ), gebe ich ihm die Chance, einen Vorschlag zu machen, wie der Schaden in Grenzen gehalten werden kann. Ich appelliere also an sein schlechtes Gewissen wegen des nicht eingehaltenen Versprechens. Was aber, wenn er sich keiner Schuld bewußt ist? Wenn er die Abmachung damals nicht im Sinne eines Versprechens verstanden hatte? Dann wird er den Eindruck gewinnen, daß er nach meiner Meinung ein ziemlich mieser Typ sein muß («O Gott, ich habe ihn verärgert»), und wird sich selbst anfangen zu ärgern, daß ich mich auf diese Weise in eine moralisch überlegene Position zu bringen versuche. Nicht gerade eine günstige Ausgangsposition für ein klärendes Gespräch.

Für diese wie für weitere psychotherapeutische Methoden, auf die ich im Laufe des Buches noch zurückkommen werde, gilt, daß sie nur begrenzt im Alltag anwendbar sind. Zwar spreche ich mit der Ich-Botschaft meine wirklichen Gefühle aus (insofern bleibt das Gespräch echt und unverstellt), aber ich *rede* nur darüber, ich *zeige* meinen Ärger *nicht*. Damit zieht wiederum ein Moment der Manipulation in das Gespräch ein. Eine weitere Schwierigkeit tritt hinzu: Durch die weite Verbreitung von Ratgeberliteratur zum Thema Kommunikation und durch die vielen Kurse, die dazu angeboten werden, haben immer mehr Menschen Kenntnis von solchen Gesprächstaktiken. Selbst wenn jemand sie nach der Lektüre noch nicht perfekt anwenden kann, so ist jeder, der auch nur *ein* Buch darüber gelesen hat, zumindest in der Lage, sie bei anderen zu erkennen. Und jeder vermerkt es in der Regel sehr übel, wenn er feststellen muß, daß er mit einer bestimmten Art von Gesprächsführung manipuliert werden soll. Wer will sich schon von seinen Freunden wie ein psychologischer Problemfall behandeln lassen? Dabei ist es völlig gleichgültig, ob das mit der besten Absicht geschieht oder nicht. Zwar möchten wir alle freundlich behandelt werden, aber noch größeren Wert legen wir darauf, daß unsere Mitmenschen so mit uns sprechen, wie sie wirklich denken. Allenfalls das Verschweigen unangenehmer Wahrheiten aus Höflichkeit findet in gewissen Grenzen unsere Billigung. Wer uns jedoch Sympathien vorgaukelt, die er gar nicht hat, nur um eine Gegenleistung von uns zu erreichen, zu der wir sonst nicht bereit wären – der hat es ein für allemal bei uns verscherzt, wenn er bei seiner unlauteren Absicht erwischt wird.

Die Botschaften des Körpers Die meisten ahnen gar nicht, wie leicht es auch einem ungeübten Beobachter fällt, solche Täuschungsabsichten zu durchschauen. Wir kommunizieren ja nicht nur mit Worten, sondern auch durch unseren Tonfall und durch Mimik, Gestik, Blick, Haltung und so weiter. Besonders Eltern unterschätzen die Sensibilität ihrer Kinder für die nichtsprachlichen Aspekte der Kommunikation. Wie oft kommt es vor, daß die Kinder durch lautes Spielen und ständiges Fragen ihren alltagsgestreßten Eltern auf den Geist gehen! Dennoch weiß die kluge Mutter oder der kluge Vater, daß man gegenüber seinen Kindern Geduld und Zuwendung aufbringen muß, damit sie sich optimal entwickeln. Also versuchen die Eltern, sich zur Geduld zu zwingen und auf alle Fragen und Wehwehchen ihrer Kinder einzugehen. Aber während es meist kein Problem ist, sich in der Wortwahl zu beherrschen, fällt das für den Tonfall und die Körpersignale viel schwerer. Was empfindet nun ein Kind, das eine um Geduld bemühte Antwort, aber gleichzeitig ungeduldige Handbewegungen und einen gepreßten oder gar ironischen Tonfall wahrnimmt? Das Kind «empfängt» zwei verschiedene Botschaften, kann sich aber diesen Widerspruch nicht erklären. Es fühlt nur, daß mit dem Verhalten der Mutter oder des Vaters etwas nicht stimmt. Da wir die Körpersprache jedoch viel schwerer unter Kontrolle halten können als unsere Worte, neigen wir umgekehrt dazu, im Falle einer Diskrepanz zwischen beiden eher den Körpersignalen zu trauen als den Worten. In einer Untersuchung von Mehrabian aus dem Jahre 1972, die inzwischen als klassisch gilt, wurde festgestellt, daß über die Vertrauenswürdigkeit von Äußerungen der Gesprächspartner zu 55 Prozent die Körpersprache, zu 38 Prozent Tonfall und Stimme und nur zu 7 Prozent der sprachliche Inhalt entscheiden. Für kleine Kinder, die sich von ihren ersten Lebenstagen an körperlich mitteilen können, aber ihre Muttersprache in vielen Nuancen erst sehr viel später beherrschen, spielen körperliche Signale eine noch wichtigere Rolle als für den Erwachsenen.

Manchmal bekommen wir einen kleinen Einblick in die Situation des Kindes, wenn wir uns in einem fremden Land verständlich machen müssen, aber die Landessprache wenig oder gar nicht beherrschen. Dann reden wir «mit Händen und Füßen». Ein prüfender, freundlicher oder abweisender Blick, den wir zu Hause nur nebenbei registrierten, gewinnt auf einmal entscheidende Bedeutung. Was aber, wenn selbst Gestik und Mimik ihre Bedeutung verändern? Als ich vor einigen Jahren im östlichen, zu Bulgarien gehörenden Teil Mazedoniens meinen Urlaub verbrachte, konnte ich diese verwirrende Erfahrung machen. Mit den wenigen Sprachbrocken, über die ich verfügte, versuchte ich auf einem Busbahnhof herauszufinden, ob ich die richtige Haltestelle für die Fahrt ins Gebirge gefunden hatte. Die Einheimischen antworteten mit mehrfachem Heben und Senken des Kopfes, was ich für zustimmendes Nicken nahm. Erst nach einer Viertelstunde Busfahrt bemerkte ich, daß ich mich immer weiter von den Bergen entfernte, statt ihnen näher zu kommen. Jetzt erinnerte ich mich an die Warnung aus dem Reiseführer, daß hierzulande die Körpersprache in einigen Details von unseren mitteleuropäischen Gewohnheiten abweicht. Die Kopfbewegungen der Bulgaren bedeuteten «Nein» – ich war im falschen Bus. Dieser Irrtum kostete mich einen halben Urlaubstag.

Produktiv streiten   Zu einem Dialog gehört mehr als nur die gesprochene Sprache. Wir können uns noch so sehr bemühen, unsere Gefühle hinter glatten, höflichen Worten zu verstecken, unser Blick und unsere Gesten verraten uns. Es hat daher wenig Sinn, im Namen von Harmonie und Toleranz Wut und Ärger in sich hineinzufressen. Freundliche Worte passen schlecht zu verkrampften Händen und einer verbissenen Miene. Der Widerspruch zwischen Wort und Verhalten weckt Mißtrauen. Offene, ehrliche Kommunikation braucht dagegen den Kampf der Meinungen. Wo Menschen unterschiedlichen Temperaments und mit verschiedenen Interessen aufeinandertreffen, sind Konflikte unausweichlich. Was nützt es, sie unter den Teppich zu kehren, weil man den anderen nicht verletzen will? Der ungeklärte Konflikt schwelt weiter und kann sich schnell zu einem zerstörerischen Großbrand ausweiten. Es ist viel sinnvoller, sich dem Streit sofort zu stellen, sobald eine Meinungsverschiedenheit sichtbar wird. Genauso wie ein Feuer im Anfangsstadium leicht zu löschen ist, ist der offene Streit ein hervorragendes Mittel der Klärung von Beziehungen, wenn er sachgemäß und ohne Aufschub geführt wird.

Freilich kann der Streit, wie fast jedes menschliche Verhalten, nicht nur produktiv, sondern auch zerstörerisch wirken. Er kann mit Kränkungen einhergehen und unter Umständen in körperliche Gewalttätigkeiten ausarten. Zum Streit gehören eine gewisse Aggressivität und die Bereitschaft, diese Aggressivität auch beim Partner zu akzeptieren. Das Risiko, das sich daraus ergibt, kann jedoch vermindert und sogar in Potenzen für ein besseres gegenseitiges Verständnis umgewandelt werden, wenn wir einige grundlegende Regeln fairen Streitens beachten, die ich vor allem im zweiten Teil des Buches beschreiben möchte.

Über die Risiken des Streitens wird oft gesprochen. Viel seltener hören wir jedoch etwas von den Chancen, die in Auseinandersetzungen liegen. Zu sehr sind wir daran gewöhnt, in Bescheidenheit, Zurückhaltung und Gleichmut die Ideale eines angenehmen Charakters zu sehen. Aufbrausende Zeitgenossen, die ihr Herz auf der Zunge tragen, gelten dagegen als wenig angenehm. Zu sehr lieben wir die Bequemlichkeit und die Ruhe, die friedfertige Charaktere um sich verbreiten, und scheuen die Mühen der Wortgefechte mit unbequemen Mitmenschen. Doch wir bringen die Konflikte nicht dadurch zum Verschwinden, daß wir den Kopf in den Sand stekken. Die meisten Menschen schleppen unterdrückte Aggressionen mit sich herum. Kein Wunder, daß unter diesen Umständen die Gewaltbereitschaft in unserem Lande zunimmt, daß vor allem die Brutalität bei körperlichen Auseinandersetzungen ein erschrekkendes Ausmaß angenommen hat.

Wo der Streit um aktuell anstehende Probleme dagegen offen und fair geführt wird, sind Verdrängungen und Aggressionen an Ersatzobjekten unnötig. Ärger ist nützlich, wenn er spontan hervorbricht. Wenn ein Partner seine Wut nicht hinter einem gezwungenen Lächeln verbergen muß, wirkt das Herauslassen der negativen Gefühle befreiend und ist für den Partner ein Zeichen von Ehrlichkeit. Gerade weil es in unserer Gesellschaft als sehr unhöflich gilt, anderen seinen Zorn ungehemmt ins Gesicht zu schleudern, können wir dort, wo er über alle anerzogenen Normen hinweg auf uns niedergeht, sicher sein, daß der Betreffende in diesem Augenblick seine tatsächlichen Gefühle zeigt. Plötzlich aufwallender Ärger besitzt die gleiche Spontaneität und Offenheit wie etwa ein Heiterkeitsausbruch oder die Überraschung angesichts einer unvermuteten Begegnung. Merkwürdigerweise sind nicht wenige Beziehungen, in denen kräftig gestritten wird, erstaunlich stabil, und die Außenstehenden fragen sich, wie die zwei es nur miteinander aushalten. Partner, die sich ihre Verärgerung unmittelbar mitteilen, haben nämlich einen hohen Grad an Intimität erreicht; die Regel, daß man seine negativen Gefühle für sich behält, welche in vielen oberflächlichen Beziehungen regiert, hat für solche Menschen keine Gültigkeit mehr. Sie können ihre Verletzlichkeiten zeigen und müssen ihre Gefühle voreinander nicht verstecken.

Gefährdet sind eher Beziehungen, in denen wenig oder überhaupt nicht mehr über Gefühle geredet wird. Jüngere Untersuchungen zeigen, daß in vielen Partnerschaften pro Tag nur noch zwanzig Minuten oder noch weniger miteinander gesprochen wird. Aber auch dort, wo das Gespräch noch eine beträchtliche

Zeit in Anspruch nimmt, zeigt der Inhalt der ausgetauschten Sätze nur allzuoft, daß wenig Intimität herrscht. Wer kennt nicht die allabendlichen Ehegespräche, die mit den Sätzen beginnen: «Wie war es denn bei dir heute?» – «Wie immer. Und bei dir?» – «Na ja…» Damit beginnt ein kleines Geplänkel über die Zensuren der Kinder oder die wieder einmal gestiegenen Preise im Supermarkt. Solche Gespräche verdecken, daß in die Beziehung schon längst wechselseitige Gleichgültigkeit Einzug gehalten hat, weil bei den wirklich wichtigen Fragen schon lange Resignation eingekehrt ist: Wie stehen wir zueinander? Wie wichtig bin ich dir? Sind wir mit unserem Leben zufrieden? Was hat sich verändert, was müßten wir ändern? Wie gestalten wir unser Zusammensein spannend und abwechslungsreich?

Auch am Arbeitsplatz sind viele Kontakte zu reiner Routine erstarrt. Die Konkurrenzsituation angesichts flauer Konjunktur und steigender Arbeitslosigkeit führt dazu, daß viele Menschen ihre Unzufriedenheit hinter einer Maske undurchdringlicher Unverbindlichkeit verbergen. Nur nicht unliebsam auffallen! Unangreifbar sein! Andererseits weiß jeder, daß nur der seinen Weg nach oben macht, der das Risiko der Auseinandersetzung mit seinen Mitbewerbern nicht scheut. Führungsqualitäten beweisen heißt unter anderem auch, fähig zu sein, erfolgreich Konflikte auszutragen. Wer Auseinandersetzungen mit seinen Kollegen scheut, wird letztlich von aggressiveren Mitbewerbern ausgebootet. Es gibt heute nur noch wenige Bereiche, in denen das bloße Abarbeiten von Routineangelegenheiten allen Angestellten automatisch eine gleiche Beförderung in einem gleichbleibenden Rhythmus garantiert. Nicht zufällig bevorzugen angesichts dieser Situation vor allem jüngere Leute den Sprung in die unsichere Existenz als Selbständige. Sie stellen sich mit ihren Ideen der Auseinandersetzung am Markt und ziehen die damit verbundenen finanziellen Risiken den Abhängigkeiten von den Hierarchien eines Betriebes oder einer Behörde vor. Wer keine Vorgesetzten und Kollegen hat, muß sich nicht mit ihnen streiten.

2

Warum wir den Streit brauchen

Gleichmut ist ein Schlaganfall,
der die Seele getroffen hat,
ein Sterben vor der Zeit.
Anton P. Tschechow (1860–1904)

Streitereien sind allgegenwärtig. Das wußte schon der griechische Philosoph Heraklit, dessen berühmten Ausspruch ich dem vorigen Kapitel vorangestellt habe. Trotz aller Appelle an Friedfertigkeit und gegenseitiges Verständnis, trotz einer übermächtigen Erziehungspraxis, die laute und böse Worte verbietet – gestritten wird überall: in der Familie, im Beruf, in der Politik, in den Medien, sogar unter guten Freunden. Dabei wird der Kampf mit Worten durchaus nicht immer negativ beurteilt, auch wenn uns wohlmeinende Erzieher das einreden wollen. Der Volksmund spricht vom «reinigenden Gewitter», wenn sich lang schwelende Mißstimmungen in einem Donnerwetter von wechselseitigen Schimpfreden entladen. Das «Von-der-Seele-Reden» von Vorbehalten gegen andere empfinden wir als befreiend. Dem anderen gründlich die Meinung sagen – das ist eine oft schmerzhafte, aber dennoch heilsame Phase in unseren Beziehungen, um sie vor Gleichgültigkeit und Stagnation zu bewahren.

Natur versus Moral: Beispiel Sexualität Immer wenn sich ein bestimmtes Verhalten trotz übermächtiger moralischer Normen und einer rigiden Erziehung nicht ausrotten läßt, liegt der Verdacht nahe, daß es tief in der menschlichen Natur verwurzelt ist und deshalb allen Unterdrückungsversuchen widersteht. Ein klassisches Beispiel dafür liefert die Sexualität. Während viele Naturvölker, aber auch die griechische und römische Antike, relativ zwanglos mit der Lust umgingen, wurde sie zu Beginn des Mittelalters strengen moralischen und juristischen Kontrollen unterworfen. Die Antike erlaubte die Homosexualität. Die griechischen Prostituierten, die Hetären, waren gebildete Frauen und standen in hohem sozialen Ansehen. Griechen und Römer lieferten zahllose Beispiele für freizügige Sitten, deren Schilderungen bei ihren Schriftstellern wie Lukian oder Petronius bis in jüngste Zeit übereifrige Sittenwächter empörten. Die antiken Völker erfanden die Orgie und betrachteten das Vergnügen am anderen (oder eigenen) Geschlecht als etwas Positives, für dessen Förderung sie gleich zwei Götter verehrten (Eros und Aphrodite bei den Griechen, Amor und Venus bei den Römern). Die strengste Einschränkung geschlechtlicher Beziehungen erlebte das europäische Mittelalter, das Sexualität vor der Hochzeit verbot und innerhalb der Ehe nur zum Zwecke der Fortpflanzung und möglichst ohne Lustempfinden erlaubte. Aus dieser Zeit stammt die Redeweise von der ehelichen «Pflicht».

Trotz aller Verbote hat es aber während des ganzen Mittelalters Ehebruch und Prostitution gegeben. Selbst Drohungen mit Todesstrafen und der ewigen Verdammnis konnten die sexuelle Lust nicht völlig eindämmen. Dafür gibt es eine sehr einfache Erklärung. Die sexuelle Lust garantiert die Fortpflanzung und damit die Erhaltung der menschlichen Art. Sie ist in unseren Erbanlagen verankert. Es gibt viele Naturvölker, deren Angehörige nicht wissen, daß zwischen den Vergnügungen mit dem anderen Geschlecht und der Kindesgeburt neun Monate später ein biologischer Zusammenhang besteht. Ohne die Lust als Triebkraft zu sexuellem Verhalten wäre die Menschheit daher in Vorzeiten ausgestorben.

Erst das Wissen, daß sexuelle Aktivität zur Zeugung von Kindern führt, machte eine strenge, reglementierende Moral möglich. Kinder galten als Gottes Segen, der dafür notwendige geschlechtliche Akt wurde schamvoll verschwiegen. Zu welch seltsamen Auswirkungen diese Doppelmoral führte, die den heranwachsenden jungen Mann auf das Bordell verwies und die werdende Ehefrauen unaufgeklärt in die Arme eines Fremden trieb, das bildete das Thema zahlloser Romane und Theaterstücke des 18. und 19. Jahrhunderts. Den ersten wirkungsvollen Angriff gegen die überkommene Sexualmoral führte der Begründer der Psychoanalyse, Sigmund Freud, der die psychischen Probleme seiner (meist weiblichen) Patienten auf unterdrückte Sexualität zurückführte. Wilhelm Reich, Freud-Anhänger und Marxist zugleich, verkündete in den zwanziger Jahren dieses Jahrhunderts die Notwendigkeit einer sexuellen Revolution. Die 68er Bewegung brachte uns schließlich die weithin akzeptierte moralische Erlaubnis zur Sexualität außerhalb von Ehe und Fortpflanzung.

Dabei zeigte sich etwas sehr Typisches, was nicht nur für die Sexualität, sondern auch für alle anderen in der menschlichen Natur verhafteten Verhaltensweisen gilt. Moralapostel der sechziger Jahre hatten vor der sexuellen Befreiung gewarnt. Sie werde zu einer allgemeinen Zügellosigkeit und Auflösung aller Sitten und gesellschaftlichen Regeln führen. Diese apokalyptische Vision hat sich nicht verwirklicht. In den USA gibt es sogar eine breite Renaissance der jungfräulichen Eheschließung, die inzwischen in vielen Ländern ihre Anhänger hat. Wenn die menschliche Natur einerseits keine vollständige Unterdrückung der von ihr ausgehenden Bedürfnisse zuläßt, so widersetzt sie sich andererseits auch einer Übertreibung. Allzuviel ist ungesund. Das gilt nicht nur für elementare Bereiche wie Essen und Trinken. Auch sexuelle Bedürfnisse lassen sich zwar bis zu einer gewissen Grenze steigern, danach tritt aber eine körperliche Sättigung ein – ganz zu schweigen von der emotionalen Erschöpfung. Auch äußere Gesundheitsrisiken wie Geschlechtskrankheiten, in jüngster Zeit insbesondere Aids, sorgen dafür, daß das menschliche Verhalten den naturgegebenen Rahmen nicht überschreitet.

Aggressivität   Im alltäglichen Bedürfnis nach Streit mit unseren Mitmenschen macht sich ebenfalls die menschliche Natur geltend. Alle Formen des Austragens von Konflikten enthalten ein beträchtliches aggressives Potential, das sich in Wutausbrüchen, Schimpfkanonaden, aber auch indirekt in Sticheleien, Ironie oder Schmollen entlädt. 1963 veröffentlichte der Mitbegründer der Verhaltensbiologie, Konrad Lorenz, ein Buch unter dem Titel «Das sogenannte Böse», in dem er die These zu begründen suchte, daß dem Menschen die Aggressivität als Trieb angeboren sei. Er verwies auf zahlreiche Beispiele aus dem Tierreich, die belegen, daß Kampfverhalten eine allgemeine Eigenschaft der lebenden Natur ist, und zog Parallelen zum Menschen, die von individuellen Auseinandersetzungen bis zu den großen Kriegen des 20. Jahrhunderts reichten. Sein Buch löste sofort nach seinem Erscheinen heftige Attacken von Gegnern aus den Sozialwissenschaften aus, die beweisen wollten, daß Aggressivität nicht angeboren, sondern unter den Bedingungen moderner Gesellschaften erlernt sei.[4] Die Heftigkeit, mit der die Debatte damals geführt wurde, die gegenseitigen Beschimpfungen, die bis zu «Faschist» und «Kriegsverherrlicher» reichten, lieferten eine unbeabsichtigte Bestätigung für Lorenz' Behauptungen.

Seine Widersacher führten vor allem die ethnologischen Untersuchungen bei friedlichen Naturvölkern Polynesiens ins Feld, um zu beweisen, daß Aggressivität keine allgemeinmenschliche Eigenschaft sei. Der amerikanische Anthropologe Robert K. Dentan hatte beispielsweise das Volk der Semai auf Malaysia als gewaltlos und friedliebend beschrieben. Sie schlugen einander nicht und kannten auch keine bewaffneten Auseinandersetzungen – bis die Briten kamen. Sie warben in den fünfziger Jahren junge Männer an, um sie gegen die kommunistische Befreiungsbewegung einzusetzen. Nach ihrer Ausbildung waren sie nicht nur gute Soldaten. Ungeübt, mit Gewalt und ihrer möglichen Eskalation umzugehen, erwiesen sie sich als besonders grausame Kämpfer. Viele von ihnen gerieten in eine Art Blutrausch.

Inzwischen hat sich die Auseinandersetzung um die Natur der Aggression beruhigt, ohne daß die Wissenschaftler eine Einigung erzielen konnten. Die gemäßigte Position, die heute weitgehend akzeptiert wird, geht davon aus, daß der Mensch von Geburt an über ein gewisses aggressives Potential verfügt. Jedoch entscheiden die Erziehung und die sozialen Rahmenbedingungen darüber, wie dieses Potential im Alltag in Erscheinung tritt, ob der Mensch es vorrangig für kreative Auseinandersetzungen nutzt, ob er den produktiven Streit und den Leistungswettbewerb pflegt – oder ob es sich in krimineller oder kriegerischer Gewalt entlädt.

Die Gewaltbereitschaft wächst Ein Streit ist ein Gespräch, dem eine deutliche aggressive Komponente beigemischt ist. Gegenwärtig finden wir in unserer Gesellschaft eine ähnliche Polarisierung von Meinungen zum Thema Streit vor, wie sie in den sechziger und Anfang der siebziger Jahre zur Sexualität vorhanden war. Einerseits breiten sich Wut, Gewalt und Streit in unserer Gesellschaft aus, andererseits sind sie moralisch verpönt. Einerseits lockert sich das öffentliche Tabu gegenüber aggressiven Verhaltensweisen: Die sadomasochistische Szene tritt an die Öffentlichkeit, Darstellungen von Gewalt und Beschimpfungen in Filmen und Reportagen nehmen zu, Wortduelle in Talk-Shows finden ein ständig wachsendes Publikum. Andererseits warnen Politiker und Bürgerrechtler vor der Eskalation von Gewalt, die Forderung nach Reglementierung wächst. Selbst die offizielle Politik wird allmählich wachsam. Während bis in jüngste Zeit eine liberale Einstellung vorherrschte, hat die Explosion rechtsradikaler Gewalt in Deutschland ein vorsichtiges Umdenken eingeleitet. Ein Beispiel: das Vorgehen gegen gewaltverherrlichende Computerspiele. Die Bundesprüfstelle für jugendgefährdende Schriften hat 205 dieser Spiele auf den Index gesetzt.[5] Bis jetzt schreitet die Prüfstelle allerdings nur dann ein, wenn «Gewalt und Grausamkeiten realistisch dargestellt» werden und sie einziger Zweck des Spiels sind. Im März 1994 kam ein Spiel auf den Index, in dem die Kinder «nach einem Ringkampf das Rückgrat des Gegners brechen mußten». Bei vielen Spielen würde buchstäblich das Blut auf dem Bildschirm spritzen, sagte die Vorsitzende der Prüfstelle, Frau Monssen-Engterding. Allerdings werden die Regelungen der Prüfstelle durch Grauimporte aus dem Ausland unterlaufen sowie dadurch, daß die genannten Spiele weiterhin unter dem Ladentisch an Erwachsene verkauft werden dürfen. Da bekanntlich alles Verbotene die Neugier von Kindern reizt, finden realistische Imitationen bluttriefenden Abschlachtens über diese Umwege weiter ihren Weg in die Spielkonsolen unserer Kleinen. In engem Zusammenhang damit kann eine Zeitungsmeldung vom selben Tag gesehen werden, nach der der Vorsitzende der Polizeigewerkschaft, Lutz, beklagte, daß jedes Jahr zwei Millionen Straftaten nicht verfolgt werden und die Polizei der wachsenden Kriminalität hilflos gegenübersteht (1993 wurden 6,75 Millionen Straftaten gemeldet).

In der Tat enthält keine andere Verhaltensweise des Menschen soviel zerstörerisches Potential wie die Aggressivität, und die Schwelle von sinnvollen Auseinandersetzungen zur Verteidigung der eigenen Position bis zu gewalttätigen Angriffen ist schnell überschritten. Das trifft nicht nur für individuelle Gewalt zu, sondern auch für Banden- und Bürgerkriege der Gegenwart. Noch wenige Wochen vor dem Ausbruch des Krieges in Bosnien habe ich mit Besuchern aus dem neugegründeten Balkanstaat gesprochen, die im Hinblick auf den damals bereits ausgebrochenen Krieg in Kroatien sagten: «Das kann bei uns nicht passieren. Wir vertragen uns doch!» In Wirklichkeit waren die ethnischen Konflikte unterschwellig immer vorhanden, wurden aber während der Tito-Zeit verdrängt und als unbedeutende Reibereien unter Nachbarn angesehen. Sie explodierten daher nach Auflösung des serbisch beherrschten Einheitsstaates in besonders grausamer Form.

Das Schlimmste, was uns passieren kann, ist, daß wir aufgrund zerstörerischer Erfahrungen unsere Wünsche nach Streit und Auseinandersetzung mit unseren Mitmenschen leugnen und uns zwingen, Tag für Tag mit aufgesetzten Gesichtern der Friedfertigkeit herumzulaufen. Einen Konflikt mit moralischen oder politischen Mitteln zu unterbinden bedeutet, ihn aufzuschieben und einen unkontrollierbar heftigen Ausbruch zu einem späteren Zeitpunkt zu riskieren. Abgesehen davon, läßt die moderne Wettbewerbsgesellschaft einen Verzicht auf Auseinandersetzungen auch gar nicht zu. Selbst der friedlichste Anhänger allgemeiner Toleranz und Harmonie muß für die Durchsetzung seiner Ziele kämpfen. Es kommt vielmehr darauf an, dem Streitbedürfnis in einem Maße Geltung zu verschaffen, wie es der menschlichen Natur entspricht, damit sich erst gar kein Konfliktpotential im verborgenen anstauen und die Schwelle der Gewalt überschreiten kann.

Wünsche durchsetzen Wenn man Biologen, Psychologen und Soziologen befragt, welches Maß an Streitlust dem Menschen gemäß ist, sind die Antworten erstaunlich unklar. Wer sich häufig streitet, leidet an Charaktermängeln, sagen die einen. Streitsucht ist ein (leider unvermeidbarer) Fehler der menschlichen Art, antworten die anderen. Ich vermute aus meinen Erfahrungen im Kommunikationstraining, daß alle Menschen ein gewisses Maß an Streit brauchen, weil wir in einer sozialen Gemeinschaft leben, in der notwendigerweise unterschiedliche Interessen aufeinanderprallen. Manche Philosophen, so zum Beispiel Jürgen Habermas und seine Anhänger, fordern den repressionsfreien Dialog, das heißt, sie wollen erreichen, daß die Menschen vernünftig über ihre unterschiedlichen Interessen sprechen und sich ohne Streit auf dem Verhandlungswege einigen, im Privatleben ebenso wie in Beruf und Politik. Interessanterweise hat dieser Dialog nie funktioniert, nicht einmal zwischen den Philosophen selbst. Woran liegt das?

Das «vernünftige» Gespräch gelingt nur dann, wenn die Beteiligten die Stärken und Schwächen des anderen kennen und bereit sind, auf diese Rücksicht zu nehmen. Meistens fehlen jedoch das Wissen darüber und die Bereitschaft dafür. Selbst langjährige Partner versuchen immer wieder, Wünsche durchzusetzen, die der andere schon zigmal abgelehnt hat. Das Gespräch ist selten nur ein Austausch von Informationen, sondern meist auch ein kleiner Machtkampf. Gekämpft wird um Anerkennung, Wertschätzung, die Verteilung von Rechten und Pflichten, die Überlegenheit des überzeugenderen Arguments und vieles mehr. Dies kann in einer sozialen Gemeinschaft, bei der Zuneigungen, Fähigkeiten und Arbeitsaufgaben unterschiedlich verteilt sind, gar nicht anders sein. Für die Familie trifft das ebenso zu wie für Parteien und Institutionen.

Die Streitlust erwacht im frühen Kindesalter Schon kleine Kinder suchen den Konflikt, zunächst mit den Eltern. Mutter und Vater sind stolz, wenn ihr kleiner Liebling die ersten Worte spricht, die ersten Schritte geht und allmählich fähig wird, selbständig aus der Tasse zu trinken und aufs Töpfchen zu gehen. Zum Kummer vieler Eltern bringt die sich entwickelnde Selbständigkeit der Kleinen auch unangenehme Nebenwirkungen mit sich. Die Kinder wollen unbedingt alles selber tun. Sie widersetzen sich zunehmend den Anordnungen der Eltern. Will die Mutter geradeaus gehen, reißt das Kind sich los und läuft zu der Wiese gegenüber, auf der es etwas Interessantes entdeckt hat. Oder es bleibt einfach stehen, ohne ersichtlichen Grund (für die Mutter). Manche schreien und setzen sich auf den Boden. Manchmal tun sie genau das, was die Mutter ihnen verboten hat – und zwar genau deshalb, weil es ihnen verboten wurde. Kürzlich ging ich durch einen Park und beobachtete zwischen einer Mutter und ihrem etwa vierjährigen Sohn folgende charakteristische Szene.

JUNGE (greift sich eine Gerte und schlägt auf die Tulpen ein)
MUTTER: Oh, wer hat denn da die schönen Tulpen kaputtgemacht!
JUNGE (triumphierend): Ich!
MUTTER: Darf man denn das?
JUNGE (noch triumphierender): Nein!
MUTTER: Wirf sofort den Stock weg!
JUNGE (siegessicher): Nein!

Die Mutter griff nach der Hand des Jungen, die den Stock hielt. Der Junge schlug noch schnell ein zweites Mal auf die Blumen ein und ließ dann notgedrungen die Gerte fallen. Der kleine Zweikampf war unentschieden ausgegangen.

Jeder, der mit Kindern Umgang hat, wird solche Szenen aus eigenem Erleben kennen. Viele Eltern reagieren allergisch, manchmal auch hilflos, auf den wachsenden Widerstand ihrer Kinder. Da hat man nun monatelang eigene Interessen zurückgestellt, hat auf Kneipen- und Theaterabende verzichtet, im Kino war man schon lange nicht mehr, die Freunde kennt man nur noch von ihrer Telefonstimme her – statt Dankbarkeit zeigen die Kleinen jedoch Unwillen und Trotz. Wie selten sind die Momente, da einem der Sohn oder die Tochter mit leuchtenden Kinderaugen entgegenkommt! Viel häufiger sind Schmollen, Geschrei und stures Unverständis für die Anordnungen der Eltern, die doch nur das Beste wollen. Tolerante Mütter und Väter trösten sich mit der Feststellung aus Erziehungsratgebern, daß die Kleinen es noch nicht besser wissen können und sich gerade in ihrer Trotzphase befinden. Sie hoffen, daß ihre Sprößlinge im Laufe der Zeit «vernünftig werden». Dennoch mischt sich Neid in ihre Nachsicht, wenn sie bei Freunden «gut erzogene» Kinder erleben: Kinder, die nur dann das Wort an Erwachsene richten, wenn sie dazu aufgefordert werden; Kinder, die nicht über Tische und Bänke gehen, wenn der Besuch da ist, sondern die ganze Zeit still auf ihren Plätzen sitzen und schweigend geradeaus schauen, während die Erwachsenen ungeniert die Vorzüge und Schwächen ihrer Kinder diskutieren, als handele es sich um den neuesten CD-Spieler und nicht um kleine Persönlichkeiten; Kinder, die ohne Quengelei brav zu Bett gehen, wenn die Eltern sagen, daß es acht Uhr ist, und dort nicht einmal mehr miteinander flüstern, sondern sofort einschlafen.

Kinder üben sich durchzusetzen Sogar die aufgeklärtesten Eltern bevorzugen «brave» Kinder. Die Tatsache, daß diejenigen, die schon in den ersten Lebensjahren durch widerspruchslose Folgsamkeit auffallen, sich auch später mit hoher Wahrscheinlichkeit durch Duckmäusertum und Passivität auszeichnen werden, tritt nur selten ins Bewußtsein. Selbst Eltern, die über diese Zusammenhänge Bescheid wissen, neigen dazu, sie zu verdrängen, denn artige Kinder sind pflegeleicht, bequem und vor allem vorzeigbar. Sie sind ein vorzügliches Mittel, um Freunde und Verwandte neidisch zu machen. Wer folgsame Kinder hat, gilt als fähiger Erzieher und wird von anderen um Rat gefragt. Dabei vergessen wir nur allzu leicht, daß Kindern, die ihren Eltern keinen Widerstand entgegensetzen, eine wichtige soziale Erfahrung fehlt, die sie im späteren Leben dringend benötigen, um sich in unserer Wettbewerbsgesellschaft durchzusetzen. Um unabhängig zu werden, um ihre eigenen Interessen herauszufinden und zu realisieren, müssen sie erst einmal lernen, sich gegen die Personen in ihrer Umgebung zu behaupten. Und das sind zunächst die Eltern, die Geschwister, die Großeltern und eventuell die Erzieher aus der Kindertagesstätte. Soll sich ein Kind später erfolgreich gegen Konkurrenten, den Chef oder auch nur gegen dominante Persönlichkeiten aus dem Freundeskreis zur Wehr setzen können, muß es seine eigene Widerstandsfähigkeit erproben dürfen.

Interessanterweise sind Kinder, die bereits im Alter von etwa

zwei Jahren öfter nach ihren Spielkameraden schlagen oder Drohgebärden zeigen, kontaktfreudiger und kommunikativer als ihre
friedlicheren Altersgenossen. Diejenigen, die sich häufig zanken,
zeichnen sich zugleich durch mehr Hilfsbereitschaft und tröstende
Gesten gegenüber ihren Kameraden aus. Die Vermutung, daß ag-
gressivere Kinder später eher kriminell werden als andere, konnte
hingegen von den Wissenschaftlern nicht bestätigt werden.[6] Straf-
fällige haben eher eine Kindheit in sozialer Isolation erlebt, das
heißt, sie wurden von den Eltern vernachlässigt und hatten wenig
Kontakte. In Problemfamilien mit schwererziehbaren Kindern gehen die Familienangehörigen einander aus dem Weg. Die Eltern
reagieren nur, wenn sie sich von den Kindern gestört fühlen. Gespräche sind selten.

Ein Kind, das sich streitet, hat dagegen viel Gelegenheit, Erfahrungen im Umgang mit anderen Menschen zu sammeln. Warum
sollte es eine kriminelle Laufbahn einschlagen, wenn es schon früh
gelernt hat, sich durchzusetzen? Es besitzt größere Fähigkeiten für
die Lösung von zwischenmenschlichen Schwierigkeiten als Kinder, deren Eltern Konflikten ausweichen.

Mit dem widersetzlichen Verhalten gegen Mutter und Vater testet das Kind die Grenzen des Erlaubten aus. Es erprobt verschiedene Strategien und Methoden des Streitens an den Eltern und
erfährt aus deren Reaktionen, welche Verhaltensweisen in welcher Situation sinnvoll sind. Vor einigen Jahrzehnten glaubten
viele Pädagogen noch, daß Kinder ihre Verhaltensweisen dadurch
lernen, daß sie den Älteren zusehen und sie imitieren. Heute wissen wir, daß Lernen durch bloße Nachahmung eher die Ausnahme ist. Kinder zeigen vielmehr von den ersten Lebenstagen an
eine Reihe von spontanen Handlungen. Die erfolgreichen Handlungen werden wiederholt, dadurch gefestigt und an neuen Ge-
genständen, Personen und Situationen erprobt. Dabei werden
diese Tätigkeiten variiert, miteinander kombiniert und durch Erfahrungen angereichert. Handlungen, mit denen die Kinder scheitern, werden dagegen mehr und mehr vermieden.

Wenn Eltern den Widerstand ihrer Kinder brechen Bei einer
Haltung der Eltern, die Fügsamkeit belohnt, Widerstand aber be-

straft, sollten wir erwarten, daß die Kinder es bald aufgeben, sich gegen die Anordnungen der Erwachsenen zur Wehr zu setzen. Das ist bis zu einem gewissen Grade auch tatsächlich der Fall. Nach der Trotzphase tritt eine Zeit der Beruhigung ein, in der die Kinder die Normen ihrer Umgebung verinnerlicht haben und in vielem ihren Eltern nachgeben. Sie versuchen nicht mehr, die Gutenachtgeschichte zu verlängern, bis die Augen von allein zufallen. Beim Spazierengehen laufen sie brav neben ihren Eltern her. Wenn sie einen Wunsch haben, fragen sie um Erlaubnis und brechen nicht mehr in Schreien aus, wenn sie verweigert wird. Bei soviel Erziehungserfolgen ahnen wir nur selten, um welchen Preis diese Beruhigung erzielt wurde. Denn die Kinder tun das «Richtige» nur, weil sie nach einigen Loben und vielen Strafen gelernt haben, jedes andere Verhalten zu *vermeiden*.

Ein solches Lernen ist tückisch, wie folgende klassische Experimente aus der Lernpsychologie zeigen: Das erste betrifft das Lernen durch *Bekräftigung* und wurde von dem berühmten russischen Physiologen Iwan Pawlow durchgeführt. Wir kennen es aus der Schulzeit. Ein Hund erhält zusammen mit seinem Futter ein Lichtsignal. Dabei sondert er vermehrt Speichel ab, den er benötigt, um das Futter zu zerkauen. Nach einigen Tagen hat er «gelernt», daß immer das Licht angeht, bevor es Futter gibt, und beginnt mit der Speichelabsonderung bereits, wenn die Lampe aufleuchtet. Die Speichelreaktion erfolgt jetzt nur auf das Lichtsignal hin, auch ohne Futter. Wenn allerdings das Futter in den folgenden Tagen ständig ausbleibt, sobald die Lampe angeht, hört der Hund allmählich wieder auf, auf das Licht zu reagieren. Diesen erlernten Zusammenhang von Licht und Speichelreaktion nennt man einen bedingten Reflex.

Betrachten wir eine andere Versuchsanordnung. Statt des Hundes nahmen die Wissenschaftler ein Pferd. Statt des Futters verabreichten sie einen leichten elektrischen Stromstoß, der nicht schmerzhaft war, aber doch unangenehm genug, um ihn nach Möglichkeit zu vermeiden. Das Pferd wurde auf ein Laufband geschickt. Es lief entgegen der Bewegungsrichtung des Bandes, das heißt, es befand sich in vollem Galopp, obwohl es vom Beobachter aus gesehen nicht von der Stelle kam. Wenn der Experimentator nun einen Stromstoß auf das Band gab, sprang das Pferd nach oben, um dem elektrischen Schlag auszuweichen. Wurde zusammen mit dem Stromstoß ein Lichtsignal gesendet, konnte das Pferd nach einigen Tagen bereits nach oben springen, wenn die Lampe anging, ohne erst den Stromstoß abzuwarten. Doch hierbei gab es einen entscheidenden Unterschied zu dem Lernen des Hundes. Wenn jetzt der Stromstoß ausblieb und nur das Licht angeschaltet wurde, sprang das Pferd weiterhin nach oben. Es hörte auch dann nicht auf, auf das Licht zu reagieren, wenn schon wochenlang kein elektrischer Schlag mehr ausgeteilt worden war.

Woran liegt das? Bei dem Hund hat das kurz danach gereichte Futter jedesmal die Bedeutung des Lichtsignals bestätigt. Bei dem Pferd handelt es sich aber um ein *Vermeidungs*lernen. Das Licht bot ihm die Gelegenheit, einer unangenehmen Erfahrung auszuweichen. Dadurch hatte das Pferd aber keine Möglichkeit mehr, festzustellen, daß sich zu einem späteren Zeitpunkt die Situation änderte und der Stromstoß ausblieb. Ein solches Lernen prägt sich viel nachhaltiger ein als der bedingte Reflex, seine Informationen wirken unter Umständen lebenslang.

Kinder machen ähnliche Erfahrungen. Sie erleben, daß Widerspruch, Streit und Geschrei mit Hausarrest, Entzug der elterlichen Gunst oder gar Schlägen bestraft werden. Sie lernen, den offenen Konflikt zu umgehen. Das bedeutet aber, daß sie auch als Erwachsene noch dazu neigen werden, Konfrontationen auszuweichen, und es sehr wenig Chancen gibt, dieses Verhalten zu korrigieren. Wir tragen alle solche Bürden aus der eigenen Kindheit. Subjektiv, das heißt in unserem Bewußtsein, zeigen sich die Folgen früheren Vermeidungslernens in mehreren Formen:

1. Als Hemmungen. Der eine traut sich nicht, fremde Menschen anzusprechen und in ein Gespräch zu verwickeln. Der andere ist zu höflich, seinem Nachbarn, der ihn zum wiederholten Male bittet, seine Blumen, Haustiere oder Kinder zu beaufsichtigen, eine klare Ablehnung entgegenzusetzen. Der dritte fühlt sich zu einer Person des anderen Geschlechts hingezogen, wagt es aber nicht, ihr seine Gefühle zu gestehen. Kaum einer von

ihnen kann sich erinnern, wie die Eltern ihn bestraften, als er sich in ihr Gespräch einmischte oder als er auf einige ihrer Forderungen mit einem trotzigen «Nein» reagierte. Auch deren abweisende Reaktion auf plötzliche Gefühlsausbrüche ist längst vergessen. Nur in unserem Ausweichen vor vergleichbaren Situationen ist ihr damaliges Verhalten noch gegenwärtig.

2. Als Scheu vor dem Risiko. Die wenigsten von uns haben in ihrem Leben Bekanntschaft mit wirklichen Gefahren gemacht. Kaum jemand hat tatsächlich einmal sein Leben riskiert. Dennoch rechnen wir mit allen möglichen und unmöglichen Katastrophen und versuchen, Vorkehrungen zu treffen. Eine große Geschäftsbranche, das Versicherungswesen, lebt von unserem Bedürfnis nach Sicherheit. Wenn wir in unserem Haus Alarmanlagen oder einbruchsichere Fenster und Türen installieren, verringern wir das Risiko, ausgeraubt zu werden, auf ein Minimum. Ob unsere Furcht allerdings berechtigt war, ob ohne diese teuren Anlagen jemals ein Spitzbube durch unser Fenster gestiegen wäre, werden wir nie erfahren. Aber während wir bei der Sicherung unserer Häuser und Autos auf Statistiken und die Bestimmungen der Versicherungsgesellschaften verweisen können, sind wir bei dem Umgang mit anderen Menschen auf Vermutungen angewiesen. Wer sich scheut, seinen Mitmenschen offen die Meinung zu sagen, wird nie erfahren, ob sie zornig, betroffen oder gar dankbar reagieren. Und er wird nie lernen, erfolgreich und fair zugleich zu kämpfen.

3. Als Minderwertigkeitskomplexe. Jede Bestrafung ist ein Schlag gegen die Selbstsicherheit des Kindes. Am Anfang tritt das Kind seinen Mitmenschen mit unbefangener Neugier gegenüber. Es stellt viele Fragen und äußert seine Wünsche, ohne sich vorher zu überlegen, ob es ein Recht dazu hat oder nicht. Die Eltern greifen in den Erkundungsdrang der Kinder durch Beschränkungen ein: «Sei nicht so vorlaut!» – «Das tut man nicht!» – «Störe Vati nicht!» Kinder merken an diesen Antworten, daß sie nicht voll akzeptiert werden. Sie verinnerlichen das Gefühl, unzulänglich zu sein. Schon Alfred Adler, einer der prominentesten Schüler Sigmund Freuds, wußte, daß wir Menschen dazu

neigen, die entstehenden Selbstzweifel zu kompensieren – entweder indem wir auf einem Spezialgebiet überdurchschnittliche Fähigkeiten erwerben oder durch beruflichen Aufstieg oder eine politische Karriere Unsicherheit in unserem Selbstwertgefühl zu kaschieren suchen. Auch die Flucht in die Neurose kann ein Weg sein, mit Minderwertigkeitskomplexen fertig zu werden.

Wenn es auch möglich ist, Kindern die offene Äußerung von Widerspruch abzuerziehen, so bleiben ihnen viele Wege, ihn indirekt zu artikulieren. Wer schon einmal beobachtet hat, wie Kinder, die sich unbeobachtet glauben, plötzliche Wutanfälle an Puppen oder Plastikautos auslassen, bekommt einen Einblick in die Abgründe, die in der kindlichen Seele lauern. Andere lernen, ihre Wünsche mit Quengelei, Schmollen und Weinerlichkeit durchzusetzen. Auch allgemeine Interesselosigkeit in der Schule oder leichte Anfälligkeit für Krankheiten trotz einer normalen Konstitution können Alarmzeichen sein.

Konfliktreiche Kindheit und Lebenserfolg Die Psychologie hat nachgewiesen, daß Kinder, die Verbote und Gebote nicht widerspruchslos hinnehmen, sondern das Risiko des Selbstausprobierens auf sich nehmen, sich auch im späteren Leben erfolgreicher durchsetzen. In einer Untersuchung der Berliner Humboldt-Universität, an der ich beteiligt war und die mit Fragebögen und halbstandardisierten Interviews[7] durchgeführt wurde, konnte dieser Zusammenhang anhand der Lebensläufe der befragten Personen bestätigt werden. Wir befragten ehemalige DDR-Bürger, die in ihrem Leben einem hohen Anpassungsdruck an vorgegebene Karrieremuster ausgesetzt waren. Trotz gesellschaftlicher Zwänge hatten von unseren Befragten diejenigen eine bessere Position erreicht und einen verantwortungsvolleren Beruf ausgeübt, die eine konfliktreichere Kindheit erlebt und unorthodoxe Lebensläufe eingeschlagen hatten. Umgekehrt fanden wir: Wer eine durchschnittliche Kindheit ohne Höhen und Tiefen erlebt hatte, war im späteren Leben in untergeordneten Positionen geblieben und beklagte nicht selten, daß sich seine Lebenspläne nicht verwirklicht hätten.

Wenn wir uns die Biographien berühmter Künstler und Wissenschaftler ansehen, finden wir häufig, daß die späteren Genies ihre Eltern und Lehrer durch unangepaßtes Verhalten zur Verzweiflung brachten. Nehmen wir als typisches Beispiel Hans Fallada, dessen Roman «Kleiner Mann – was nun?» über das Leben der armen Leute in der Weimarer Republik Anfang der dreißiger Jahre berichtet und einer der größten Bestseller seiner Zeit wurde. Das Buch wurde mehrfach verfilmt. Fallada wuchs als ältester Sohn eines Landrichters auf, der es bis zum Reichsgerichtsrat brachte. Ausgerechnet dieser Sohn eines hohen Beamten und Juristen machte schon in der Kindheit Bekanntschaft mit dem Gefängnis, saß wegen Diebstahl und Rauschgiftdelikten ein und duellierte sich mit einem Mitschüler – mit tödlichen Folgen. In seinem Roman «Wer einmal aus dem Blechnapf frißt» hat er seine Gefängniserfahrungen verarbeitet. Fallada war intelligent, aber er widersetzte sich mit allen Mitteln dem Zwang seines von preußischer Disziplin und geistiger Enge geprägten Elternhauses. Es dauerte lange, bis er seinen Weg fand. Als junger Mann schlug er sich als Buchhalter, Kartoffelzüchter, Nachtwächter, Autor zweier erfolgloser expressionistischer Romane, Adressenschreiber, Handlungsgehilfe und Anzeigenwerber durch. Als er seine Laufbahn als Berufsschriftsteller mit dem Erfolgsroman «Bauern, Bonzen und Bomben» begründete, war er bereits 38 Jahre alt.

Nicht immer sind die Gegensätze in der Biographie so extrem wie im Fall Fallada. Aber gerade Berühmtheiten, die auf ihrem Gebiet etwas völlig Neues erfunden oder in Gang gebracht haben, waren häufig alles andere als liebreizende Kinder. Wilhelm Wundt, der in Deutschland die Psychologie als eigenständige Wissenschaft einführte, galt als schlechter und undisziplinierter Schüler. Albert Einstein, dem Begründer der Relativitätstheorie, und Manfred von Ardenne, der das Fernsehen miterfand, erging es nicht viel besser. Hermann Hesse tyrannisierte seine Eltern, wehrte sich nach eigenen Worten gegen jede Abhängigkeit bis aufs Blut und riß als Jugendlicher unter Selbstmorddrohungen von zu Hause aus. Seine Schwierigkeiten im Gymnasium schilderte er in dem Roman «Unterm Rad». Ähnlich Robert Musil in

«Die Verwirrungen des Zöglings Törleß» oder Hubert Fichte in «Das Waisenhaus». Woody Allen, der als intellektueller Filmemacher gilt, hat College und Universität vorzeitig verlassen. Auch bekannte Schriftstellerinnen haben die Widerstände ihrer Jugend in Büchern verarbeitet, zum Beispiel Simone de Beauvoir («Memoiren einer Tochter aus gutem Hause») oder Marguerite Duras («Heiße Küste», «Der Liebhaber»).

Es gibt auch den umgekehrten Fall: speziell begabte Kinder, die von ihren Eltern zu Höchstleistungen getrimmt wurden. Wenn sie es nicht verstanden, sich gegen die Ansprüche ihrer Eltern zu wehren, mußten sie die Förderung ihres Talents mit einer Verkümmerung ihrer Persönlichkeit auf allen übrigen Gebieten bezahlen. Mozart, das berühmteste Wunderkind aller Zeiten, wurde von seinem autoritären Vater für Geld und die Huld europäischer Fürstenhäuser um eine glückliche Kindheit gebracht. Zwänge, Ängste und Abhängigkeiten von launischen Gönnern bestimmten sein kurzes Leben. Sein früher Tod resultierte höchstwahrscheinlich aus Spätfolgen der Strapazen seiner Kindheit, den anstrengenden Reisen in der Postkutsche durch Europa, den ermüdenden nächtlichen Übungsstunden am Klavier, der extremen Überforderung in den Wachstumsjahren. Mozart hat es nie verstanden, sich gegen die Zumutungen seines Vaters zu verteidigen. Toni Meissner schreibt in seinem lesenswerten Buch «Wunderkinder»: «Aber nicht nur körperlich war Mozart ‹zurückgeblieben›. Das Wunderkind, das nie eine Schule besucht hat, nie spielen durfte und es vielleicht auch gar nicht konnte – außer auf dem Klavier –, blieb zeitlebens ein Kind. Der unendlich inspirierte Komponist war außerstande, sein Leben zu organisieren. Er konnte nicht mit Geld umgehen und auch nicht mit Menschen. Er behandelte sie oft schroff und machte sich so viele Feinde. Alles ‹Organisatorische› hatte ihm ja immer der Vater abgenommen.»

Überdurchschnittlich viele, die als Schriftsteller, Forscher oder Maler bekannt wurden, haben zeitlebens in Opposition zu ihrer Gesellschaft gelebt, und zwar, im Gegensatz zu Parteipolitikern, zu *jeder* Gesellschaft. Jean-Paul Sartre, Simone de Beauvoir und andere Existentialisten kämpften vor 1945 in der französischen Widerstandsbewegung, der Resistance, und engagierten sich später gegen die Regierung de Gaulles. Pablo Picasso, Ernest Hemingway, Henry Miller, F. Scott Fitzgerald, Salvador Dalí und andere versuchten unter dem Eindruck des Ersten Weltkrieges neue Lebensformen außerhalb ihrer Heimat zu finden. Als die Nationalsozialisten 1933 die Macht ergriffen, verließen die meisten bedeutenden deutschen Künstler und Wissenschaftler ihre Heimat, egal ob sie wie Thomas Mann zur bürgerlichen Mitte oder wie Bertolt Brecht zum linken Lager gehörten. Andere, wie Fallada, gingen in die innere Emigration. Nach 1945, in der DDR, waren es vor allem die Künstler, die eine Opposition gegen die neuen Machthaber bildeten und sich für eine öffentliche Streitkultur einsetzten. Einige befinden sich bereits wieder in der Opposition, zum Beispiel der ewige Rebell Stefan Heym.

Schöpferisches Durchsetzungsvermögen Kreativität verlangt geradezu danach, etablierte und von allen anerkannte Normen zu brechen. Niemand wird etwas Neues finden, der nicht zugleich das Bekannte in Frage stellt. Ein zweiter Faktor kommt hinzu: Der Erfinder, Entdecker, Bildhauer, Maler oder Schriftsteller wird unbeachtet und ohne Wirkung sterben, wenn er nicht für die Durchsetzung seines Werkes kämpft. Auch das originellste Werk wird auf einem Dachboden vermodern, wenn niemand da ist, der es einer interessierten Öffentlichkeit zugänglich macht. Nicht jeder hat einen Freund, der wie Max Brod Kafkas drei unvollendete Romane vor der Vernichtung bewahrte und damit einen der bedeutendsten Schriftsteller dieses Jahrhunderts vor dem Vergessen rettete. Die Biographie einer berühmten Persönlichkeit ist häufig zugleich der Lebenslauf eines findigen Werbers für die eigenen Ideen. Fast jeder Schriftsteller, dessen Werk in Neuland vorstieß, hätte darüber berichten können, wie oft seine Manuskripte von Verlagen zurückgeschickt wurden, die nicht merkten, daß sie sich eine literarische Sensation oder ein lukratives Geschäft entgehen ließen. Zu diesen Autoren gehörten beispielsweise der Nobelpreisträger George Bernhard Shaw, die Krimikönigin Agatha Christie und vor wenigen Jahren der Bestsellerautor Akif Pirinçi, dessen millionenfach verkaufter Katzenkrimi «Felidae» von 29 Verlagen abgelehnt wurde.

Nicht wenige fanden den Weg an die Öffentlichkeit, indem sie sich verbündeten. Die Geschichte kennt eine Reihe berühmter «Kreise» von Gleichgesinnten, die bestimmend für eine ganze Epoche wurden. Dazu gehörten die impressionistischen Maler in Frankreich, die Sezessionisten in München, Wien und Berlin kurz vor der Jahrhundertwende, die Maler von Worpswede, die Serapionsbrüder aus Petersburg nach 1921, der Schriftstellerkreis um Gertrude Stein im Paris der zwanziger Jahre (Hemingway, John Dos Passos, der Maler Picasso und andere), der Wiener Kreis (eine Gruppe positivistischer Philosophen wie Rudolf Carnap, Moritz Schlick und andere) zur selben Zeit, die Dadaisten, die Surrealisten, die Existentialisten in Paris nach 1945 oder die Gruppe ’47 (zu ihr gehörten beispielsweise Heinrich Böll, Günter Grass und Alfred Andersch) im Nachkriegsdeutschland. Auch in der neueren Physik und in der Genetik gab es solche Bündnisse. Gemeinsam ist diesen Kreisen, daß sie sich gegen offizielle Strömungen als Gruppe erfolgreich zur Wehr setzten, aber untereinander oft zerstritten waren. Jeder kreativ Tätige, der sich einer Gruppe anschließt, ringt mit dem Problem, in der Gemeinschaft seine Individualität zu bewahren, die seinem Werk Unverwechselbarkeit verleiht. Über die Gruppe gelang es übrigens auch weniger bedeutenden Künstlern, Beachtung zu finden.

Anderen, die allein und isoliert kämpfen mußten, blieb die Anerkennung zu Lebzeiten verwehrt. Camille Claudel oder Vincent van Gogh sind berühmte Beispiele dafür. Glücklicher war in dieser Beziehung Bertolt Brecht, der sein erstes Stück – «Spartakus» – bei dem damals schon erfolgreichen Lion Feuchtwanger einreichte. Feuchtwanger war es gewohnt, daß junge Dramatiker ihm weiszumachen versuchten, sie hätten in ihr Erstlingswerk all ihr Herzblut hineingelegt. Die meist lieblos zusammengeschusterten und nichtssagenden Texte offenbarten jedoch, daß allein die schnelle Mark das treibende Motiv des jeweiligen Autors war. Im Nachkriegsdeutschland von 1919 waren Geld und gutbezahlte Arbeit rar. In Brechts Stück fand Feuchtwanger dagegen eine soziale Botschaft und dramatisches Können. Als er jedoch Brecht nach den Gründen fragte, warum er das Stück geschrieben habe, erklärte dieser unwirsch, er sei Medizinstudent und brauche Geld. Feuchtwanger bezweifelte, daß dies für ein so engagiertes Stück das vorrangige Motiv gewesen sein könne. Daraufhin wurde Brecht regelrecht wütend und bestand darauf, er habe es ausschließlich wegen des Geldes getan. Im übrigen tauge das Stück nicht viel, er habe jedoch ein viel besseres geschrieben. Dieses zweite Stück, «Baal», war in der Tat besser als «Spartakus», das übrigens auf Feuchtwangers Vorschlag hin den Titel «Trommeln in der Nacht» erhielt. Jene Episode muß Feuchtwanger so stark beeindruckt haben, daß er nicht nur in drei seiner Werke ein Porträt von Brecht entwarf, sondern dem vierzehn Jahre jüngeren Rebellen lebenslange Freundschaft bewahrte.

Einer meiner Kollegen hat eine ähnliche Erfahrung gemacht. Als er sein erstes größeres Fachbuch veröffentlichen wollte, ließ er sich einen Termin bei einem Lektor eines großen deutschen Verlagshauses geben. Er nahm für dieses Gespräch eine Reise von mehr als zweihundert Kilometern auf sich. Im Verlag angekommen, ließ man ihn in einem Vorzimmer die obligate Viertelstunde warten, offenbar um ihm Respekt vor der ehrwürdigen Tradition des Hauses einzuflößen. In dem Vorzimmer hingen Porträts der berühmtesten Autoren des Verlages, die überlebensgroß und unnahbar auf ihn, den kleinen Nachwuchswissenschaftler, herabblickten. Er spürte förmlich, wie er angesichts dieser stummen Überlegenheit innerlich immer kleiner wurde. Als er endlich in das Arbeitszimmer des Lektors gebeten wurde, wußte er sich nur noch einen Rat: Er trat die Flucht nach vorn an. «Ich habe im Vorraum die Porträts meiner älteren Kollegen gesehen», sagte er. «Sie werden alle demnächst in Rente gehen. Wen wollen Sie dann veröffentlichen?» Diese respektlose Begrüßung muß dem Lektor gefallen haben, denn er unterhielt sich mit ihm eine Stunde lang über dessen Projekte und die Notwendigkeit eines Generationswechsels. Seit einigen Jahren ist er nun schon Autor und Herausgeber bei jenem Verlag, und ich glaube, weder er noch der Verlag haben ihren Entschluß, miteinander zu arbeiten, bereut.

Erfolgsstories bilden ein beliebtes Thema der Medien. Wir sind es gewöhnt, die Erfolgreichen zu beneiden und als Helden zu betrachten. Die amerikanische Öffentlichkeit mag einen zwielichtigen Politiker wie Richard Nixon zum Rücktritt gezwungen haben – seine Selbstdarstellung in Buchform wurde dennoch ein Millionenerfolg. Watergate mag ihm 1974 geschadet haben; zwei Jahrzehnte später jedoch sorgt der damalige Skandal dafür, daß man sich an seine Präsidentschaft weitaus besser erinnert als an die seines Nachfolgers Gerald Ford. Sicher ist, daß die Bereitschaft, Risiken einzugehen und Konflikte auszuhalten, ein wichtiges Merkmal der Erfolgreichen ist. Wer Interessengegensätzen nicht ausweicht, wird auch noch kämpfen, wenn andere schon aufgegeben haben. Er hat den längeren Atem. Konfliktscheu dagegen macht ausnutzbar. Es mag als moralisch und anständig gelten, um des lieben Friedens willen nicht auf seinen Wünschen zu bestehen (oder seine Wünsche erst gar nicht zu äußern). Dann darf man sich jedoch nicht wundern, wenn weniger nachgiebige Mitmenschen uns auf dem Weg zur Ziellinie überholen.

Also sind wir zu Kampf und Gewalt verdammt? Können wir nur in einer Gesellschaft leben, in der der Mensch des Menschen Wolf ist, wie es der römische Komödiendichter Plautus formulierte? Glücklicherweise ist dies nicht der Fall. Die menschliche Neigung zu Auseinandersetzungen hat ihre Grenzen. Wir sind zwar nicht völlig friedliebend, aber auch nicht nur streitsüchtig. Beide Seelen wohnen in unserer Brust. Um die Gründe dieser Doppeldeutigkeit herauszufinden, möchte ich Sie zu einem kleinen Gedankenexperiment einladen.

Ist eine friedfertige Gesellschaft möglich? Stellen Sie sich eine beliebig große Gesellschaft vor, deren Mitglieder ausnahmslos friedliebende Bürger sind und die ausschließlich in einem versöhnlichen Stil miteinander sprechen. Streit, Kampf oder gar Handgreiflichkeiten sind unbekannt. Bei Meinungsverschiedenheiten vermeiden sie höflich, auf die Differenzen einzugehen. Statt dessen versichern sie einander, daß sie sich im Grunde doch einig seien. Statt Ansprüche durchzusetzen, die einem anderen mißfallen könnten, sucht man den Kompromiß oder verzichtet auf diese um des Friedens willen. Solch eine Gesellschaft wäre wahrscheinlich ziemlich langweilig und unbefriedigend für den einzelnen, aber immerhin denkbar.

Jetzt stellen Sie sich bitte vor, einer der Heranwachsenden käme auf die Idee, die Werte der Friedfertigkeit zu unterlaufen. Er wünscht sich beispielsweise von seinen Eltern ein Motorrad, und dieser Wunsch ist so mächtig in ihm, daß er bereit ist, dafür die Normen der Gesellschaft zu verletzen. Auf den vorsichtigen Hinweis seiner Eltern, daß ein Motorrad ihre gesamten Ersparnisse verschlingen würde, zieht er seinen Wunsch nicht zurück, wie es in seiner Umgebung üblich ist, sondern besteht darauf. Jetzt sind es die Eltern, die sich nach den gängigen Normen zum Nachgeben verpflichtet fühlen. Mit dem Ergebnis, daß der Junge das Motorrad bekommt.

Ermutigt durch seinen Erfolg, wird er beim nächsten Mal versuchen, seine Ziele wieder durch Hartnäckigkeit zu erreichen und dafür sogar einen Streit zu riskieren. Damit wird er sich als Normabweichler nicht gerade beliebt machen, aber er wird Erfolg haben. Unter den Bedingungen allgemeiner Friedfertigkeit kann ein einzelner, der eine Auseinandersetzung riskiert, alles erreichen, weil die übrigen wegen ihrer sanften Normen eher nachgeben werden, als daß sie versuchen, den Streitenden in seinem rücksichtslosen Vorgehen aufzuhalten. Dafür müßten sie nämlich seine Strategie übernehmen, also seinen Zielen ihre Ziele entgegensetzen und dafür kämpfen.

Nehmen wir nun weiter an, der Erfolg des jungen Mannes findet Nachahmer. Immer mehr Streitsuchende erkämpfen sich den Weg an die Spitze. Das gelingt so lange, wie die Streitenden bei der Durchsetzung ihrer Ziele auf Friedfertige treffen, denen sie an Rücksichtslosigkeit überlegen sind. Aber mit der Zunahme der Streitenden ist es unausweichlich, daß mit wachsender Wahrscheinlichkeit ein Streitender auf einen anderen Streitenden trifft. Dann sind die Vorteile dieser Strategie dahin. Beide müssen mit dem erbitterten Widerstand des anderen rechnen und sich auf einen risikoreichen Kampf einlassen, der vielleicht mehr Nachteile als Vorteile bringt. Die Verlierer bleiben auf der Strecke. Die

Sieger leben in einem Zustand ständiger Bedrohung durch Konkurrenten, die bereit sind, alles zu riskieren, um den Platz der bisherigen Gewinner einzunehmen.

Betrachten wir den umgekehrten Fall. Eine Gesellschaft bestehe aus lauter aggressiven Individuen, die den eigenen Vorteil gegen ihre Mitmenschen durchsetzen. Dieser Fall wurde bereits von dem englischen Philosophen Thomas Hobbes (1588–1679) beschrieben. Ein einzelner Friedfertiger, der sich entschließt, auf jede Auseinandersetzung zu verzichten und lieber nachzugeben, hätte keine Chance. Er würde einfach von seinem Nachbarn ausgeraubt oder auf andere Weise übervorteilt werden. Das ist ein wichtiger Grund, warum sich ein Friedliebender unter Streitenden viel schwerer durchsetzt als umgekehrt. Dennoch gibt es für ihn eine Möglichkeit. Der Zustand ständiger Unsicherheit wegen möglicher Überfälle der Nachbarn, die Gefahr, das Schwererkämpfte jeden Moment wieder zu verlieren und vielleicht sogar das eigene Leben dazu – das bringt schließlich einige Kämpfer dazu, ein Zweckbündnis zu schließen. Sie verpflichten sich, untereinander bestimmte Umgangsregeln einzuhalten, die eine gegenseitige Vernichtung ausschließen, also Regeln der Friedfertigkeit, und statt dessen alle Kraft auf die Auseinandersetzung mit Außenstehenden zu konzentrieren.

Wirkungen der Gruppendynamik Thomas Hobbes glaubte, daß auf diese Weise tatsächlich die moderne Zivilisation entstanden sei. In Wahrheit hat der Mensch jedoch schon immer in Gesellschaften gelebt. Im Naturzustand kämpften nicht einzelne Individuen gegeneinander, sondern die Menschen kooperierten in der Großfamilie. Die Verhaltensbiologie und die Sozialpsychologie sind übereinstimmend (trotz unterschiedlicher Methoden) zu der Erkenntnis gelangt, daß der natürliche Sozialzustand des Menschen die nicht-anonyme Gruppe ist. Nicht-anonym heißt, alle Angehörigen der Gruppe kennen einander persönlich. Solch eine Gruppe umfaßt im Idealfall sieben bis dreizehn Personen, es können aber auch einige mehr oder weniger sein. Bei mehr als achtzehn Leuten wird die Gruppe allerdings zu groß; die persönliche Kenntnis wird oberflächlich, und das Gebilde zerfällt bald in

Untergruppen. Zwischen den Mitgliedern der Gruppe, sei es eine Familie, ein Arbeitsteam oder ein Hobbyverein, bestehen geregelte Beziehungen: Aufteilungen von Aufgaben, Rechten und Pflichten, von Sympathien, Rivalitäten und Kommunikationsregeln. Es bilden sich Rangordnungen heraus, über die vorrangig im Streit der Kompetenzen entschieden wird. In allen Bereichen, in denen die Gruppe gemeinsam handelt, wird ein Gesprächsstil vorherrschen, der die Interessenübereinstimmung betont. Bei Meinungsverschiedenheiten dagegen kommt es eher mal zum Streit, insbesondere dann, wenn die Differenzen die Struktur der Gruppe betreffen. In einer Familie können dies Rechte und Pflichten im Haushalt sein, im Arbeitsbereich Kompetenz- und Terminstreitigkeiten.

Das Zusammenwirken in der Gruppe verändert das Verhalten ihrer Mitglieder. Jeder hat sicherlich schon einmal erlebt, daß Freunde, die privat recht vernünftige Meinungen äußern, plötzlich ihre Auffassungen änderten, wenn sie sich in einer Versammlung oder auch nur in einem größeren Freundeskreis bewegten. Es gibt zahlreiche Tests, die die Wirkung des Gruppendrucks belegen.

Zehn Studenten werden zu einem Wahrnehmungsexperiment eingeladen. Der Versuchsleiter zeigt ihnen Dias, auf denen je zwei Linien zu sehen sind. Die Studenten sollen sagen, welche der beiden Linien die längere ist. Bei den ersten beiden Bildern antworten alle übereinstimmend. Beim dritten Bild gibt es plötzlich eine Abweichung. Ein Student ist der Meinung, daß die linke Linie die längere ist, während alle übrigen sich ohne Zögern für die rechte entscheiden. Beim vierten Bild passiert das gleiche. Derselbe Student hält die untere Linie für die längere, die übrigen die obere. Beim fünften Bild zögert der Student mit der abweichenden Meinung. Was er nicht weiß: Alle übrigen Studenten sind vom Versuchsleiter instruiert worden, vom dritten Bild an die falsche Antwort zu geben. Er allein antwortet richtig. Aber jetzt passiert etwas Merkwürdiges. Je weiter der Versuch fortschreitet, desto unsicherer wird er. Er fängt an, erst einmal die Antworten der anderen abzuwarten, betrachtet sich das Dia ein zweites und drittes Mal – und gibt schließlich dieselbe Antwort wie die übrigen, das heißt die falsche.

Der amerikanische Psychologe Irving. L. Janis hat gezeigt, daß das Gruppendenken an so mancher politischen Fehlentscheidung seinen Anteil hat. Nehmen wir als Beispiel die versuchte Invasion Kubas durch die USA im Jahre 1961. Anfang 1959 hatten die Truppen Fidel Castros die Macht auf der Insel übernommen und die von den Amerikanern unterstützte Diktatur von Fulgencio Batista gestürzt. Der amerikanische Präsident John F. Kennedy übernahm den Ratschlag wichtiger CIA-Leute, in geheimen Lagern Exilkubaner militärisch auszubilden und mit Unterstützung amerikanischer Truppen in Kuba einmarschieren zu lassen. Rund 1400 Kubaner landeten schließlich in der Schweinebucht. Das Unternehmen erwies sich von Anfang an als kompletter Fehlschlag. Zwei der amerikanischen Schiffe mit Nachschub wurden von den Castro-Truppen versenkt, die anderen beiden ergriffen die Flucht. Die Amerikaner, die ursprünglich ihre Beteiligung an der Aktion vor der Weltöffentlichkeit verheimlichen wollten, standen als die Blamierten da. Für die Castro-Regierung war dieser Sieg ein ungeheurer politischer Erfolg. Kuba erschien als das schwache Opfer, das den starken und aggressiven USA Paroli bieten konnte.

Hinterher zeigte sich, daß das Gremium, das die Entscheidung getroffen hatte, durchaus aus informierten und kompetenten Persönlichkeiten bestand. Janis sah die Gründe für die Fehlentscheidung in einer Euphorie der Gruppe. Die Mitglieder (Verteidigungsminister Robert McNamara, Sonderberater Arthur M. Schlesinger jr. und andere) vertrauten auf Kennedy. Kennedy wiederum verließ sich auf die Spezialisten des CIA und der Armee. In der Gruppe selbst herrschte eine Atmosphäre vorweggenommener Zustimmung. Fragen und Zweifel, die jeder einzelne hatte, wurden gegenüber den anderen nicht geäußert. Hinzu kommt ein zweiter Faktor. In einer Gruppe steigt die Risikobereitschaft der Mitglieder aufgrund der geteilten Verantwortung. Eine riskante Entscheidung, die der einzelne nicht zu treffen gewagt hätte, wird plötzlich möglich, wenn weitere Gruppenmitglieder bereit sind, die Verantwortung für einen eventuellen Fehlschlag mitzutragen.

Das wichtigste Mittel gegen Gruppenkonformität ist die Bereitschaft des einzelnen, gegen die Meinung der anderen zu streiten, auch wenn diese eine Mehrheit bilden. Gruppenkonformität wird gefährlich, wenn die Mehrheitsmeinung die Minderheiten unterdrückt. Denn Mehrheit ist keine Garantie für Richtigkeit. Sie kann sich irren, die Minderheit kann im Recht sein. Das ist in der Geschichte oft genug vorgekommen. Die Beispiele reichen von Kopernikus und Galilei bis zu den Warnern vor dem atomaren Supergau oder der ozonzerstörenden Wirkung von Fluorkohlenwasserstoffen (FCKW).

Jeder, der sich in einer Gruppe in der Minderheit befindet, kann Unterstützung bei einer anderen Gruppe suchen. Wenn die Familie vielleicht nichts vom Angeln hält, so findet der Ehemann und Vater unter Umständen Verständnis bei seinen Kollegen, von denen drei dem gleichen Hobby frönen. Wenn Vater und Mutter die Heavy-Metal-Musik aus dem Recorder des Sohnes für unartikuliertes Geheul halten, so denken die Kids aus der Klasse ganz anders darüber.

Konfliktscheu macht ausnutzbar Die Erfahrung, daß Konfliktscheu ausnutzbar macht, läßt uns auch bei ungewissem Ausgang den Streit riskieren. Deswegen kämpfen wir nicht nur, um neue Wünsche durchzusetzen, sondern auch, um einmal Erreichtes zu bewahren. An einer ostdeutschen Universität, deren Verhältnisse ich recht gut kenne, waren die Daten sämtlicher Mitarbeiter, die schon zu DDR-Zeiten dort arbeiteten, zur Überprüfung auf eventuelle frühere Stasi-Kontakte an die Gauck-Behörde weitergereicht worden. Diejenigen, bei denen sich keine Akten über eine Stasi-Mitarbeit fanden, erhielten einen entlastenden Brief von der Universitätsleitung, in dem es unter anderem hieß, man hoffe «für Sie und für uns, daß diese Auskunft bereits abschließenden Charakter hat». In einer Versammlung erhob sich ein Mathematiker, der diesen Brief erhalten hatte, und protestierte gegen diese Formulierung. Soll sie bedeuten, daß jeder aus dem Osten nur vorläufig mangels gegenteiliger Beweise im öffentlichen Dienst weiter arbeiten dürfe? Daß jeder aus dem Osten für immer verdächtig bleibt und lebenslang überprüft wird? Mehrere Kollegen, die den gleichen Brief erhalten hatten, schlossen sich dem Protest an. Der Chef der Personalabteilung, der das Schreiben unterzeichnet hatte, gab sofort klein bei und verpflichtete sich zu einer neutralen Formulierung.

Ein anderes Beispiel: Stellen Sie sich vor, eines Tages flattert Ihnen ein Schreiben der städtischen Verkehrsbetriebe ins Haus, Sie seien an einem bestimmten Tag vor sechs Wochen beim Schwarzfahren erwischt worden – und werden nun zur Kasse gebeten. Im Falle des Nichtzahlens droht ein Gerichtsverfahren. Mag sein, Sie benutzen nie öffentliche Verkehrsmittel, hatten letzten Monat eine Monatskarte oder waren an dem betreffenden Tag gar nicht in der Stadt. Haben Sie Zeugen für Ihre Unschuld? Die Kontrolleure, die mindestens zu viert auftreten und übereinstimmend gegen Sie aussagen werden, haben vor Gericht die besseren Karten. Sie können, sooft Sie wollen, auf die Möglichkeit hinweisen, daß Ihr Doppelgänger wahrscheinlich ohne Ausweis ertappt wurde und sich aus der Affäre zog, indem er Ihre Adresse angab, die allgemein zugänglich im Telefonbuch steht – es ist nicht mehr als eine Vermutung. Was tun? Niemand weiß, wie viele Menschen lieber die 60 Mark plus Mahngebühren (in Berlin zusammen DM 150) bezahlen, als das Risiko eines Prozesses mit ungewissem Ausgang auf sich zu nehmen. Sie können aber auch zu den Verkehrsbetrieben gehen und mit dem zuständigen Mitarbeiter um Ihr Recht streiten. Wie sich herausgestellt hat, durchaus mit Aussicht auf Erfolg. Das persönliche Auftreten, die glaubwürdige Wirkung empörter Unschuld, kann das Zünglein an der Waage sein. In Berlin hat es einige solche Fälle gegeben. Jeder, der im Telefonbuch aufgeführt wird, kann in dieses Dilemma geraten.

Wer rechtzeitig wagt zu protestieren, verhindert, daß er untergebuttert wird. Im Alltag werden wir immer wieder mit Forderungen konfrontiert, zu denen unser Gegenüber keineswegs berechtigt ist. Wer lieber nachgibt, statt mit einem klaren Nein sein Recht zu wahren, gilt zwar als liebenswert und nett. Aber wer ahnt schon, daß in seinem Innern im Laufe der Jahre die Unzufriedenheit darüber wächst, für andere die Zeche zu zahlen? Dabei akzeptieren die meisten von uns durchaus ein klares Nein. Nur wer sich zu diesem Nein nicht durchringt, kann nie erleben, daß auch eine eindeutig negative Entscheidung respektiert wird. Wir haben es wieder mit den Folgen eines Vermeidungslernens zu tun, das positive Erfahrungen nicht zuläßt.

Ironischerweise kann der Versuch, einen Streit zu vermeiden, sogar das Gegenteil einer Beruhigung zur Folge haben. So manche Ehefrau fing erst dann an, mit Tellern zu werfen, als der Mann auf ihre Vorwürfe mit der Frage reagierte: «Hast du einen schlechten Tag gehabt, Liebling?» Einer meiner Kollegen ist dafür bekannt, daß er in jeder Diskussion seinem Vorredner widerspricht. Er erwartet, daß sein Gegenüber es ihm mit gleicher Münze zurückzahlt und sich auf einen handfesten Streit einläßt. Einmal jedoch zuckte der Angesprochene nur mit den Schultern und sagte: «Sie denken offenbar anders als ich. Die Zukunft wird zeigen, wer recht hat.» Darauf explodierte mein Kollege förmlich und rief: «Sind wir hier zum Diskutieren oder zum Händchenhalten? Mir würden sofort mindestens drei Argumente einfallen, die Sie mir entgegenhalten könnten!»

Gesundheitsrisiko Konfliktverdrängung Es ist ein verständliches menschliches Bestreben, unangenehme Dinge auf später zu verschieben, in der Hoffnung, daß sie sich von selbst erledigen. Bei Konflikten erfüllt sich dieser Wunsch nur höchst selten, weil die Interessengegensätze nicht dadurch verschwinden, daß man sich weigert, sie auszusprechen – mit dem Resultat, daß mindestens einer der Beteiligten seine Interessen nicht mehr wahrnehmen kann und sich bei ihm Unzufriedenheit und Frustrationen ansammeln. Das ist nicht nur ungesund für die Beziehung, die an Offenheit und Ehrlichkeit verliert, sondern auch für den (oder die) Betreffenden selbst. Denn die unterdrückten negativen Gefühle wie Wut und Verärgerung und die fehlende Möglichkeit, sie nach außen zu tragen, stellen ein erhebliches Gesundheitsrisiko dar.

Unterdrückte Konflikte gehören mit zu den wichtigsten Ursachen für psychosomatische Krankheiten, also körperliche Störungen, die auf seelisches Leid, besonders im Gefühlsbereich, zurückzuführen sind. Es gibt kaum ein Organ, das nicht aufgrund von psychischen Problemen in Mitleidenschaft gezogen werden kann.

Bluthochdruck, Herzinfarkt, Magengeschwür, Arthritis, Sklerose, Akne – sie alle können Alarmzeichen für nach innen verlagerte Konflikte sein. Selbst Krebs oder Migräne, für die es eine zumindest teilweise erbliche Veranlagung gibt, werden durch psychische Prozesse beeinflußt. So schreiben Bach und Goldberg: «Charakteristisch für Menschen mit Migräneanfällen ist ihre Neigung zu Perfektionismus, ihr Ehrgeiz und ihre ausgeprägte Selbstbeherrschung. Nach außen wirken sie immer ruhig und höflich, da sie alle Regungen des Ärgers und Unwillens in sich unterdrücken. Jedoch führt ihre intensive Selbstbeherrschung zu einer Erweiterung der Blutgefäße, was die Kopfschmerzen zur Folge hat.» [9] Ein Migräneanfall kann innerhalb weniger Minuten enden, wenn der Betroffene sich seiner unterdrückten Aggressionen bewußt wird und ihnen offenen Ausdruck verleiht.

Ärzte, die den Einfluß seelischer Faktoren in ihren Therapien berücksichtigen, versuchen in Gesprächen den Konflikt zur Sprache zu bringen. Oder sie bringen ihren Patienten Entspannungstechniken wie das autogene Training bei, um sie von ihren inneren Widersprüchen zu entlasten und ihre Frustrationstoleranz zu stärken, also die Fähigkeit, Konflikte körperlich zu ertragen. Manche Ärzte empfehlen herzinfarktgefährdeten Patienten, öfter mal Dampf abzulassen. Nicht den Ärger herunterschlucken, sondern kräftig mit der Faust auf den Tisch hauen! Ein hervorragendes Mittel, sich von seinen aggressiven Gefühlen zu entlasten, besteht darin, bei einem Spaziergang eine einsame Gegend aufzusuchen und dort einmal richtig zu schreien, seinen Partner oder Gegner in Abwesenheit niederzubrüllen. (Leider gibt es für Stadtbewohner kaum noch einsame Gegenden.) Dies kann natürlich nur ein erster Schritt sein. Was not täte, wäre ein Konflikttraining, in dem Grundsätze des richtigen Streitens gelernt werden. Wer danach sucht, muß sich jedoch auf eine unangenehme Entdeckung gefaßt machen. Es gibt inzwischen viele psychologische Kurse, in dem man Techniken des harmonischen Gesprächs lernen kann – fast jede Volkshochschule hat mindestens einen davon im Programm –, Kurse, die das produktive Streiten trainieren, sind eher die Ausnahme. Der Grund dafür liegt in dem schlechten Ruf, den der

Streit als Kommunikationsform hat. Im Interesse aller, die mit schwelenden Konflikten nicht fertig werden, halte ich einen Wandel in diesem Bereich für äußerst wünschenswert.

3

Wenn der Streit unser Leben zerstört

> Der Mensch liebt es, schöpferisch tätig zu sein...
> Aber wie kommt es, daß er auch Zerstörung
> und Chaos leidenschaftlich liebt?
> Fjodor M. Dostojewski (1821–1881)

Rainer und Katja waren seit sechs Jahren verheiratet. Viermal im Jahr gingen sie ins Theater, so auch an diesem Abend. Die Vorstellung begann relativ früh, um 19 Uhr. Rainer, dessen reguläre Arbeitszeit um 17 Uhr endete, kam fast eine Stunde später nach Hause als sonst, um Viertel nach sechs. Katja wartete bereits völlig genervt. Als er endlich eintraf, erschöpft, aber anscheinend überhaupt nicht in Eile, geriet sie in Rage:

KATJA: Das darf nicht wahr sein! Wo kommst du jetzt her?
RAINER: Ich wollte den Quartalsbericht noch fertig machen.
KATJA: Ich hätte es wissen müssen! Immer wenn es darauf ankommt, hast du tausend wichtigere Dinge zu tun.
RAINER: Du hast es gerade nötig. Ich brauche bloß an letzten Sonntag zu denken...
KATJA: Was soll das heißen? Meine Mutter war wirklich krank!
RAINER: Die Kinder hatten sich so auf den Ausflug gefreut!
KATJA: *Ihnen* hat es leid getan, daß es ihrer Oma nicht gutgeht. In meiner Familie ist es üblich, daß man auf den anderen Rücksicht nimmt.
RAINER: Warum tust du es dann nicht?

Nach dieser Einleitung fingen beide an zu schreien und ergingen sich in gegenseitigen Anklagen. Falls sie es danach noch schafften, pünktlich ins Theater zu kommen, werden sie nicht mehr viel Freude an diesem Abend gehabt haben. Dabei war der Streit durchaus gerechtfertigt, ihm lag eine Meinungsverschiedenheit über den Zeitablauf zugrunde. Doch sehr schnell wurden beide «prinzipiell», das heißt, sie nahmen diese Differenz zum Anlaß, um ihre grundsätzliche Unzufriedenheit mit dem Partner zu äußern. Jeder unbefangene Beobachter kann erkennen, daß zwischen den beiden schon seit längerem ein Konflikt schwelen muß, der sich immer wieder an Kleinigkeiten entzündet. Darauf verweist die Erinnerung an den vergangenen Sonntag, als Katja den Ausflug platzen ließ, um ihre plötzlich erkrankte Mutter zu besuchen. Das gegenwärtige Problem wurde in eine Kontinuität mit vergangenen Verhaltensweisen gestellt. Zu ihrem Unglück gelang es den beiden aber nicht, den wirklichen Konflikt zur Sprache zu bringen. Sie diskutierten über die gemeinsame Zeitplanung und warfen sich gegenseitig vor, sich nicht an Vereinbarungen zu halten. Die entscheidende Frage «Wie gehen wir miteinander um?» blieb unausgesprochen. Hinzu kommt, daß der Streit unter großem Zeitdruck ausgetragen wurde; die beiden wollten ja ins Theater. Dadurch waren sie gezwungen, den Wortwechsel sehr bald abzubrechen, ohne das Problem geklärt zu haben – bis er sich demnächst an einem neuen Anlaß wieder entzünden würde. Der gegenseitige Vorwurf der Unzuverlässigkeit blieb unausgeräumt und fügte bereits bestehenden Vorbehalten ein weiteres Mosaiksteinchen hinzu.

Der schlechte Ruf des Streitens hat seine Gründe: Häufig sind Trennungen, Gerichtsprozesse oder gar körperliche Gewalt die Folge. Die wenigsten sehen, daß solch ein Zerwürfnis nur an die Oberfläche bringt, was schon lange im verborgenen vor sich hinschwelte. Nehmen wir den üblichen Ablauf in einer Liebesbeziehung. Ein Mann und eine Frau lernen sich kennen, fühlen sich zueinander hingezogen und verbringen einen Teil ihrer Zeit miteinander. Da jeder an dem anderen interessiert ist, versuchen beide, sich von der besten Seite zu zeigen. Man gibt sich großzügig. Verhaltensweisen, die einem am anderen nicht so gut gefallen, ist man gern bereit zu tolerieren. Schließlich hat der Partner auch viele Vorzüge, und man will ihn nicht verlieren. Dabei wäre jetzt die beste Zeit, in freundschaftlichem Ton über die gegenseitigen Erwartungen und Vorbehalte zu sprechen. Beide Partner sind noch dabei, den anderen zu entdecken und sich aneinander anzupassen. Der Umgang miteinander hat noch nicht die Form fester Rituale angenommen.

Betrachten wir ein zweites Beispiel. Heike, 19 Jahre alt und frisch verliebt, kommt häufig etwa eine Viertelstunde zu spät zu ihren Rendezvous, weil sie sich besonders sorgfältig zurechtmacht. Der zwei Jahre ältere Thomas, der von dem hübschen Mädchen begeistert ist, toleriert diesen kleinen Fehler, obwohl er sonst Unpünktlichkeit nicht ausstehen kann. Sie wiederum stört seine Manie, alle fünf Minuten nachzuprüfen, ob er seine Schlüssel und seine Brieftasche noch bei sich hat. Vor Betreten und vor Verlassen eines Restaurants, selbst am Tisch, klopft er seine Taschen ab. Aber auch sie sagt nichts und denkt sich, daß sie ihm diese Marotte schon noch abgewöhnen wird, falls es mit ihnen etwas wird. Nach etwas mehr als einem Jahr verloben sich die beiden und denken ans Heiraten. Zwei Monate vor dem Trauungstermin mieten sie eine gemeinsame Wohnung. Wenige Tage später wollen sie abends Thomas' Eltern einen Besuch abstatten. Heike steht vor dem Spiegel und wird nicht fertig.

THOMAS: Nun trödele doch nicht so. Wir kommen ohnehin schon zu spät.

HEIKE: Ihr Männer habt gut reden. Willst du, daß ich bei deinen Eltern einen guten Eindruck mache oder nicht?

THOMAS: Du bist auch so hübsch genug.

HEIKE: Für dich vielleicht. Und deine Mutter? Eine Frau guckt da genauer hin.

THOMAS: Als ob das der Grund wäre. Bei unseren Verabredungen bist du auch immer eine Viertelstunde zu spät gekommen.

HEIKE: Höchstens zwei-, dreimal!

THOMAS: Von wegen! Wenn wir um sieben sagten, bist du stets Viertel nach gekommen. Man hätte die Uhr danach stellen können.

HEIKE: Das hat dich doch früher nicht gestört!

THOMAS: Ich hab nichts gesagt, weil ich dachte, du kommst mal von selbst drauf.

HEIKE: (beleidigt) Können wir jetzt gehen?
THOMAS: Na endlich. Moment, meine Brieftasche…
HEIKE: Das ist die Höhe! Mich hetzen, aber selbst…

Wahrscheinlich sind die beiden hinterher ziemlich bestürzt über ihren ersten handfesten Krach. Wenn es ihnen gelingt, die gegenseitigen Vorbehalte zur Sprache zu bringen und sich zu einigen, wie sie in Zukunft mit diesen empfindlichen Punkten umgehen wollen, kann alles noch gut werden. Aber je länger der Konflikt aufgeschoben wird, desto unwahrscheinlicher wird ein versöhnlicher Ausgang. Hier bewahrheitet sich das Sprichwort von der kleinen Ursache und der großen Wirkung. Was zu Anfang im sachlichen Streitgespräch hätte geklärt werden können, weitet sich nach Monaten und Jahren zu einem Beziehungsdrama aus.

Die Bildung von Stereotypen   Weshalb verleiht nun ein aufgeschobener Konflikt dem Streit zerstörerische Wirkungen? Weil nicht mehr allein über das augenblickliche Verhalten gestritten wird, legt sich die gesamte Last der vergangenen Monate und Jahre auf die Partner. So gelangen zwei Elemente in die Auseinandersetzung, die für jede konstruktive Aussprache tödlich sind: Das erste Element ist die *Stereotypisierung*[10].

Das Wort «Stereotyp» stammt aus dem Druckwesen und bezeichnete ein 1796 von Firmin Didot erfundenes Verfahren, eine Seite aus beweglichen Lettern gußtechnisch zu fixieren. Dadurch konnte man in der Setzerei mit ganzen Zeilen und Seiten hantieren statt mit Hunderten von einzelnen Buchstaben. 1922 wurde der Begriff in die Psychologie eingeführt und bezeichnet heute eine extreme Vereinfachung der Beurteilung anderer Personen aufgrund einer überzogenen Verallgemeinerung zufälliger Verhaltensbeobachtungen. Die Bildung von Stereotypen ist besonders auffällig bei Vorurteilen über die Eigenschaften bestimmter Völker (die faulen Polen, die leichtlebigen Franzosen oder die pflichtbesessenen und humorlosen Deutschen). Stereotype kommen dadurch zustande, daß wir bereits nach wenigen zufälligen Eindrücken von anderen Menschen dazu neigen, uns ein Urteil über sie zu bilden. Die Versuchung, solche vorschnellen Urteile zu fällen, ist sehr groß. Bei der Vielzahl von Informationen, die aus der Umwelt auf uns einstürmen, bemühen wir uns, so schnell wie möglich Ordnung in das Chaos der Eindrücke zu bringen. Insbesondere wollen wir genau wissen, woran wir bei unserem Partner sind. «Er ist mal so, mal anders» ist keine befriedigende Auskunft. Wir lassen nicht locker, bis wir sogar wechselhaftes Verhalten auf eine allgemeine Eigenschaft zurückgeführt haben.

Im ersten Beispiel in diesem Kapitel steigerte Katja ihre Verärgerung über das späte Heimkommen ihres Mannes zu dem grundsätzlichen Vorwurf: «*Immer* wenn es darauf ankommt, hast du tausend wichtigere Dinge zu tun.» Bei ruhigerem Nachdenken würde sie sicher zugeben, daß es in ihrer Ehe eine Reihe von entscheidenden Situationen gegeben hat, wo ihr Mann rechtzeitig zur Stelle war. In der Erregung genügt ihr aber die Erinnerung an einige Begebenheiten, die mit dem geplanten Theaterabend vergleichbar waren, um ihren Satz mit dem Wort «immer» zu beginnen. Unausgesprochen enthält ihre Anklage sogar den Verdacht: «Du wirst dich nie ändern», einen Satz, den sie in einem fortgeschritteneren Stadium des Konflikts vielleicht auch aussprechen wird. Rainer wehrt sich verständlicherweise gegen die Verallgemeinerung, die ihm übertrieben erscheint, indem er mit einem ähnlich unfairen Gegenvorwurf kontert.

Im zweiten Beispiel heizt Thomas den Streit an, indem er die früheren (und bisher nie zur Sprache gebrachten) Verspätungen bei den Verabredungen zum generellen Vorwurf der Trödelei ausweitet. Heike nutzt Thomas' Marotte, sich öfter seiner Brieftasche zu vergewissern, zum Gegenschlag. Warum lösen übertriebene Verallgemeinerungen solch eine heftige Gegenwehr aus? Bei einer Kritik am Verhalten in einer Einzelsituaton sind die meisten Menschen durchaus bereit, zuzugeben, daß ihnen hin und wieder ein Fehler unterlaufen kann. Bei einer allgemeinen Aussage geht es aber um mehr. Die Kritik betrifft diesmal eine Charaktereigenschaft und damit unsere ganze Person. Wir stehen im Verdacht, das gleiche Verhalten immer wieder zu zeigen und den Partner auch in Zukunft zu verärgern. Außerdem erfahren wir, daß wir von ihm für weniger liebenswert gehalten werden, als wir dachten. Gerade von unserem Partner erwarten wir aber Akzeptanz und Zuneigung, auch dann, wenn es Probleme gibt. Auf den Liebesentzug reagieren wir mit Bitterkeit und Verärgerung, insbesondere weil wir merken, daß der andere sich mit seinem Vorwurf in die Position moralischer Überlegenheit bringen will. Deswegen streiten wir mit emotionalem Engagement gegen die unzulässige Verallgemeinerung unseres Verhaltens und zahlen sie dem Partner mit gleicher Münze heim – wie in den beiden Beispielen geschehen.

Die unerfüllbare Forderung, Vergangenes zu ändern Das zweite Element, das den Streit nach einem lange verschwiegenen Konflikt belastet, ist die Forderung, die Vergangenheit zu ändern. Es scheint ein gewisses perverses Vergnügen darin zu liegen, Vorwürfe über das gegenwärtige Verhalten mit vergleichbaren Erfahrungen aus vergangenen Zeiten anzureichern. Vor allem, weil es ein vorzügliches Mittel ist, beim Partner dauerhafte Schuldgefühle zu erzeugen. In unseren Beispielen kontert Rainer Katjas Kritik mit der Erinnerung an den ausgefallenen Sonntagsausflug wegen der Krankheit ihrer Mutter, und Thomas wirft Heike sämtliche Verspätungen seit Beginn ihrer Bekanntschaft vor. Die meisten versuchen in einem solchen Fall den Vorwurf zu entkräften oder mit Gegenvorwürfen zu antworten – ein deutliches Zeichen dafür, daß es dem anderen gelungen ist, ein schlechtes Gewissen wegen vergangener Handlungen zu wecken. Die wenigsten merken, daß der Partner sie mit einer unerfüllbaren Forderung konfrontiert. Was geschehen ist, ist geschehen – eine nachträgliche Diskussion bringt nichts außer unnötigen seelischen Verletzungen. Die Vergangenheit läßt sich nicht mehr ändern, wohl aber die Gegenwart und die Zukunft.

Ich will nicht bestreiten, daß es den verärgerten Partner emotional entlasten kann, wenn er sich zunächst seine gespeicherten Vorbehalte wegen früherer «Verfehlungen» von der Seele reden darf. Ein kluger Streiter wird ihm aufmerksam zuhören, aber keinesfalls eine Auseinandersetzung um die Bewertung jener Ereignisse führen. Die richtige Reaktion besteht in der Frage, warum der Partner damals nichts von seinem Ärger gesagt hat – und in dem Vorschlag, zunächst über das gegenwärtige Verhalten zu diskutieren, das den Streit auslöste. Viel konstruktiver als Schuldzuweisungen für Vergangenes ist das Gespräch darüber, wie man in den kommenden Monaten und Jahren miteinander umgehen will. (Es gibt eine einzige Ausnahme, bei der der Streit über die Vergangenheit sinnvoll sein kann – beim Streit über das Streiten. Mehr darüber in Kapitel 5.)

Wer beim Streit den Partner mit unzulässigen Verallgemeinerungen und Kritik an der Vergangenheit angreift, versucht nicht etwa bewußt, den anderen fertigzumachen. Er empfindet wirklich, was er sagt. Aber seine Reaktionen sind wenig hilfreich, weil sie von dem tatsächlichen Konflikt wegführen. Die Anklagen dienen nicht der Klärung des Problems, sondern verschleiern den eigenen Anteil an dem Zerwürfnis. Würde der Partner die Kritik annehmen, stände er als der Alleinschuldige da, der infolge eines Charakterfehlers die Beziehung von Anfang an durch sein Verhalten gefährdet hat. Verständlich, daß er sich gegen diese Zumutung wehrt.

Mit unsachlichen Äußerungen konstruktiv umgehen Psychologische Untersuchungen belegen, daß der wichtigste Hinweis darauf, ob eine Beziehung eine Zukunft hat, darin zu finden ist, ob bei dem Paar bereits kurz nach dem Kennenlernen zerstörerische Streitformen an der Tagesordnung sind. Wenn das der Fall ist, werden sich die beiden wohl bald wieder trennen, oder ihnen steht eine unglückliche Abhängigkeit von einem zänkischen Partner bevor. Wie also hätten die Männer und Frauen in unseren Beispielen konstruktiv antworten können? Da beide Streite unter Zeitdruck ausbrachen, wäre es am besten gewesen, Rainer beziehungsweise Heike hätten sich für den Ärger, den sie beim Partner auslösten, entschuldigt und vorgeschlagen, am nächsten Tag (nicht später!) in Ruhe darüber zu sprechen, wie man ähnliche Probleme in Zukunft vermeiden könne. Dann wäre der Abend gerettet gewesen, und beide hätten genügend Zeit gehabt, sich innerlich auf die Auseinandersetzung vorzubereiten.

Was aber, wenn der Streit einmal ausgebrochen ist und die unfairen Anklagen bereits ausgesprochen wurden? Es wäre eine Illusion, anzunehmen, wir besäßen ständig die Übersicht über die Lage und könnten rechtzeitig die Notbremse ziehen. Wer sich in einer Beziehung emotional engagiert, ist gegen unkontrollierte Ausbrüche nicht gefeit. Falsch wäre es jedoch, das Wortgefecht eskalieren zu lassen, bis sich beide schwere Beleidigungen an den Kopf werfen. Noch falscher wäre es, sich in ein grimmiges Schweigen zurückzuziehen. Solange gestritten wird, besteht noch Kommunikation. Ungeklärtes Schweigen kann dagegen der Anfang vom Ende sein. In dieser Situation hilft nur eines: Versuchen Sie, Ihrem Partner zuzuhören. Überlegen Sie sich gleichzeitig, was Sie an Ihrem Partner schätzen. Sagen Sie ihm, daß Sie ihm für seine Offenheit dankbar sind und daß Sie froh sind, daß die Vorbehalte endlich einmal ausgesprochen werden. Kurz, versuchen Sie den Konflikt in einen produktiven Streit umzulenken. (Weitere Hinweise zum konstruktiven Streiten finden Sie in den nächsten Kapiteln.)

Wie erkennt man jedoch, ob ein Streit produktiv ist oder ob er zerstörerisch wirkt? Das ist im einzelnen oft schwer zu entscheiden, weil nicht selten die Vorgeschichte und die besondere Situation des Partners bekannt sein müssen, um beurteilen zu können, welche nicht ausgesprochenen Vorbehalte in dem Gesagten mitschwingen. Es gibt aber ein Hilfsmittel, das in der Praxis gute Dienste leistet: Versetzen Sie sich gedanklich an die Stelle des Partners, und überlegen Sie sich, ob es ihm möglich sein wird, auf Ihren letzten Satz konstruktiv zu antworten.

Was heißt das konkret? Wenn in unserem ersten Beispiel Katja sagt: «Immer wenn es darauf ankommt, hast du tausend wichtigere Dinge zu tun», so ist eine konstruktive Antwort darauf kaum möglich. Soll Rainer sagen: «Ja, du hast recht»? Dann würde sich Katja mit Grund veralbert vorkommen. Rainer kann nur die Allgemeingültigkeit ihrer Aussage bestreiten, indem er Gegenbeispiele anführt, er kann (wie in unserem Dialog) mit einer Gegenanklage antworten oder im besten Falle bedauern, daß er sie verärgert hat. Auf Klagen über vergangenes Verhalten ist dagegen schon aus rein logischen Gründen keine konstruktive Antwort möglich – die Vergangenheit ist das einzige, was nicht einmal ein Gott ungeschehen machen kann.

Es wäre nun verfehlt, das Kind mit dem Bade auszuschütten und den Streit wegen seiner Risiken zu verteufeln. Um ihm seine zerstörerischen Potenzen zu nehmen, braucht es zwei Dinge:

1. Konflikte nicht im verborgenen wuchern zu lassen, sondern jede Mißstimmung zu klären, solange sie noch klein ist,
2. unfaire Streitformen soweit wie möglich zu unterlassen.

Der «kontrollierte Dialog» Psychologen, die vom Streiten abraten, schlagen ersatzweise den «kontrollierten Dialog» vor: Der Partner A macht seine Aussage. Der Partner B darf jetzt noch nicht antworten, sondern muß den Inhalt des von A Gesagten sinngemäß wiedergeben («spiegeln»), um sich zu vergewissern, daß er A richtig verstanden hat. A bestätigt die Richtigkeit der Wiedergabe oder korrigiert sie. Jetzt erst darf B seine Gegenmeinung äußern. Nun muß A das von B Gesagte sinngemäß wiedergeben, B bestätigt die Wiedergabe, dann erst darf A antworten. Und so weiter. Dann würde unser Anfangsdialog vom dritten Satz an folgendermaßen ablaufen:

KATJA: Ich hätte es wissen müssen! Immer wenn es darauf ankommt, hast du tausend wichtigere Dinge zu tun.

RAINER: Du meinst, immer wenn wir es eilig haben, würde ich andere Dinge tun und damit die Situation noch verschärfen.

KATJA: So etwa.

RAINER: Ich denke aber, daß das heute eine notwendige Ausnahme war. Am Ende des Quartals liegt bei uns überdurchschnittlich viel Arbeit an.

KATJA: Du willst sagen, daß dir das sonst nicht passiert und die heutige Verspätung wegen deiner Arbeit unvermeidlich war.

RAINER: Richtig.

KATJA: Ich denke aber, daß du auch gestern schon gewußt hast, daß du den Quartalsbericht schreiben mußt. Warum hast du nicht rechtzeitig gesagt, daß es heute knapp werden wird?

RAINER: Du meinst, ich hätte...

Und so weiter.

Beziehungen abbrechen   Zwar wird ein Streit vermieden, aber um welchen Preis! Die Partner reden miteinander, als ob der andere kein offenes Wort vertragen könne. Der ganze Dialog wird so ungelenk, daß alle Spontaneität unter den Tisch fällt. Ganz zu schweigen von dem Bedürfnis, Gefühle der Verärgerung und Verunsicherung herauszulassen. In der Praxis haben solche künstlichen Kommunikationsformen keine Chance, sich durchzusetzen. Statt dessen breitet sich die Tendenz aus, Beziehungen abzubrechen, sobald es Schwierigkeiten gibt.

Deborah Tannen zeigt in ihrem erfolgreichen Buch «Du kannst mich nicht verstehen», daß vor allem Frauen dazu neigen, direkten Auseinandersetzungen aus dem Weg zu gehen. Für viele von ihnen ist es undenkbar, sich den Wünschen anderer offen zu widersetzen. Wenn die Unzufriedenheit, die sich in ihrem Innern anhäuft, das erträgliche Maß übersteigt, verlassen sie eher den Mann, als daß sie ihre Vorbehalte im Streit austragen. Die zunehmende wirtschaftliche und soziale Emanzipation der letzten Jahre erleichtert ihnen diesen Schritt. Tatsächlich gehen heute die meisten Scheidungsanträge allein von der Frau aus (Bundesrepublik 1991: 57 Prozent). Rechnet man die Scheidungen hinzu, bei denen zwar die Initiative von der Frau ausgeht, der formelle Antrag aber aus Gründen der Tradition vom Mann oder von beiden gemeinsam gestellt wird, erhöht sich die Quote auf annähernd 80 Prozent. Für Männer ist dagegen der Streit öfter ein Ausdruck von Verbundenheit, denn nur mit Leuten, denen sie nahestehen, lassen sie sich auf eine derartige Auseinandersetzung ein. Fremde können ihre Differenzen eher hinter höflichen Umgangsregeln verbergen. Sie haben es nicht nötig, eine Klärung herbeizuführen, da sie sich ohne weiteres aus dem Weg gehen können.

Als die Studentenbewegung von 1968 die Zerstörung der bürgerlichen Familie propagierte und neue Lebensformen wie etwa Wohngemeinschaften an ihre Stelle setzen wollte, ahnte wohl keiner ihrer Wortführer, in welcher Weise ihnen die Geschichte recht geben würde. Tatsächlich befindet sich die Familie auf dem Weg, Lebensform einer Minderheit zu werden. Die Zukunft gehört allerdings nicht der neuen solidarischen Gemeinschaft, sondern dem total vereinzelten Individuum. Nach den Worten von Gerhard Rock, dem Verfasser eines Trainingsbuches für Kontaktsuchende, ist die Einsamkeit *die* Krankheit der neunziger Jahre. Geht man von der Anzahl der Betroffenen aus, ist sie die drittgrößte Volksseuche nach Herzkrankheiten und Krebs. Etwa jeder fünfte fühlt sich einsam und hätte gern mehr Kontakte. Ein Drittel der über Fünfundzwanzigjährigen lebt in Deutschland nicht mit einem Partner zusammen. Jede dritte Ehe wird geschieden, in Großstädten ist es schon jede zweite. Fast die Hälfte aller Kinder erlebt die Scheidung der Eltern mit; aus Untersuchungen wissen wir, daß deren Partnerschaften mit größerer Wahrscheinlichkeit ebenfalls scheitern werden.

Dennoch besteht das Ideal einer festen und dauerhaften Partnerschaft weiter. Selbst glückliche Singles geben in Befragungen an, daß sie «später einmal» eine stabile Beziehung anstreben. Nach Gründen für das Alleinsein befragt, nennen mehr als die Hälfte Angst vor Enttäuschungen, vor Verantwortung oder Einengung, daß sie bisher nicht den Richtigen oder die Richtige fanden und lieber noch abwarten und prüfen möchten, wer für ein Zusammenleben in Frage kommt. Während es durchaus möglich ist, die Ungebundenheit in jungen Jahren zu genießen (vor allem in Großstädten mit einer reichen Kulturszene), graust den meisten vor dem Alleinsein im Alter. Seltsamerweise hält sich hartnäckig die Illusion, man könne zu jeder Zeit von dem Single-Dasein auf Partnerschaft «umschalten». Wer darauf hofft, übersieht, daß es mit zunehmendem Alter schwieriger wird, sich auf einen anderen Menschen einzustellen.

Noch wichtiger ist ein anderer Punkt: Wer einen Einzelhaushalt führt, hält viele Konflikte aus seinem Leben fern. Ohne das Üben der Fähigkeit, mit Konflikten konstruktiv umzugehen, ist aber keine dauerhafte Bindung möglich. Bekanntlich erweist sich die Stabilität einer Ehe (egal, ob mit oder ohne Trauschein) in den Kleinigkeiten des Alltags: Haushaltsführung, Umgang mit Geld, Toleranz gegenüber den kleinen Fehlern und Macken des anderen. Alle, die es schaffen, eine längere Beziehung aufrechtzuerhalten und sich in ihr wohl zu fühlen, haben nicht nur einen glücklichen Griff bei der Partnerwahl getan – sie verstehen es auch, für den alltäglichen Umgang miteinander die zu ihnen passenden Regeln zu finden. Vor allem haben sie gelernt, auftretende Meinungsverschiedenheiten produktiv für sich zu nutzen. Sie setzen sie nicht als Kampfmittel gegen den anderen ein, sondern nutzen die Chance, mehr über den Partner und (durch seine Reaktion) über sich selbst zu erfahren.

Dies gelingt heutzutage nur noch einer Minderheit. Der konstruktive Streit ist aus der Mode gekommen. Es scheint viel leichter, sich von dem anderen zu trennen und im Namen der Selbstverwirklichung die Mühen der Auseinandersetzung mit abweichenden Lebensgewohnheiten zu vermeiden. Übrigens muß die Trennung nicht immer direkt ausgesprochen werden. Manche Ehe besteht über Jahre fort, obwohl sich die Partner längst schon innerlich voneinander verabschiedet haben. Nach sechs Jahren reden die Eheleute miteinander im Durchschnitt weniger als zwanzig Minuten pro Tag. Aber der Fernseher läuft im Mittel drei Stunden täglich, am Wochenende sind es sogar viereinhalb Stunden. Das Fernsehgerät ist natürlich der ideale Kommunikationspartner, wenn man Streit und Krach vermeiden will: Er redet, und die anderen hören zu. Ein Dialog kommt nicht zustande. Um das Bedürfnis nach Konflikten dennoch zu realisieren, bevorzugt der Fernsehzuschauer Filme mit gewalttätigen Stoffen oder Talk-Shows, wo Prominente sich stellvertretend für uns in den Haaren liegen. Im Grunde weiß jeder, daß dies nur Ersatzbefriedigungen sind für echte Kommunikation. Deshalb stieg in den letzten Jahren die Zahl der Anrufer bei Telefonseelsorgediensten dramatisch an (mehr als 700 000 Anrufe pro Jahr), und kommerzielle Kontaktdienste haben Hochkonjunktur.

Prozessieren statt streiten Wir Deutschen[11] haben aber noch eine andere Form gefunden, wie wir unsere mangelnde Fähigkeit zu produktivem Streit kompensieren können: die Auseinandersetzung vor Gericht. Nichts ist einfacher, als einen Anwalt zu beauftragen, unliebsame Mitbürger, mit denen man sich privat nicht einigen kann, vor den Kadi zu ziehen. Rechtsschutzversicherungen garantieren, daß wir uns um die Kosten des Verfahrens keine

Sorgen machen müssen. Kaum ein anderes Volk dieser Welt prozessiert soviel wie wir. Ob es die Äpfel sind, die über den Zaun hängen, der fremde Hund, der auf das Grundstück gelaufen ist, der Nachbar, der nächtliche Ruhezeiten nicht respektiert – kein Anlaß ist zu nichtig, um nicht in einer Paragraphenschlacht ein Dutzend Juristen, Zeugen und Schöffen zu beschäftigen. Jedes Jahr ziehen in Deutschland eine halbe Million Bürger allein mit Klagen gegen ihre Nachbarn vor Gericht. Soziologen sprechen von einer Verrechtlichung der Gesellschaft: Persönliche Beziehungen werden immer mehr durch rein formale (also unpersönliche) Akte von Rechtssprechung, Zuständigkeiten und pünktlich einzureichenden Formularen ersetzt. Die Gerichte bieten uns die Möglichkeit, Konflikte auszufechten, ohne persönliche Angriffe zu riskieren. Aber so bequem es auch ist, Anwälte und Paragraphen für sich sprechen zu lassen, so fragwürdig ist das Ergebnis. Wenn wir verlieren, kommt zu dem Ärger über den Konflikt noch die Wut über die Niederlage hinzu. Wenn wir gewinnen, haben wir uns den Prozeßgegner endgültig zum Feind gemacht. In jedem Fall haben wir Zeit, häufig auch Geld investiert, ganz zu schweigen von dem organisatorischen Aufwand und der nervlichen Belastung beim Warten auf den Prozeß.

Natürlich gibt es Situationen, in denen es dumm wäre, den Gang vor das Gericht zu vermeiden. Konflikte mit anonymen Institutionen, also Behörden oder dem Arbeitgeber, lassen sich häufig gar nicht mehr anders regeln. Aber dort, wo wir es mit einer konkreten Person zu tun haben, lohnt der Versuch, in einem produktiven Streit für Klärung zu sorgen. Denn Paragraphen haben den Nachteil, daß sie abstrakt formuliert sind. Im Einzelfall gibt es immer Faktoren, die das Gesetz nicht berücksichtigen kann. Oft ist die Beweislage wichtiger als die tatsächliche Rechtssituation. Dann hängt alles vom Geschick des Anwalts und vom Einfühlungsvermögen von Richtern und Schöffen ab. Wie selten der Spruch der Gerichte dem einzelnen Fall angemessen ist, belegt die Tatsache, daß häufig Prozesse durch mehrere Instanzen geführt und oft die Urteile der einen Instanz von der nächsthöheren wieder aufgehoben werden.

Wie verhält man sich aber, wenn der Streitpartner an einer fairen Auseinandersetzung nicht interessiert ist? Kommunikationstrainer, die nur versöhnliche Gesprächsformen akzeptieren, tun so, als wäre jedermann zu jeder Zeit zu einer einvernehmlichen Lösung bereit. Man müsse nur in der richtigen Weise mit ihm reden, positive Seiten an dem Gesprächspartner finden und die in den unterschiedlichen Standpunkten verborgenen Gemeinsamkeiten zur Sprache bringen. Das ist natürlich eine Illusion, wenn der Partner in Wahrheit ein Feind ist. Wir brauchen uns nur die Kriminalstatistik anzusehen, um zu begreifen, daß es Mitbürger gibt, die bewußt ihren Nächsten einen Schaden zufügen. Die Gründe mögen Rachegefühle sein, Neid oder einfach moralische Skrupellosigkeit. Ein Gegner wird sich durch Kommunikationstricks nicht von seiner feindlichen Haltung abbringen lassen, sondern das klärende Gespräch verweigern.

Im folgenden stelle ich die wichtigsten Arten feindlicher Streiter vor und beschreibe einige Möglichkeiten, wie man sich ihrer erwehren kann. Ich beginne mit den harmloseren Varianten, die manchmal nur ein Ausdruck der Hilflosigkeit sind, und ordne sie nach steigender Feindseligkeit. Bei den meisten von ihnen ist der Übergang von der Unfähigkeit zu partnerschaftlichem Streit bis zu bewußter Boshaftigkeit fließend und nicht genau auszumachen. Daß sie Liebe und kollegiale Verbundenheit vernichten, wenn man nicht rechtzeitig die Bremse zu ziehen versteht, gilt in jedem Fall.

Der Punktesammler Den ersten Typus möchte ich den Punktesammler nennen. Das ist jemand, der die weiter vorn genannte Methode, Partnern vergangenes Verhalten vorzuwerfen, systematisch und vorsätzlich betreibt. Zu diesem Zweck beobachtet er nahestehende Mitmenschen und notiert im Geiste (oder sogar in einem eigens angelegten Heft) alle kleinen Verfehlungen, die sie sich haben zuschulden kommen lassen. Da hat der andere zweimal den Abwasch stehen lassen, vergessen, die Blumen zu gießen, oder einmal nicht gegrüßt, als er abends nach Hause kam. Wie ein ermittelnder Kommissar häuft der Punktesammler sein Beweismaterial an – nicht, um es sofort zur Sprache zu bringen, sondern um es sorgfältig aufzubewahren für den alles entscheidenden großen Streit, für den er sich heute schon mit Munition eindeckt. Aber während er die Minuspunkte des Partners notiert, zeigt er nach außen ein zufriedenes Gesicht. Er verrichtet seine Sammlertätigkeit schweigend oder versteckt sie hinter harmlosem Geplauder. Denn sein Plan müßte scheitern, wenn der andere etwas von seinen Vorbereitungen ahnte und ihn zur Rede stellte. Oder wenn er genauso handeln und seinerseits eine Liste von Verfehlungen zusammenstellen würde. Die Raffinesse seines Plans besteht ja gerade in dem Übergewicht an Kampfmitteln, das er auf diese Weise gewinnt. In der Schlacht, in der endgültigen Abrechnung gegenseitiger Vorwürfe, gilt es, den längeren Atem zu haben und immer noch Geschosse bereitzuhalten, wenn dem Partner bereis die Munition ausgegangen ist. Freilich kann der große Krach, den man mit soviel Mühe vorbereitet, die Beziehung zum Partner nur noch verschlechtern – aber wenn schon! Hauptsache, man ist Sieger geblieben.

Gegen den Punktesammler kann man sich kaum wehren, solange er seine Tätigkeit heimlich betreibt. Es hilft nur, ihm zu zeigen, daß seine Munition wertlos sein wird, wenn er sie eines Tages herausholt – am besten dadurch, daß man einfach zugibt, nicht fehlerlos zu sein: «Es tut mir leid, wenn ich dich verärgert habe. Sicherlich habe ich einige Fehler gemacht. Aber das Vergangene kann ich nicht mehr ändern. Mich würde vielmehr interessieren, was du in Zukunft von mir erwartest.» Kurz, wenn Sie auf einen Punktesammler treffen: Lassen Sie sich auf keine Diskussion über vergangene Verfehlungen ein. Versuchen Sie auch nicht, offensichtlich ungerechtfertigte «Minuspunkte» zu bestreiten. Das wäre nur Wasser auf die Mühle des Punktesammlers. Er will sich ja gerade in die Rolle des Anklägers bringen und Sie zwingen, sich zu verteidigen. Wenn Sie dagegen fragen, was er für die Zukunft erwartet, drehen Sie den Spieß um: Jetzt muß er Rede und Antwort stehen. Er muß zeigen, daß es ihm nicht bloß um das Rechtbehalten geht, sondern daß er konkrete Vorschläge zu machen hat. Über die läßt sich dann produktiv streiten.

Der Tester Eine Steigerung dieses Typus ist der Tester. Bei ihm befinden Sie sich in einer permanenten Prüfungssituation. Der Tester möchte, daß Sie ihm ununterbrochen beweisen, daß Sie der perfekte Partner sind. Sein Umgang mit Ihnen ist voll ständiger Fragen, die Sie, ohne es zu ahnen, durch Ihr Verhalten beantworten müssen: Bringt er heute Blumen mit nach Hause? Hat sie mein Lieblingshemd gewaschen? Wie wird sie sich verhalten, wenn ich mich gleich nach dem Essen an sie heranmache? Wie behandelt er meine Katze? Wie behandelt sie meinen Hund? Hat er an den Geburtstag meiner Mutter gedacht? Wird sie heute abend das Kleid tragen, daß ich ihr vorige Woche geschenkt habe?

Es ist schwer, dieses Examen zu bestehen. Denn im Gegensatz zur Reife- oder Fahrschulprüfung geht es nie zu Ende. Haben Sie heute bestanden, ist das keine Garantie, daß Sie nicht morgen durchfallen werden. Sie können praktisch nicht gewinnen, denn jedes «richtige» Verhalten bedeutet nur ein Bestehen auf Zeit.

Es scheint uns generell schwerzufallen, unsere Mitmenschen so zu akzeptieren, wie sie sind. Wir leben in einer Konkurrenzgesellschaft, und der Wettbewerb macht vor der Privatsphäre nicht halt. Es ist normal, daß zwei Menschen, die sich kennenlernen, sich einander zunächst mit Vorsicht nähern und nur einen begrenzten Vertrauensvorschuß aufbringen. Eine Zeitlang prüfen sie, wieweit der andere den eigenen Vorstellungen entspricht. Ebenso beobachten kleine Kinder die Reaktion ihrer Eltern auf ihre Streiche, testet eine Arbeitsgruppe die Kollegialität einer neuen Mitarbeiterin oder ein vom Finanzamt Geschröpfter die Zuverlässigkeit seines neuen Steuerberaters. Wird aus dem Testen jedoch ein Dauerzustand, weil sich der Tester zu einem vertrauensvollen Verhältnis nicht durchringen kann – dann wird er zu einer Belastung für sich selbst und seine Partner. Manche Tester streuen sogar kleine Provokationen in das Gespräch ein, um das Ergebnis ihrer Versuche abzusichern.

Der Umgang mit einem Tester ist nicht einfach. Meist ist er unfähig, das nötige Vertrauen für eine glückliche Partnerschaft aufzubringen. Dann verbergen sich hinter solch einem Charakter leidvolle Enttäuschungen aus früheren Beziehungen oder aus dem Elternhaus. Er kann sich dem Partner nicht öffnen, sondern muß immer auf der Hut sein: «Meint der andere es ehrlich mit mir?» Vorausgesetzt, es besteht überhaupt eine gemeinsame Basis für die Partnerschaft, kann man versuchen, einerseits durch besonders zuverlässiges Verhalten das Vertrauen des Testers zu stärken und andererseits die Gründe für das eigene Handeln soweit wie möglich offenzulegen. Außerdem hilft es, ihn ruhig darauf hinzuweisen, daß einem ab und zu Irrtümer unterlaufen, dies aber nichts an der grundsätzlichen Zuneigung ändert. Wenn der Tester aber selbst dieses Bekenntnis mit Skepsis aufnimmt, stehen die Chancen für die gemeinsame Zukunft nicht gut. Im übrigen gelten die beim Punktesammler genannten Regeln: Nicht über die Vergangenheit, sondern nur über den weiteren Umgang miteinander zu diskutieren ist sinnvoll.

Der Detektiv Etwas anders gelagert sind die Probleme beim Detektiv. Während der Tester sich eher auf Distanz hält, zeichnet sich der Detektiv durch zu große Nähe aus. Er will jede Einzelheit aus dem Leben seines Partners wissen, jeden Schritt, den er im Laufe des Tages gegangen ist, jedes Wort, das er gesprochen hat – und vor allem mit wem. Darüber hinaus interessiert ihn jedes Detail aus der Vergangenheit des Partners und jeder seiner Gedanken. Ein Jammer, daß man nicht in den Kopf des anderen hineinsehen kann! Ein Jammer, daß man zwar die Nervenfasern im Gehirn mit einem Computertomographen sichtbar machen kann, nicht aber die Gedanken. Vom Typus des Detektivs gehen die großen Eifersuchtsdramen aus. Doch so unterschieden sein äußeres Verhalten von dem des Testers ist: Auch er leidet an der Unfähigkeit, Vertrauen zu schenken. Deshalb will er alles nachprüfen. Er ruft unerwartet auf der Arbeitsstelle des anderen an, kontrolliert die Wäsche nach Spuren, öffnet unter Umständen sogar seine Post. Dennoch ist er in einer verzweifelten Lage. Eine lückenlose Kontrolle ist nicht möglich. Sein Partner bleibt deshalb immer verdächtig. Die Überwachung, die er organisiert, provoziert ständig kleine Wortgefechte. Der Partner, dem das Klammern und Nachspionieren lästig ist, versucht meist, den Detektiv auf Distanz zu halten. Dadurch erreicht er aber nur, daß der Detektiv seine Bemühungen noch verstärkt, damit ihm ja keine wichtige Information entgeht.

Die Schwierigkeit beim Umgang mit Menschen vom Typ des Detektivs liegt in der Tatsache, daß die individuellen Bedürfnisse nach intimer Nähe unterschiedlich stark ausgeprägt sind. Der eine fühlt sich nur wohl, wenn beide alles gemeinsam tun, der andere braucht ein gewisses Maß an Eigenleben. Ideal ist es, wenn sich zwei Menschen finden, deren Bedürfnisse in diesem Punkt übereinstimmen. Auch wenn das nicht der Fall ist, ist nicht alles verloren. Die Partner sollten ein ruhiges Gespräch über ihre unterschiedlichen Bedürfnisse führen und überlegen, wie sie ihre Verschiedenheit unter einen Hut bringen können. Das Verständnis für die Ängste des jeweils anderen kann der erste Schritt sein. Der Distanziertere von beiden muß dem Detektiv klarmachen, daß er mit seinen Bemühungen genau das Gegenteil erreicht, ihn nicht stärker an sich bindet, sondern verärgert: «Hör auf, mir nachzuspionieren. Ich werde sauer, wenn ich merke, daß du meine Post aufmachst. Wenn du wissen willst, was mein Schulfreund mir schreibt, frag mich.»

Bei zu großer Nähe geht das Quantum Geheimnis verloren, das jeder Mensch in sich trägt. Daß wir nicht völlig zu durchschauen sind, daß wir ein Eigenleben bewahren, macht einen entscheidenden Teil unserer Einzigartigkeit aus. Nur solange es am anderen noch etwas zu entdecken gibt, bleibt er für uns interessant. An zu großer Nähe gehen ebenso viele Beziehungen kaputt wie an zu großer Distanz.

Der Hobbypsychologe Während die bisher genannten Typen zerstörerischer Streiter eher zu bedauern als zu bekämpfen sind, haben wir es bei dem Hobbypsychologen bereits mit einer ärgerlichen Spezies von Zeitgenossen zu tun. Er bevorzugt nicht nur das Stereotyp, um sich sein Urteil über den Partner zu bilden, sondern fügt ihm noch eine «psychologische» Erklärung hinzu. So in folgendem Dialog, in dem der Mann sich der Zumutung seiner Frau, sich an der Hausarbeit zu beteiligen, mit einer «wissenschaftlichen» Erklärung erwehrt.

FRAU: Ich finde, daß du den Abwasch übernimmst, das ist nicht zuviel verlangt.

MANN: Das ist doch eine Ausrede. Meinst du, ich durchschaue das nicht?

FRAU: Ich bitte dich nur, den Abwasch zu machen. Was soll denn daran eine Ausrede sein?

MANN: Das will ich dir sagen. Deine Schwester hat mir erzählt, daß du als Kind schon deinen Anteil an den Hausarbeiten auf deine Geschwister abgewälzt hast.

FRAU: Hör mal, was meine Schwester erzählt...

MANN: Und dein Vater mußte ständig die neuesten Küchengeräte kaufen, weil deine Mutter am liebsten alles per Knopfdruck erledigt hätte.

FRAU: Na ja, eine Geschirrspülmaschine wäre nicht schlecht.

MANN: Siehst du? Wie deine Mutter! Willst du dich nicht endlich von deinem Elternskript[12] freimachen?

FRAU: Wie bitte?!

MANN: Die Transaktionsanalyse hat genau bewiesen...

Häufig kommt der Hobbypsychologe mit unauffälligeren Argumenten daher. Etwa, wenn er sagt: «Hör mal, ich kenne dich genau. In Wahrheit wartest du doch nur darauf, daß ich dir widerspreche» oder «Zum Glück weiß ich, daß du ganz anders darüber denkst.» Leider hilft es nichts, sich die Einmischung in die eigene Gedankenwelt zu verbitten. Denn darauf entgegnet der gewiefte Hobbypsychologe: «Ich verstehe, daß es dir unangenehm ist, daß ich dich so genau kenne. Aber sieh mal, ich kann dir nur helfen, wenn du dich zu deinen Gefühlen bekennst und bereit bist, an dir zu arbeiten.» Besonders beliebt bei diesem Streittyp ist die Freudsche Psychoanalyse. Schlagwörter wie «Kastrationsangst», «Penisneid» und «Ödipuskomplex» eignen sich mit ein bißchen Phantasie zur Erklärung beinahe jeden Verhaltens.

Mit Hobbypsychologen ist deswegen so schwer auszukommen, weil sie voller Anmaßung sind. Sie behaupten nicht nur, über den Problemen zu stehen, die die Partnerschaft belasten, sie ziehen darüber hinaus auch unsere Motive in Zweifel. Dabei ist es unerheblich, ob ihre Interpretation falsch oder in dem einen oder anderen Falle zutreffend ist. Was ihr Verhalten so unerträglich macht, ist die in ihm zutage tretende Selbstgerechtigkeit, die deswegen so überheblich wirkt, weil der Hobbypsychologe ja selbst an dem Problem seinen Anteil hat. Er ist kein Fremder. Ein Berufstherapeut, durch seine Ausbildung zur psychologischen Interpretation befähigt, ist hingegen stets ein Außenstehender, einer, der von dem Problem seines Klienten nicht selbst betroffen ist. Nur er kann den zur Klärung nötigen Abstand aufbringen.

Einen Hobbypsychologen kann man, wenn überhaupt, nur allmählich bessern. Sich seine Bewertungen zu verbitten, wird nicht lange helfen. Man kann versuchen, alle psychologischen Aussagen des Partners zu ignorieren — wenn man dafür die notwendige Gelassenheit aufbringt. Die Frau in unserem Beispiel hätte fragen können, ob er grundsätzlich bereit sei, im Haushalt mitzuhelfen, oder ob sie seiner Meinung nach alles allein erledigen soll. Nach seiner Antwort weiß sie zumindest, woran sie ist. Wenn der Hobbypsychologe darauf beharrt, sie solle selbst abwaschen, um sich von ihrem Elternskript zu befreien, hilft wohl nur eine Trennung. Wenn er dagegen bereit ist, über die Pflichtenverteilung zu reden und eine gemeinsame Regelung zu finden, besteht eine Chance für ihre Beziehung.

Der Erzieher Der Typus des Erziehers steckt andeutungsweise in vielen von uns. Wer hat nicht den Wunsch, den Partner zu ändern, ihn ein wenig den eigenen Wünschen anzupassen? Leider hat der Partner oft das gleiche Ziel. Und wir finden es gar nicht angenehm, kurz nach Verlassen des Elternhauses schon wieder Objekt von Erziehungsversuchen zu werden. Die meisten Menschen lernen zum Glück sehr schnell, realistisch einzuschätzen, wie gering ihre Einflußmöglichkeiten auf den anderen sind. Nicht so der Erzieher. Er hat sich vorgenommen, daß sein Partner eine bestimmte Verhaltensweise abstellen muß, also läßt er nicht locker, bis der andere nachgibt. Erinnern wir uns an den zweiten Dialog am Anfang dieses Kapitels. Heike störte, daß Thomas immer wieder nachprüft, ob er Schlüssel und Brieftasche bei sich hat. Wenn sie sich nun entschlossen zeigt, ihm diese Marotte abzugewöhnen, wird sie jedesmal, wenn sie ihn dabei ertappt, ihre Stirn ungnädig in Falten ziehen und sagen: «Laß das bitte sein!» Wenn das nicht hilft, wird sie vielleicht versuchen, mit ihm «vernünftig» darüber zu reden. Sie wird ihm erklären, wie irrational es ist, dauernd auf die Taschen zu klopfen: «Ich hab gelesen, daß solch ein Rückversicherungstick der Anfang einer ernsthaften Neurose sein kann.» In kurzer Zeit wird aus Thomas' harmloser Angewohnheit ein Eheproblem ersten Ranges.

Fatal wäre es für die beiden, wenn Thomas sich ebenfalls zum Typus des Erziehers entwickeln würde. Dann hat er zwei Möglichkeiten: Er kann sich revanchieren, indem er Heikes Schminktick zum Dauerstreitthema erhebt. Oder er kann versuchen, seinerseits Heike zu erziehen, sein Verhalten zu tolerieren. Das heißt, er sucht von nun an absichtlich in ihrer Gegenwart ständig nach Schlüssel und Brieftasche, in der Hoffnung, daß sie sich mit der Zeit mit seiner Eigenart anfreunden wird: «So bin ich nun mal. Es ist besser, du gewöhnst dich beizeiten daran, wenn du mit mir auskommen willst.»

Während jeder normale Mensch in Anwesenheit seines Partners Verhaltensweisen vermeiden würde, die diesen ärgern, tut der Erzieher genau das Gegenteil, und zwar aus einer pädagogischen Absicht heraus. Solche Mitbürger haben meist einen besonders kritischen Charakter und sind wenig tolerant gegenüber den Schwächen anderer. Hier hilft nur die unmißverständliche Erklärung, daß man keinesfalls bereit ist, sich den Forderungen des Erziehers zu unterwerfen. Rücksichtnahme ja, Aufgabe der eigenen Persönlichkeit nein. Wenn das klargestellt ist, können die Partner sinnvoll darüber reden, wie sie in der Praxis mit dem problematischen Verhalten des anderen umgehen wollen. Heike und Thomas könnten sich beispielsweise darauf einigen, daß er Schlüssel und Brieftasche so aufbewahren wird, daß sich ein dauerndes Nachfassen erübrigt. Dafür wird Heike mit ihren Ausgehvorbereitungen in Zukunft eine Viertelstunde eher beginnen und sie fünf Minuten vor dem Aufbruch beenden, auch wenn sie sich noch nicht sicher ist, ob der Lidschatten perfekt sitzt.

Wenn der Erzieher aber nicht bereit ist, einzusehen, daß der andere das Recht hat, so zu bleiben, wie er ist, haben die Partner eine Quelle ständiger Querelen, die ihnen das Zusammensein vergällen wird. Nicht umsonst findet man viele Erziehertypen unter jenen Singles, deren Partnerschaften nie sehr lange halten.

Geheimniskrämer möchte ich jene Menschen nennen, die ihre Wünsche und Ansprüche für sich behalten, aber dennoch erwarten, daß ihre Partner sie berücksichtigen. «Wenn er mich liebt, wird er mir meine Wünsche von den Augen ablesen», sagt sich manches junge Mädchen vor dem ersten Rendezvous. Die romantische Vorstellung, daß ein Liebender die Gedanken und Gefühle des anderen erraten könne, hält sich hartnäckig und wird durch Filme und Bücher immer wieder erneuert. Junge Leute, die sich gerade kennengelernt haben, wissen aber noch wenig voneinander. Erst wenn man jahrelang zusammenlebt, ist es möglich, zumindest einen Teil des Innenlebens des anderen zu erahnen. Der Partner eines Geheimniskrämers steht vor der Schwierigkeit, daß er immer wieder Forderungen erfüllen soll, die ihm gar nicht gestellt worden sind. Geheimniskrämer verstehen es vortrefflich, in dem anderen Schuldgefühle zu wecken, wenn das Kunststück des Hellsehens nicht gelingt. «Ich habe nicht gewußt, daß du lieber an den See wolltest, als mit auf meine Bude zu kommen», bekennt der junge Mann nach ihren Vorwürfen. «Wenn du mich lieben würdest, hättest du gemerkt, daß mir heute nicht danach zumute ist», entgegnet das Mädchen mit Trauer in den Augen.

Im Arbeitsbereich kann die Geheimniskrämerei eine Taktik sein, Kollegen gezielt fertigzumachen. Der Chef stellt dem neuen Kollegen eine Aufgabe, gibt ihm aber nicht alle dafür notwendigen Informationen. Er verrät ihm auch nicht, wo er sie finden kann. Auf seine Frage, wo er die Daten erhalten kann, die er braucht, um die Aufgabe zu erledigen, entgegnet der Chef: «Ich denke, Sie sind für diese Tätigkeit ausgebildet? Nur Mut, Sie werden es schon schaffen.» Oder: «Das ist Ihre Sache, Kollege. Wenn ich mich selbst darum kümmern wollte, hätte ich Sie nicht einzustellen brauchen.» Hier nutzt es gar nichts, mit hängendem Kopf davonzuschleichen, denn wenn es dem Kollegen nicht gelingt, seinen Auftrag zur Zufriedenheit zu erledigen, steht er vielleicht bald auf der Straße. Daher ist es besser, sich dem Streit sofort zu stellen: «Sie möchten sicher, daß ich diese Aufgabe termingerecht und fehlerfrei erledige. Dazu brauche ich diese Informationen. Ich befürchte, ohne sie kann ich es nicht schaffen.» Von dieser Haltung darf der Mitarbeiter um keinen Millimeter abweichen, um sich nicht die Verantwortung für eine unerfüllbare Aufgabe aufhalsen zu lassen. Es ist wichtig, das Spiel des Geheimniskrämers nicht mitzuspielen und sich um keinen Preis unter Druck zu setzen.

Der Gesprächskiller Nicht immer ist der Geheimniskrämer allein schuld an seinem Verhalten. Es gibt Leute, die ich Gesprächskiller nennen möchte. Sie nehmen durch ihre Äußerungen dem Partner jede Lust, etwas über sich zu erzählen. Sie reagieren auf Meinungsverschiedenheiten mit Ironie, Sarkasmus oder Übertreibungen. Wir kennen eine Reihe von typischen Sätzen, sogenannte Killerphrasen, die jedes weitere Gespräch blockieren. Solche Sätze sind zum Beispiel:

«Das ist mir zu primitiv.»

«Du hältst mich wohl für blöd!»

«Davon verstehe ich wohl mehr als du.»

«Bist du dabei gewesen? Das kannst du gar nicht beurteilen.»

«Das ist doch alles graue Theorie!»

«Willst du mich nicht verstehen, oder kannst du mich nicht verstehen?»

«Das haben meine Eltern schon so gemacht, und es ist immer gutgegangen.»

«Das kann nicht dein Ernst sein!»

«Dir fällt auch nie was Neues ein!»

«Du willst dich überhaupt nicht mit mir einigen!»

«Du drehst und wendest die Argumente, wie du sie gerade brauchst.»

«Das habe ich alles schon hundertmal gehört.»

«Denkst du auch mal an die Kinder?»

«Du machst es dir sehr einfach, du hast immer recht, und ich habe immer unrecht.»

«So kann man die Frage nicht stellen.»

«Schaff erst mal Ordnung, und dann reden wir weiter.»

Diese Beispiele lassen sich beliebig vermehren. All diesen Sätzen ist gemeinsam, daß sie den Partner daran hindern, eine konstruktive Antwort zu geben. Wie kommt das? Dem Gesprächskiller geht es nicht darum, beim Streiten zu einem Ergebnis zu kommen, sondern seinen Partner «matt» zu setzen. Wenn der Partner jetzt versucht, sich gegen die Vorwürfe zu verteidigen, die in den Killerphrasen enthalten sind, hat der Gesprächskiller sein Ziel erreicht: Die Lösung des Streitthemas ist blockiert, statt dessen werden Vorwürfe ausgetauscht. Es ist wichtig zu erkennen, daß die genannten Sätze unsachlich sind. Statt sich zu verteidigen oder in Schweigen zu verfallen, kann der Partner versuchen, die Wirkung der Killerphrase zu neutralisieren. Am besten eignet sich dafür eine Rückfrage, zum Beispiel (in der Reihenfolge der Sätze des vorigen Absatzes):

«Wieso ist das zu primitiv?»

«Wie kommst du auf diese Idee?»

«Wenn das so ist, dann erkläre mir doch bitte das Folgende…»

«Wie beurteilst du denn diese Geschichte?»

«Okay, lassen wir die Theorie. Wie stellst du dir die Sache praktisch vor?»

«Wie kommst du darauf, daß ich dich nicht verstehe?»

«Wann denn?»

«Wieso zweifelst du daran?»

«Was fällt dir denn Neues ein?»

«Wie kommst du auf diese Idee?»

«Woraus schließt du das?»

«Von wem?»

«Was können wir für unsere Kinder Besseres tun?»

«Was ärgert dich eigentlich an mir?»

«Ich habe die Frage doch gerade so gestellt! Wie würdest du sie denn stellen?»

«Was stört dich?» (Oder: «Willst du meine Meinung gar nicht kennenlernen?»)

Das Ziel dieser Fragen ist es, den Gesprächskiller zu zwingen, Farbe zu bekennen: Verbirgt sich hinter seinen Phrasen nur heiße

Luft oder ein tatsächliches Problem? Wenn er auf die Rückfrage sachlich antwortet, ist ein weiterer Streit zum Sachthema möglich. Wenn nicht, ist das ein Zeichen, daß es ihm nicht um eine Lösung, sondern nur um das Rechtbehalten durch Tiefschläge geht. Dann ist es besser, das Gespräch (vorläufig) abzubrechen.

Der Dauerredner Die meisten Menschen neigen dazu, bei Diskussionen ums Wort zu kämpfen, ein Beleg dafür, daß es häufig nicht so sehr um den Austausch von Informationen geht, sondern darum, seinen Bekannten zu imponieren. Selten fragen wir uns, ob das, was wir interessant finden, auch von allen anderen für spannend gehalten wird. Der Dauerredner ist der Typus, der den Kampf um das Wort zu seinem einzigen Gesprächsziel erhoben hat. Für ihn sind die übrigen Gesprächsteilnehmer keine Partner, sondern bestenfalls Stichwortgeber. Sie befolgen die Devise aus David Cronenbergs Film «Videodrome»: «Der Monolog ist die bevorzugte Form zu diskutieren.» Dauerredner stoßen zu Recht auf vehemente Ablehnung. Leider bekommen sie selten etwas davon mit, weil sie den anderen keine Gelegenheit geben, ihren Protest zu äußern. Wer gezwungen ist, mit einem Dauerredner zusammenzuleben, verfällt nach einigen vergeblichen Versuchen, sich zu wehren, schnell in resignierendes Schweigen. (Es sei denn, der Partner ist ebenfalls ein Dauerredner, und beide monologisieren ein Leben lang aneinander vorbei.) Die amerikanischen Psychologen Bach und Wyden empfehlen, sich dem Dauerredner durch Verlassen des Raumes zu entziehen oder sich demonstrativ die Ohren zuzuhalten.

Leider gibt es viele Situationen, wo das nicht möglich ist, zum Beispiel wenn der eigene Chef zu diesem Verhalten neigt. Seine Autorität zwingt die Mitarbeiter, seine Selbstdarstellungen geduldig über sich ergehen zu lassen. Wenn solch ein Chef nach einer längeren Ansprache endlich die Diskussion eröffnet, unterbricht er seine Mitarbeiter bereits im zweiten oder dritten Satz und läßt eine neue Rede vom Stapel. Die Untergebenen haben kaum eine Möglichkeit, korrigierend einzugreifen. Da sie bei ihm nicht zu Wort kommen, bleibt ihnen nur eine körpersprachliche Antwort übrig. Jeder Sprecher wartet nämlich darauf, daß seine Zuhörer durch Blickkontakt und gelegentliches Nicken signalisieren, daß sie seinen Ausführungen folgen. Auch ein Kopfschütteln ist in gewisser Weise eine Bestätigung für den Sprecher. Er wird es als Zweifel deuten und daraufhin seinen letzten Punkt noch ausführlicher erläutern.

Wer einen Dauerredner bremsen will, darf ihn weder durch Nicken noch durch zweifelnde Blicke zum Weitersprechen ermutigen. Hier hilft nur eines: mit unbewegter Miene starr in die Ferne schauen, so tun, als sei der Redner gar nicht anwesend. Am besten durch ihn «hindurchschauen». Das ist übrigens generell ein vorzügliches Mittel, um unhöfliche Zeitgenossen zur Raison zu bringen. Wenn etwa ein ungehobelter Klotz auf einem Abendempfang in Anwesenheit der Gattinnen seiner Kollegen anzügliche Witze erzählt, wird jedes Lachen, aber auch jede laut geäußerte Empörung den Erzähler in seinem Verhalten bestärken. Das war es ja, was er wollte: Aufmerksamkeit erregen, die Leute provozieren. Wenn aber die Umstehenden mit eisigem Schweigen reagieren, also weder lachen noch protestieren, wird jeder bemerken, wie dem Provokateur förmlich die Luft ausgeht.

Der Geiselnehmer Bei diesem Typus ist absichtliche Bosheit ein entscheidendes Motiv. Geiselnehmer sind Leute, die ihre Partner nicht direkt attackieren, sondern sich einen Punkt aussuchen, an dem diese leicht verletzbar sind. Sie benutzen eine Lieblingsbeschäftigung des Partners, eine ihm nahestehende Person oder seine Denkweisen als Geisel, die sie stellvertretend für ihn niedermachen. In Gegenwart eines praktizierenden Christen verspotten sie den «Aberglauben» und zählen alle Verbrechen auf, die im Namen der Religion in den letzten zweitausend Jahren begangen wurden. Oder der Ehemann sammelt mit Leidenschaft Münzen; beim Besuch von Verwandten sagt die Ehefrau unter Seufzern: «Wenn er nur halb soviel Energie auf seine Karriere verwenden würde!»

«Wie kann man nur solche Musik hören!» – «Wer solche Bücher liest, muß irgendwie krank sein.» – «Das war dein Schulfreund? Solch einem Menschen würde ich nicht einmal meinen Kaktus anvertrauen.» – «Sag mal, Schätzchen… okay, ich weiß, du magst es nicht, wenn ich ‹Schätzchen› zu dir sage, aber du mußt doch zugeben, daß die Bezeichnung ‹Schätzchen› zu dir paßt. Also, Schätzchen, sei nicht böse…»

Jeder von uns hat seinen wunden Punkt, wo er leicht zu treffen ist. Manche von uns haben auch mehrere. Es ist eine besonders unfaire Form des Streitens, auf die empfindlichste Stelle des Partners zu zielen. Geiselnehmer verteilen ihre Schläge unterhalb der Gürtellinie. Weil hinter dieser Form feindlichen Streitens fast immer eine bewußte Gemeinheit steht, ist es am besten, sofort das Gespräch abzubrechen. Wenn Sie allerdings die Kraft haben, solche Schläge einzustecken, können Sie versuchen, wie im Fall der Killerphrasen den Geiselnehmer mit Rückfragen aus dem Konzept zu bringen, zum Beispiel: «Was stört dich an dieser Musik?» – «Was ist an diesem Buch so schrecklich?»

Die gezielte Manipulation   Nun bleibt mir noch, von den zwei ernstesten Formen zerstörerischen Streitens zu sprechen: der gezielten Manipulation und der körperlichen Aggression. Die gezielte Manipulation verbindet die Bildung von Stereotypen und das Sammeln von Minuspunkten zu einer unheilvollen Allianz. Sie hat das Ziel, den Partner an selbständigem Handeln zu hindern. Das muß nicht vorsätzlich böse gemeint sein, sondern kann aus der überheblichen Meinung heraus geschehen, man wisse besser, was für den Partner gut ist, als dieser selbst. Als ich Anfang Zwanzig war, machte ich auf einschneidende Weise Bekanntschaft mit diesem Verhalten. Damals ging ich mit einem Mädchen aus, das mich fragte, warum ich Philosophie studierte. Ich möchte mir Bildung über Menschen und Kultur aneignen, antwortete ich, um später einmal Bücher schreiben zu können.

«Wie stellst du dir das vor? Hast du schon mal was geschrieben?» fragte sie. «Zeig mir doch mal etwas.» Zögernd gab ich ihr ein Manuskript zu lesen. Nach einer Weile gab sie es mir ohne Kommentar zurück.

«Nun?» fragte ich vorsichtig.

«Ich will dir nicht weh tun, aber Philosophie studieren reicht nicht. Man muß Talent fürs Schreiben haben.»

Sie studierte Germanistik und setzte mir fachgerecht auseinander, daß mein Text in Inhalt und Form hoffnungslos dilettantisch war. Zum Schluß tröstete sie mich, daß nicht jeder zum Autor geboren sei. Heute wundere ich mich, daß ich mich von ihrer Kritik so beeindrucken ließ, daß ich tatsächlich längere Zeit mein Hobby aufgab. Aber es gibt zwei Gründe, warum die Manipulation gelang.

Erstens betrachten wir die Person, die unsere Bemühungen entwertet, als Autorität, entweder aufgrund ihrer fachlichen Kompetenz oder (wie in dem geschilderten Beispiel) weil wir glauben, daß sie es gut mit uns meint. Damit die Manipulation gelingt, muß diese Person nun dafür sorgen, daß wir durch weitere Erlebnisse in der von ihr geäußerten Meinung bestärkt werden oder daß wir keine gegenteiligen Erfahrungen machen. Das Mädchen riet mir tatsächlich, mein «Geschreibsel» lieber keinem anderen zu zeigen.

Zweitens nutzt die gezielte Manipulation unsere heimlichen Selbstzweifel aus. Jeder, der sich auf eine kreative Tätigkeit einläßt, weiß natürlich, daß es berühmte Vorbilder gibt, die er mit Sicherheit niemals erreichen wird. Niemand weiß um seine Unvollkommenheiten mehr als derjenige, der sich bemüht, sie durch ständiges Üben wenigstens teilweise zu überwinden. Selbst die größten Genies kannten Augenblicke, wo sie am liebsten alles hingeworfen hätten. Wenn der Partner mit seinem «Laß es lieber sein» in solch einem Moment an uns herantritt, findet er offene Ohren. Manipulation kann alle Initiative und jedes selbständige Handeln zum Erliegen bringen. Und das ist auch ihr Ziel. Wie ich erst erfuhr, als wir uns trennten, glaubte das Mädchen in meinem Text Anspielungen auf unsere Beziehung gefunden zu haben. Sie sah sich nicht sehr vorteilhaft dargestellt. Aber statt mit mir darüber zu streiten, versuchte sie, mir mein Hobby zu verleiden.

Gegenüber rein negativer Kritik ist Mißtrauen angebracht, auch (oder gerade) wenn sie von einem nahestehenden Menschen kommt und freundlich, das heißt im Tonfall des uneigennützigen Helfers, vorgebracht wird. Zwar sollte man nicht einfach darüber hinweggehen, immerhin könnte etwas dran sein an dem, was der andere sagt. Aber es empfiehlt sich, weitere Meinungen einzuholen, möglichst von Leuten, die in keinem näheren persönlichen Kontakt mit beiden Partnern stehen und deswegen einen eher unvoreingenommenen Blick haben. Wenn der Verdacht auf Manipulation besteht, lohnt es sich, den Partner in ein vorsichtiges Gespräch über seine Wünsche und Hoffnungen zu verwickeln. Häufig versucht er eigene Unterlegenheitsgefühle zu kompensieren, wenn er uns an der Entfaltung unserer Pläne hindern will.

Die körperliche Aggression Dies ist sicherlich die extremste Form der Konfliktlösung. In ihren leichteren Formen (wenn ausnahmsweise mal «die Hand ausrutscht») mag sie lediglich das Resultat von Streß oder einer unerwarteten Kränkung sein. Ich spreche auch nicht von den Spielen der sadomasochistischen Szene, wo bestimmte Arten von Züchtigung als freiwillige Rituale zum wechselseitigen Umgang gehören. Sondern ich meine die Gewalt als Fortsetzung des Streites mit anderen Mitteln. In ihr entlädt sich die Frustration über die Unfähigkeit, Beziehungskonflikte partnerschaftlich zu klären. Stellen Sie sich vor, Sie und ein anderer Autofahrer steuern auf einen gerade frei gewordenen Parkplatz zu. Sie haben einen glücklichen Winkel erwischt und sind schneller in der Lücke als er. Als Sie aussteigen, haben Sie plötzlich die Faust des Zukurzgekommenen im Gesicht oder sein Messer zwischen den Rippen. In den USA gab es wegen solcher Lappalien schon Morde.

Um sich gegen anoyme Gewalttäter zu wappnen, besuchen immer mehr Menschen Selbstverteidigungskurse. Sie erwerben dort nicht nur Kenntnisse über Kampftechniken, sondern auch Selbstvertrauen für das Auftreten in gefährlichen Situationen. Wenn die Angreifer in der Mehrzahl auftreten und Waffen mitführen, wird jedoch selbst ein Landesmeister im Boxen oder Judo lieber sein Geld hergeben, als sein Leben zu riskieren. Die einzige Verteidigungsmöglichkeit liegt dann auf psychologischer Ebene.

Ein Angreifer schlägt nie aus heiterem Himmel zu, sondern er bedarf einer gewissen Vorbereitung. Er schafft zunächst ein Szenarium, in dem er das Opfer in seine Rolle einführt und sich als Angreifer vor ihm aufbaut.

«He, bleib stehen. Zeig dein Geld her.»

«Ich hab nichts bei mir.»

«Quatsch nicht.» (Zückt sein Messer.)

Mit der psychologischen Verteidigung können Sie den Angreifer verunsichern und vor allem den Überraschungseffekt neutralisieren. Er hat sich auf den Überfall vorbereitet, während Sie überrumpelt wurden. Das wichtigste ist, die vom Angreifer aufgebaute Situation zu durchbrechen, die Initiative zu ergreifen, ihm ein anderes Szenarium aufzuzwingen. Am einfachsten erreichen Sie das durch Umschalten seiner Aufmerksamkeit von Ihnen weg auf seine eigene Person.

«He, bleib stehen…»

(Sie bleiben sofort stehen und wenden sich ihm zu.)

«Sie wünschen?»

«Zeig dein Geld her.»

«Was haben Sie da an Ihrer Hand?»

(Ohr, Auge, Stirn…, als hätten Sie seine Aufforderung nicht gehört; mit gewissem Interesse im Tonfall.)

«Was?!»

«Nun, der Fleck da. Wissen Sie, was Hautkrebs ist?»

«Quatsch keinen Unsinn.»

«Ich bin Medizinstudent (Arzt, Krankenschwester). Haben Sie schon mal eine Gewebeprobe untersuchen lassen?»

Wenn Sie in diesem Stil fortfahren, unbeirrbar, indem Sie weitere Fragen stellen, erreichen Sie auf jeden Fall zwei Dinge. Sie nehmen die Opferrolle nicht an und verunsichern damit den Angreifer. Und Sie gewinnen Zeit. Das kann, wenn der Überfall in einer fahrenden U-Bahn stattfindet, bereits Ihre Rettung sein. Was den Dialog selbst betrifft, müssen Sie natürlich improvisieren. Entscheidend ist, daß Sie ohne abzuwarten sofort mit einer Frage die Initiative ergreifen, einer Frage, die inhaltlich nichts mit dem Überfall zu tun hat. Und Sie dürfen die Initiative keinen Augenblick mehr aus der Hand geben.

Bei Gewalttätigkeiten im persönlichen Umfeld helfen solche Tricks, die das Überraschungsmoment ausnutzen, nicht lange weiter. Hier muß eine langfristige Lösung gefunden werden. Wer vom Charakter her grundsätzlich dazu neigt, «schlagende» Argumente auszuteilen, dem fehlt offenbar die Fähigkeit, in einem Wortstreit standzuhalten. Problematisch sind Beziehungen, in denen Schläge dauerhaft zum Alltag gehören und beide Partner darunter leiden, auch derjenige, der zur Gewalt greift. Gelingt es, die beiden zur Familienberatung zu überreden, wird der Therapeut zu prüfen haben, ob nicht der geschlagene Partner durch sein Verhalten die Aggressivität des anderen herausfordert, um hinterher den Schläger mit Vorwürfen überhäufen zu können.

Es ist unbestritten, daß fast alle körperlichen Angriffe im Affekt begangen werden, also unter großer gefühlsmäßiger Anspannung. Der kaltblütig geplante Mord, Standardelement der meisten Kriminalromane, kommt in der Wirklichkeit höchst selten vor. Die Zahl der Tötungsdelikte im Affekt dagegen ist immer noch im Wachsen begriffen. Wenn der Streit im wörtlichen Sinne Leben zerstört, kommt natürlich jedes Streittraining zu spät. Die Täter, oft unscheinbare Normalbürger, haben es vor Gericht dann schwer, den Außenstehenden zu erklären, wie eine Beziehung bis zum tödlichen Schlag eskalieren konnte. Am Anfang standen Sticheleien, Herabsetzungen, kleine Beleidigungen und all jene zerstörerischen Streitpraktiken, die ich in diesem Kapitel beschrieben habe.

Der amerikanische Psychologe Zimbardo schreibt, daß der typische unverhoffte Mörder vor seiner Tat ein unauffälliger, ruhiger junger Mann war. «Nicht die mangelnde Beherrschung seiner Gefühle kennzeichnet ihn, sondern eine übermäßige Beherrschung... Alles staut sich in seinem Innern – Liebe, Haß, Angst, Kummer und berechtigte Wut. Ohne anderen mitzuteilen, was er empfindet, hat er keine Möglichkeit, schlechte Situationen zu verändern oder andere Menschen zu beeinflussen. Ihre Ansprüche nageln ihn fest, ihre Kränkungen verspotten ihn, ihre Gleichgültigkeit gegenüber seinen Bedürfnissen und Rechten erniedrigt ihn. Diese Wut schwelt in ihm, bis sie sich eines Tages in einer unbändigen Raserei Luft verschafft, weil ihn vielleicht irgendeine Kleinigkeit irritiert oder frustriert.» [13]

Die meisten Paare trennen sich jedoch, bevor Schlimmeres geschieht, oder finden einen Weg, den Konflikt unterhalb des Siedepunktes zu halten. Auch im Arbeitsalltag gelingt es meist, durch Arbeitsplatzwechsel oder Sich-aus-dem-Weg-Gehen mit Feindschaften zurechtzukommen. Die Höflichkeitsregeln, die von uns verlangen, einander eine nette Fassade zu zeigen, gestatten uns eine Zeitlang, zu verstecken, was unter der Oberfläche brodelt. Den Weg zu einem fairen Streit, dem besten Mittel gegen unkontrollierte Gewaltausbrüche, findet nur eine Minderheit.

4

Ich streite, also bin ich

> Nur wer mit keinem streitet,
> bleibt unbestritten Sieger.
> Lao-tse (6. Jh. v. Chr.)

Es ist legitim, recht behalten zu wollen. In jedem von uns steckt eine autonome, unverwechselbare Persönlichkeit, die von der Umwelt Respekt verlangt für ihre besonderen Wünsche und Meinungen. Natürlich gibt es Zeitgenossen, die das nicht wahrhaben wollen. Werbefachleute träumen vom programmierbaren Konsumenten, der bereitwillig seine Geldbörse öffnet, sobald er einen ihrer Werbespots sieht. Viele Politiker reden zwar unablässig vom mündigen Bürger, aber in Wahrheit ist es ihnen lieber, wenn der Wähler nicht so genau überprüft, ob und wie sie ihre Wahlversprechen halten. In einer Reihe von Unternehmen endet die Demokratie am Werktor. In Jubiläumsreden beschwört der Direktor die Gemeinsamkeit von Belegschaft und Unternehmensleitung und meint damit lediglich, seine Angestellten mögen genauso störungsfrei funktionieren wie seine Maschinen.

Bis zu einem gewissen Grad haben diese Leute Erfolg. In jedem von uns liegt der Freiheitswille im Widerstreit mit dem Bedürfnis nach Sicherheit. Für feste Arbeitsplätze, ein geregeltes Einkommen und die Wertschätzung unserer Familienangehörigen und Freunde sind wir schon mal bereit, ein Stück Unabhängigkeit aufzugeben. Aber niemand sollte sich unserer Fügsamkeit völlig sicher sein. In jedem von uns schlummert ein Rebell, der aus seinen Kissen hochfährt, wenn die Fäden, die ihn mit den anderen Menschen verbinden, gar zu fest angezogen werden. Der geduldige Ehemann, der eines Tages vom Zigarettenholen nicht wiederkommen wird, um sich nach Südamerika abzusetzen, der Familienvater, der plötzlich Amok läuft, und die sanfte Sekretärin, die wie aus heiterem Himmel ihrem tyrannischen Chef die Akten vor die Füße knallt – sie sind keineswegs nur Filmgestalten, sondern leben unter uns. Wer hat nicht selbst schon einmal ernsthaft daran gedacht, alles hinzuschmeißen und woanders ein völlig neues Leben zu beginnen?

Indirektes Streiten Im Streit finden wir einen Weg, unser Bedürfnis nach Selbstbehauptung trotz Bindung an andere Menschen zu verwirklichen. Wer sich zu seinen Ansprüchen bekennt und bereit ist, für sie einzutreten, hat eine gute Chance, bei seinen Mitmenschen Verständnis oder gar Unterstützung zu finden. Aber wie selten ringen wir uns zu einer solchen Haltung durch! Durch Wahrhaftigkeit im Streit müßten wir unser Innerstes bloßlegen. Wir müßten zugeben, daß wir eine Reihe von Wünschen haben, die zu anerkannten Wertvorstellungen im Widerspruch stehen. Wir würden uns dem Risiko stellen, von anderen abgelehnt oder ausgelacht zu werden. Und wir haben ja schon in früher Kindheit gelernt, unsere Triebe hinter einer Maske von Arglosigkeit zu verbergen. «Ein lieber Junge macht das nicht.» – «Ein braves Mädchen benimmt sich anständig.» Wir haben diese Lektionen gut gelernt.

Andreas ist seit sechs Jahren mit Ines verheiratet. Er liebt ausgefallene Sexpraktiken und liest die Berichte in den Illustrierten über die Freizügigkeit mancher Paare mit besonderem Interesse. Seiner Ines freilich würde er so etwas nicht zumuten. Sie ist in einem strenggläubigen Haushalt aufgewachsen und mokiert sich über die öffentliche Zurschaustellung von Sexualität in unserem Zeitalter. Andreas widerspricht ihr nicht. Da er als höherer Angestellter gut verdient, geht er zweimal im Monat zu einem Callgirl und kauft sich dort, wovon er zu Haus nicht zu sprechen wagt. In Deutschland gehen täglich etwa eineinhalb Millionen Männer zu einer von schätzungsweise zwei- bis vierhunderttausend Prostituierten.

Tanja ist achtzehn Jahre alt und soll auf Wunsch ihrer ehrgeizigen Eltern das Abitur machen und studieren. Sie hat aber keinen Bock auf eine Laufbahn als Ärztin oder Rechtsanwältin. Von Büchern hat sie die Nase voll. Stewardeß oder Schauspielerin, das wäre ihr Traum. Sie bringt es nicht über das Herz, ihren Eltern reinen Wein einzuschenken. Aber sie denkt darüber nach, von zu Hause wegzulaufen und zu ihrem französischen Freund zu ziehen, den sie im letzten Sommer während eines Korsikaurlaubs kennengelernt hat. In Deutschland verschwinden täglich rund 250 Personen, knapp 20 davon auf Nimmerwiedersehen.

Die meisten von uns haben einen anderen Ausweg gefunden. Wir streiten um unsere Wünsche auf *indirekte* Weise. Andreas beispielsweise mag oralen Sex, aber Ines hält das für unhygienisch und unnatürlich. Sie versteht nicht, wie jemand Gefallen daran finden kann. Nun hat er in einer Illustrierten einen Artikel gefunden unter der Überschrift «Verwöhnen Sie ihn mit der Zunge!» und läßt es sich nicht nehmen, Ines den Beitrag vorzulesen. Ihre verdrießliche Miene ignoriert er. Sie schüttelt schließlich den Kopf und sagt: «Schlimm, was manche Journalisten so zusammenschreiben, um zu Geld zu kommen.» Andreas sieht sie mit betontem Erstaunen an und antwortet: «Ich finde es interessant.» Ines versteht sehr wohl, daß ihr Mann ebenfalls mit der Zunge verwöhnt werden möchte. Aber sie ist entschlossen, seine unklare Aufforderung zu überhören.

Die meisten Menschen greifen zu indirekten Streitmethoden, weil ihnen der Mut fehlt, sich ehrlich zu Meinungen zu bekennen, die bei anderen auf Ablehnung stoßen könnten. Dennoch schaffen sie es nicht, auf Dauer mit ihrer Auffassung hinter dem Berg zu halten – die unliebsame Ansicht drängt mit Macht nach draußen, muß aber auf ihrem Weg vom Großhirn bis zur Zunge eine Reihe von Kontrollinstanzen passieren: das Gewissen und seine moralischen Gebote, schlechte Erfahrungen mit früheren offenherzigen Äußerungen, den Wunsch, beim Partner beliebt zu sein, und schließlich die eigene Schüchternheit. Was am Ende das Ohr des Partners erreicht, ist ein kläglicher Kompromiß zwischen eigener Ansicht und fremden Verbotsschildern. Im Erfinden von Umwegen, um unsere Meinung an den Mann oder die Frau zu bringen, ohne anzuecken, sind wir freilich Meister.

Ironisieren und Sticheln Ein solcher Umweg ist das Ironisieren und Sticheln. «Könnte nicht wenigstens heute mal jemand anderes einkaufen gehen?» fragt die gestreßte Hausfrau. In Wahrheit meint sie: «Ich muß jeden Tag die Einkäufe allein erledigen. Ich möchte, daß ihr (die Kinder, der Ehemann) mir diese Aufgabe von Zeit zu Zeit abnehmt. Heute wäre eine gute Gelegenheit, damit anzufangen.» Die Angesprochenen werden diese Botschaft durchaus verstehen; aber da sie es vermied, irgendein Familienmitglied direkt aufzufordern, dürfte die Reaktion gering sein. Jeder fühlt sich irgendwie gemeint, aber keiner ist unmittelbar angesprochen worden. Statt dessen hat die Frau eine unangenehme Stimmung erzeugt, in der alle damit beschäftigt sind, ihre uneingestandenen Schuldgefühle zu verdrängen.

«Wenn du so weitermachst, wirst du es weit bringen», sagt der Vater angesichts der mißlungenen Mathearbeit seines Sohnes. Seine Enttäuschung verbirgt er hinter Ironie, weil er natürlich weiß, daß Kinder nach einem Mißerfolg eigentlich Ermutigung brauchen. Aber sein Ärger ist stärker. Er äußert sich indirekt im Tonfall.

«Ein toller Gärtner bist du», sagt der Vater am Nachmittag, als er bemerkt, daß sein Jüngster anstelle des Unkrauts mehrere Erdbeerpflanzen ausgerissen hat. Vielleicht versteht der Junge die Ironie, aber wahrscheinlich ist er noch zu jung dafür. Auf jeden Fall registriert er den Widerspruch zwischen dem scheinbaren Lob des Vaters und dem Tonfall, der gar nicht zu seinen Worten paßt. Solche Bemerkungen schaffen eine Atmosphäre der Unaufrichtigkeit. Kleine Kinder fühlen sich bei mehrdeutigen Aussagen noch unwohler als die Erwachsenen. Mit hintergründiger Ironie wissen sie nichts anzufangen. Sie befinden sich noch im Sprachlernprozeß und haben schon mit gewöhnlichen Aussagen genug Verständnisschwierigkeiten.

Verstecken hinter unpersönlichen Instanzen ist sehr beliebt

Man streitet nicht selbst, man läßt streiten. Andreas hat in unserem Beispiel die «Autorität» einer Zeitschrift vorgeschoben, um seine Frau über sexuelle Wünsche zu informieren. In der DDR sicherten sich Wissenschaftler, die eine neue Auffassung veröffentlichen wollten, gegenüber der Parteizensur ab, indem sie im Vorwort Marx, Engels, Lenin oder eine der Politgrößen der SED zitierten. Aber auch Jungakademiker, die in westlichen Demokratien studiert haben, zitieren lieber anerkannte Größen ihres Fachs (insbesondere den eigenen Chef), als sich ungeschützt mit einer eigenen, unorthodoxen Meinung auf das Glatteis inneruniversitärer Fehden zu begeben. Diese Sitte reicht tief in unseren Alltag hinein. Eltern blockieren die Fragerei ihrer Kinder nach dem Sinn mancher Normen mit einem «Das macht man so» oder bei Verboten «Das tut man nicht». Sie kämen sicher arg in Verlegenheit, wenn sie erklären müßten, wer dieses «man» ist. Die Mehrheit der Menschen? Oder nur der Deutschen? Oder die Tradition? Die Nachbarn? Oder nur die Eltern der Eltern?

Selbstverwirklichung beginnt mit dem Bestreben, sich gegen die Herrschaft dieses «man» zur Wehr zu setzen. Seine Wünsche verwirklichen, Recht bekommen und Konflikte klären wollen – das sind wichtige persönliche Rechte, die wir uns von keiner anonymen Instanz nehmen lassen sollten. Jeder von uns ist einzigartig; wenn wir den Weg eines anderen Menschen kreuzen, treffen unterschiedliche Interessen aufeinander. Wenn sich zwei Personen begegnen, muß einer ausweichen, sonst wird er beiseite geschoben. Es ist eine Illusion, daß wir mit einem anderen zu einer Einheit verschmelzen könnten, ohne unsere Individualität aufzugeben. Zwei unterschiedliche Willen können sich jedoch nicht zugleich durchsetzen, zwischen ihnen muß es zwangsläufig zum Streit kommen.

Beziehungsprobleme hinter Sachthemen verbergen   Da wir gelernt haben, daß «man» nett und freundlich sein muß, neigen wir dazu, uns nach dieser Devise zu verhalten. Wenn in einer hitzigen Diskussion jemand sagt: «Wir wollen doch sachlich bleiben!», ist besondere Vorsicht geboten. Der Partner meint damit: «Seht doch ein, daß das, was *ich* sage, sachlich und deshalb richtig ist.» Bei dem Aufruf zur Sachlichkeit geht es weniger darum, herauszufinden, welches die richtige Meinung ist, sondern die Ansicht des anderen als subjektiv, willkürlich und unbegründet zu verdächtigen. Betrachten wir ein Beispiel einer scheinbar sachlichen Diskussion: die Urlaubsplanung von Silke und Mario, die seit vier Jahren zusammenleben.

Silke: Wir müßten mal über unseren Sommerurlaub reden.

Mario: Was gibt es da zu reden? Im letzten Jahr sind wir nach Mallorca geflogen, wie du es wolltest, und dieses Jahr bin ich dran, das heißt, wir fahren nach Norwegen.

Silke: Schon, aber jetzt, wo meine Freundin Jackie ihren Ferienjob bei einem Reisebüro macht, sollten wir den Rabatt ausnutzen, den wir bei ihr bekommen können. Und du weißt, sie sind auf Mittelmeerreisen spezialisiert…

Mario: Ach, so ist das! Du willst unsere Vereinbarung nicht einhalten.

Silke: Das ist eine Unterstellung! Ich will bloß sagen, es wäre eine Dummheit, die Gelegenheit nicht zu nutzen. Wir könnten mit dreißig Prozent Ermäßigung nach Griechenland kommen.

Mario: Das habt ihr schlau eingefädelt, ihr zwei.

Silke: Du willst doch nicht etwa behaupten, ich hätte Jackie überredet…

Mario: Ich behaupte gar nichts. Ich weiß nur, daß ich letztes Jahr ohne zu murren Mallorca über mich ergehen ließ, und ich denke überhaupt nicht daran, mich dieses Jahr schon wieder dieser Hitze und diesem Gedränge auszusetzen! Außerdem haben wir eine Vereinbarung.

Silke: Du weißt, wir sind fast blank. Wer mußte sich denn im Winter unbedingt ein neues Auto kaufen? Nach Norwegen kommen wir auch noch im nächsten Jahr.

Mario: Wer garantiert mir, daß es nächstes Jahr nicht wieder einen Grund gibt, die Reise zu verschieben?

Scheinbar ging es in dem Gespräch in erster Linie um sachliche Probleme mit dem Urlaub: die Planung aus dem letzten Jahr, das gegebene Versprechen, die Kosten und das günstige Angebot. Bei aufmerksamer Lektüre werden Sie aber entdecken, daß mehr dahinter steckt: etwa die Angst von Mario, von seiner Freundin übervorteilt zu werden. Und die Ansicht von Silke, sie wolle für beide, also auch für ihn, nur das Beste. Und ein kleiner Machtkampf, für den die Urlaubsplanung nur den Anlaß darstellt, das heißt ein Streit um die Frage: Wer wird sich am Ende durchsetzen?

Darin enthüllt sich die hinter dem Sachthema stehende Beziehungsebene, die von keinem der beiden jungen Leute ausdrücklich erwähnt wird. Sie ist aber in der Art, wie sie miteinander streiten, unterschwellig präsent. Betrachten wir ein weiteres Gespräch. Philipp ist fünfzehn und fährt zum ersten Mal mit den Eltern in die Oper der nahegelegenen Landeshauptstadt. Es wird Webers «Freischütz» gegeben. Dem Anlaß entsprechend hat er sich fein gemacht: ein helles Hemd, ein dunkler Blazer und seine neuen Jeans. Die Mutter sieht ihn in diesem Aufzug und ruft:

MUTTER: In Jeans, das geht aber nicht!

PHILIPP: Das sind meine neuen Levis!

MUTTER: Die Oper, das ist keins von deinen Rockkonzerten. Niemand kommt da in Jeans.

PHILIPP: Du willst doch nicht, daß ich meine ollen Leinenhosen anziehen soll?

MUTTER: Was ist mit der dunkelblauen?

PHILIPP: Aber Mutti! Da sehe ich wie ein Schulanfänger drin aus. Außerdem paßt die gar nicht mehr richtig.

MUTTER: Na schön. Du bist alt genug, du mußt wissen, worin du dich wohl fühlst. Aber wahrscheinlich wirst du der einzige sein, der Jeans anhat.

VATER (kommt aus dem Bad in dunklem Anzug, Schlips, Krawattennadel): Was ist los?

MUTTER: Ich fand nur, Jeans wären vielleicht nicht ganz passend. Aber andererseits...

VATER (zu Philipp): Jeans? Du spinnst wohl?! Sofort ziehst du die dunkelblaue Hose an, aber Tempo!

Der Streit, der sich an Philipps Jeans entzündete, dreht sich in Wahrheit um die Stellung des Sohnes in der Familie. Philipp beharrt darauf, selbst entscheiden zu können, was er beim Besuch der Oper anzieht. Die Begründungen, die er seiner Mutter gibt, dienen einzig dazu, seinen Anspruch auf Selbstbestimmung zu untermauern. Seine Mutter ist geneigt, ihm dieses Recht zuzugestehen, obwohl sie anderer Meinung ist als er. Ganz anders der Vater. Er reagiert sofort autoritär. Ihn interessiert weder die Ansicht seines Sohnes noch die seiner Frau. Davon, daß der Sohn allmählich erwachsen wird, nimmt er keine Notiz. Seine Redeweise gegenüber dem Fünfzehnjährigen unterscheidet sich in keiner Weise von der Art, wie er mit ihm gesprochen hat, als er fünf war.

Beide Auseinandersetzungen sind typische Beispiele für «Stellvertreterkriege». Gesprochen wird über Urlaub und Jeans, aber gestritten wird in Wahrheit über die Beziehung. Insbesondere darüber, wer das Recht auf welche Entscheidungen hat.

Die Kunst der fairen Auseinandersetzung besteht aber darin, den Stellvertreterkrieg abzubrechen und das wirkliche Streitthema herauszufinden. Das ist die einzige Möglichkeit, Klarheit in die Beziehung der Gesprächsteilnehmer zu bringen. Die Verwechslung der verschiedenen Kommunikationsebenen ist die häufigste Ursache für Diskussionen um des Kaisers Bart. Wenn man in einem Streit den Eindruck hat, aneinander vorbeizureden oder wie eine Katze um den heißen Brei zu schleichen, lohnt es sich, über den Anlaß des Streites und den tatsächlichen Konflikt noch einmal nachzudenken.

Die vier Ebenen der Kommunikation Welche Ebenen des Streitens sind überhaupt möglich? Der Psychologe Karl Bühler entdeckte bereits 1934, daß es in der Sprache einen darstellenden, einen appellativen und einen expressiven Aspekt gibt. Mit «Darstellung» bezeichnete er die Ebene der Sachinformation. Der appellative Aspekt betrifft die Wirkungsabsicht des Sprechenden. Wir würden den Mund nicht aufmachen, wenn wir nicht die Absicht hätten, bei unseren Mitmenschen eine bestimmte Reaktion zu erzielen. In unserem letzten Beispiel versuchte die Mutter, Philipp zu einer Sinnesänderung zu überreden. Philipp versuchte zu erreichen, daß sie seine selbständige Entscheidung akzeptierte. Beim Vater trat hingegen die Wirkabsicht in Reinform hervor: Er gab einen Befehl. Die expressive Funktion betrifft die Tatsache, daß wir, indem wir kommunizieren, auch immer etwas über uns selbst aussagen. Wir geben Teile unseres Charakters zu erkennen, zeigen uns als klug oder eher begriffsstutzig, als temperamentvoll oder eher ruhig, als freundlich oder mißmutig.

Der Philosoph Jürgen Habermas übernahm diese Dreiteilung in sein vieldiskutiertes Werk «Theorie des kommunikativen Handelns» und sprach von einem Wahrheitsaspekt, einem Normenaspekt und einem Aspekt subjektiver Wahrhaftigkeit. Die Psychologen Watzlawick, Beavon und Jackson unterschieden Ende der sechziger Jahre zwei Aspekte: Inhalt und Beziehung. Friedemann Schulz von Thun faßte 1981 diese Erkenntnisse schließlich zu einem Vierebenenmodell der Kommunikation zusammen, das inzwischen von etlichen Kommunikationspsychologen übernommen wurde. Danach unterscheiden wir:

1. Die Sachebene. Sie informiert über einen Sachverhalt. Meist stimmt die Sachebene mit dem wörtlich genommenen Inhalt der Mitteilung überein.

2. Die Beziehungsebene. Auf ihr teilt der Sprecher mit, was er von seinem Partner hält und wie sie beide seiner Meinung nach zueinander stehen.

3. Die Selbstdarstellungsebene [14]. Sie enthält alles, was der Sprecher von sich selbst zu erkennen gibt. Sie reicht von gewolltem Imponierverhalten bis zu unfreiwilliger Selbstenthüllung.

4. Die Appellebene. Sie umfaßt die Wirkungsabsicht des Sprechers, also die Handlungen oder Überzeugungen, die er bei seinem Partner erreichen möchte.

Die letzten drei Ebenen werden häufig körpersprachlich, also durch Mimik, Gestik, Haltung und den Blick übermittelt. Diese Mitteilungen sind dann besonders aufschlußreich, wenn sie zu dem Gesprochenen in Widerspruch stehen. Das ist der Fall, wenn der Partner zum Beispiel behauptet, er würde interessiert zuhören, aber den Sprecher nicht anblickt und anfängt, in seinen Sachen zu kramen. Da wir unsere Körpersprache, soweit sie nicht angeboren ist, in früher Kindheit erlernt haben, brauchen wir nur genau zu beobachten und auf unser Gefühl zu achten, um zu merken, ob die Äußerungen des Partners mit seinem sichtbaren Verhalten übereinstimmen oder nicht. Wie die vier Ebenen bei einem Streit in Erscheinung treten, will ich an einem Beispiel erläutern.

Ein Beispiel aus der Arbeitswelt Stellen Sie sich vor, Sie sind Mitarbeiter einer Immobilienfirma und haben das Schreiben eines neuen Kunden empfangen, in dem dieser besondere Vertragskonditionen wünscht, die vom Üblichen abweichen. Da Sie nicht allein entscheiden wollen, wieweit die Firma den Wünschen des Kunden entsprechen kann, gehen Sie mit dem Brief zu Ihrem Chef. Der Chef macht einen ziemlich gehetzten Eindruck. Er blättert in mehreren Akten, während er gleichzeitig telefoniert und der zweite Apparat auf seinem Tisch unaufhörlich klingelt. Als es Ihnen endlich gelingt, sich mit Ihrem Problem Gehör zu verschaffen, winkt er ungeduldig ab und sagt: «Ein guter Mitarbeiter erledigt von sich aus den notwendigen Kleinkram und hält mir den Rükken für wichtige Entscheidungen frei.»

Sie können auf diese Äußerung Ihres Chefs auf vier Ebenen reagieren. Die reine *Sach*information liegt in dem wörtlichen Inhalt der Sätze: Sie besteht in einem Werturteil, wie ein Mitarbeiter nach Meinung des Chefs handeln sollte. Hören Sie vor allem diese Mitteilung heraus, werden Sie den Chef vielleicht darauf hinweisen, daß Sie laut Dienstanweisung nicht berechtigt sind, ohne Rücksprache mit dem Vorgesetzten über abweichende Vertragskonditionen zu entscheiden. Sie fragen ihn, wer in diesem Fall die Verantwortung übernimmt und ob dieses «Rückenfreihalten» auch für andere Entscheidungen gelten soll.

Höchstwahrscheinlich wird der gestreßte Chef auf den Versuch, in dieser Situation eine Grundsatzdiskussion zu führen, ziemlich ungehalten reagieren. Wie so oft in unseren Alltagsgesprächen ist das wörtlich Gesagte nicht das Gemeinte. Als erfahrener Mitarbeiter werden Sie deshalb die Mitteilung Ihres Chefs auf einer anderen Ebene «empfangen».

Wenn Sie dazu neigen sollten, auf Kritik empfindlich zu reagieren, hören Sie wahrscheinlich die *Beziehung*sebene heraus. In diesem Fall fragen Sie sich, was die unwirsche Reaktion über das Verhältnis Ihres Chefs zu Ihnen aussagt. Offenbar wirft er Ihnen vor, unselbständig zu sein und mit jeder Kleinigkeit zu ihm zu laufen. Sie fühlen sich abgekanzelt.

Die meisten Menschen beginnen, wenn sie einen Vorwurf hören, sich zu verteidigen. Sie könnten den Chef darauf hinweisen, daß Sie erst gestern wegen einer eigenen Entscheidung in einem ähnlich gelagerten Fall kritisiert wurden. Oder Sie sagen, daß für diesen Kunden eigentlich ein anderer Mitarbeiter zuständig ist. Der habe sich jedoch krank gemeldet. Sie selbst wüßten nicht genug über die Vorgeschichte des Vertrages.

Der Haken an dieser Verteidigung ist, daß Sie mit ihr dem Chef mitteilen, daß Sie seine unwirsche Abweisung für falsch halten. Das veranlaßt den Chef, sich wiederum gegen Ihre Verteidigung zu verteidigen: «Das sind doch alles Ausreden. Sehen Sie zu, daß Sie dem Mann eine befriedigende Antwort geben. Nicht daß er im letzten Moment noch abspringt!»

«Darf ich das so verstehen, daß ich auf seine Wünsche eingehen soll?»

«Natürlich dürfen Sie keinen Präzedenzfall schaffen, sonst wollen nachher alle unsere Kunden Sonderrechte haben. Sie kennen doch unsere Geschäftsbedingungen? Na also. Sie sind schließlich kein Anfänger mehr. An die Arbeit!»

Nach diesem Wortwechsel sind Sie so schlau wie vorher. Wenn Sie, statt zu gehen, auf einer Entscheidung Ihres Vorgesetzten beharren, sind Sie auf dem besten Weg zu einem handfesten Krach, den der Chef wahrscheinlich mit einem autoritären Befehl beenden wird. Eine unbefriedigende Lösung, die sich kaum förderlich auf das Arbeitsklima auswirken wird. Ein Mitarbeiter darf sich von seinem Chef nicht zu einer allgemeinen Kompetenzstreiterei verleiten lassen, wenn es nur um eine Entscheidung in einem einzelnen Fall geht. Offenbar liefert auch die Beziehung nicht die richtige Ebene für einen produktiven Streit.

Wenn Sie als Mitarbeiter nicht kritikempfindlich, sondern im Gegenteil ziemlich selbstsicher sind, werden Sie die Botschaft des Chefs auf der *Selbstdarstellung*sebene wahrnehmen. Was sagt die Mitteilung des Vorgesetzten über ihn selbst aus? Im allgemeinen mag der Chef vielleicht ein umgänglicher und sachlicher Mensch sein, der aber in Streßsituationen zu voreiligen Äußerungen neigt, die ihm hinterher leid tun. Als Mitarbeiter, der ihn gut kennt, nehmen Sie seine Worte daher nicht als Kritik, sondern eher als einen Hilfeschrei. Der Ärger des Vorgesetzten wegen der Überlastung entlud sich nur zufällig auf Ihr Haupt. Sie könnten akzeptieren, daß der Chef gerade nicht ansprechbar ist; Sie gehen schweigend fort und tragen ihm die Angelegenheit in der Mittagspause noch einmal in Ruhe vor – in der Hoffnung, daß der Chef dann in besserer Stimmung ist und wieder ein Ohr für Sie hat.

Wenn Sie nicht nur selbstsicher, sondern darüber hinaus auch noch psychologisch geschult sind, können Sie die Methode des emotionalen Spiegelns (siehe Kapitel 1) anwenden. In diesem Fall fassen Sie die negativen Gefühle des Chefs, die die Diskussion belasten, in Worte und zeigen Verständnis: «Sie fühlen sich unter Druck und sehen sich im Moment nicht in der Lage, noch ein weiteres Problem zu prüfen.» Den an Sie gerichteten Vorwurf, unselbständig zu sein, ignorieren Sie. Der Chef fühlt sich verstanden und antwortet: «Genau. So einen verrückten Tag wie heute hatte ich schon lange nicht mehr. Erst der Ärger mit unserem Architektenbüro, und dann kündigten sich die Steuerprüfer an. Jetzt versuche ich herauszufinden, was aus der Angelegenheit Schulte & Söhne geworden ist, und da kommen Sie mit so einer Lappalie…»

«Sie sind überlastet. Ist es Ihnen recht, wenn ich am Nachmittag noch einmal nachfrage?»

«Mann, mit dieser Kleinigkeit werden Sie doch wohl allein klarkommen!»

«Ich bin unsicher, wieweit wir diesem Kunden entgegenkommen können.»

Mit einem solchen Dialog können Sie dem Vorgesetzten die Möglichkeit geben, seinen Ärger auszusprechen. Danach wird der Chef eher bereit sein, sich mit Ihrem Problem zu befassen. Diese Vorgehensweise gelingt nur, wenn Sie als sein Mitarbeiter bereit sind, die Vorwürfe kommentarlos wegzustecken, und wenn der Chef nicht merkt, daß Sie ihn mit einer psychologischen Methode zielgerichtet bearbeiten. Das ist ein doppeltes Risiko. Sie können, um Streit zu vermeiden, die Vorwürfe schlucken. Aber sind Sie auch bereit, den Preis zu bezahlen für den vermiedenen Konflikt: verinnerlichte Wut, Unzufriedenheit mit der Stellung im Betrieb, spätere psychosomatische Krankheiten? Daß unser Ärger früher oder später doch herausplatzt, stellt einen Selbstschutz dar, der wichtig ist für unsere seelische Gesundheit. Der produktive Streit ist die goldene Mitte zwischen Konfliktscheu und zerstörerischer Konflikteskalation.

Um sich produktiv zu streiten, sollten Sie als Mitarbeiter die Äußerung des Chefs auf der Ebene hören, auf der sie in erster Linie gemeint ist: als *Appell*. Er wünscht, daß Sie allein mit dem Kunden die Konditionen aushandeln, aber so, wie er, der Chef, es selbst getan hätte. Damit treibt er Sie in einen Entscheidungskonflikt. Auf die Bedingungen des Kunden eingehen oder nicht? Und wenn, wie weit? Um sich zu vergewissern, wie Sie nun handeln sollen, können Sie Ihre Unsicherheit zur Sprache bringen: «Ich bin etwas verunsichert. Meinen Sie, ich soll in Zukunft Entscheidungen über Vertragskonditionen nach eigenem Ermessen treffen?»

Wenn der Chef jetzt sagt: «Genau das meine ich!», können Sie sich später darauf berufen. Wenn er aber fortfährt, doppeldeutige Anweisungen zu geben? Etwa: «Aber daß Sie mir weder den Kunden verprellen noch Ihre Kompetenzen überschreiten!» Dann müssen Sie in eigenem Interesse sofort für Klarheit sorgen: «Ich befürchte, das kann ich ohne genauere Anweisungen nicht garantieren. Aber ich werde mein Bestes tun.»

Sollte der Chef sich damit zufriedengeben, gehen Sie an die Arbeit. Versucht er dagegen, die Doppeldeutigkeit aufrechtzuerhalten, und sagt: «Ich erwarte, daß Sie die Angelegenheit so erledigen, als hätte ich es selbst getan», müssen Sie weiter um Klarheit kämpfen: «Ohne detaillierte Anweisungen fühle ich mich überfordert. Wie weit würden Sie denn dem Kunden entgegenkommen?»

Nehmen wir an, der Chef weigert sich endgültig, sich festzulegen: «Sie schaffen das schon. Gehen Sie an die Arbeit. Sie sehen doch, ich habe zu tun.» Dann dürfen Sie das unerquickliche Gespräch mit den Worten vertagen: «Ich komme am Nachmittag noch einmal wieder.» Oder (wenn die Entscheidung keinen Aufschub duldet) Sie werden deutlicher: «Ich versuche, diese Angelegenheit im Interesse unserer Firma optimal zu regeln. Dafür brauche ich aber klare Anweisungen von Ihnen, wie weit ich gehen kann. Nun sagen Sie mir, ich soll in Ihrem Sinne entscheiden, wollen mir aber nicht verraten, was das konkret bedeutet. Das empfinde ich als unfair.»

Selbst hartgesottene Choleriker, denen es sonst nicht viel ausmacht, ihre Mitmenschen abzukanzeln, fühlen sich betroffen, wenn man sie verdächtigt, unfair zu handeln. Sie glauben nämlich, ihren Mitmenschen nur solche Härten abzuverlangen, die sie auch für sich selbst akzeptieren. Sie werden versuchen, sich von dem Verdacht mangelnder Fairneß reinzuwaschen. Anstelle jenes Satzes hätten Sie als Mitarbeiter auch sagen können: «Damit komme ich nicht klar» oder «Ich fühle mich in die Enge getrieben.» Wichtig ist, daß Sie mit Ihren negativen Gefühlen nicht hinter dem Berg halten. Produktiver Streit erfordert, daß Konflikte ausgesprochen und Gefühle nicht unterdrückt werden. Das einzige, worauf Sie achten sollten: Sie müssen zeigen, daß die negativen Gefühle *Ihre* Gefühle sind. Sie dürfen sagen: «Das empfinde ich als unfair», aber nicht: «Sie sind unfair.» In der letztgenannten Form hätten Sie Ihr Empfinden, sich ungerecht behandelt zu fühlen, in eine Charaktereigenschaft des Chefs verwandelt. Sie würden ein Stereotyp erzeugen.

Wenn die Kommunikationsebenen vermengt werden Da jedes Gespräch vier Ebenen zuläßt, ist die Gefahr der Mehrdeutigkeit gegeben. Meist denkt der Sprecher nur an eine Möglichkeit, aber der Hörer steht vor dem Problem, herauszufinden, welche der vier in Frage kommenden Ebenen gemeint ist. Je nachdem, wie er sich entscheidet, wird seine Antwort unterschiedlich ausfallen. Reagiert er anders, als der Sprecher es erhoffte, reden beide aneinander vorbei. Äußert sich der Sprecher auf der Sachebene, meint aber die Beziehungsebene (ein im Alltag häufiger Fall), ist dem Mißverständnis Tür und Tor geöffnet. Wenn der Partner auf der Sachebene antwortet, wird die Auseinandersetzung unfruchtbar sein. Das geschah in dem Streit zwischen Philipp und seinen Eltern. Sie sprachen über Jeans, meinten aber die Frage, in welchem Maß der Sohn eigene Entscheidungen treffen darf.

Die Neigung, Sach-, Beziehungs-, Selbstdarstellungs- und Appellebene zu vermengen, wird durch die weitverbreitete Scheu vor

Konflikten noch gefördert. Wir möchten nett und freundlich sein, und das bedeutet, wir geben es nicht zu, wenn wir eine andere Meinung haben als unsere Mitmenschen. Unser Nachbar hält uns an der Wohnungstür auf und erzählt uns seine kleinen Sorgen und Wehwehchen. Da wir zu höflich sind, zuzugeben, daß uns sein Geschwätz allmählich auf den Geist geht, nicken wir zerstreut und hoffen, daß er bald von allein aufhört. Der Nachbar aber freut sich, daß er jemanden gefunden hat, der für seine Problemchen Interesse hat und durch Nicken zeigt, daß er seinen Worten folgt. Er fühlt sich ermuntert weiterzusprechen. Deuten wir endlich durch eine ungeduldige Handbewegung an, daß wir ihn unterbrechen wollen, steigert er sein Sprechtempo – ein Zeichen, daß er schnell noch einige für ihn wichtige Gedanken loswerden will. Schließlich haben wir durch unser Nicken vorhin ja gezeigt, daß uns seine Geschichte interessiert. Resigniert lassen wir ihn reden.

Ein anderer Fall: Die Tochter ist zu Besuch. Sie und ihr Mann haben einige Schulden gemacht und sind in Verzug geraten bei der Kreditrückzahlung. Die Eltern, die ihr vor einem halben Jahr schon einmal eine größere Summe geliehen haben, sind der Meinung, sie könnte sich diesmal an ihre Schwiegereltern wenden. Geduldig erklären sie ihr, daß sie einen Urlaub auf Bali gebucht haben und dafür fast all ihre Ersparnisse brauchen. Die Tochter sagt: «Ich verstehe», zieht aber zugleich ihr Gesicht in mißmutige Falten, beißt sich auf die Lippen und spielt nervös mit ihrem Kaffeelöffel. Die Mutter bemerkt das und sagt: «Du bist nicht einverstanden. Du hältst uns für geizig und meinst, wir könnten hilfsbereiter sein.» Die Tochter fährt hoch und antwortet: «Das habe ich nicht gesagt!»

Die Körpersprache verrät uns   In beiden Beispielen wurde die Beziehungsebene körpersprachlich ausgedrückt. Da wir den Konflikt mit dem schwatzhaften Nachbarn nicht riskieren wollten, haben wir genickt und damit seine Art der Gesprächsführung akzeptiert. Unseren späteren Versuch, ihn zu unterbrechen, bezog der Nachbar deshalb auf den Inhalt seines Monologs. (Warum sollten wir das Gespräch jetzt unterbrechen wollen, nachdem wir vorhin Interesse zeigten?) Statt endlich den Mund zu halten, begann er, diesen Inhalt genauer zu erläutern.

Im zweiten Beispiel riskierte die Mutter den Konflikt, die Tochter aber nicht. Aus Konfliktscheu akzeptierte die Tochter die Ablehnung ihrer Eltern auf der durch Worte ausgedrückten Sachebene; auf den übrigen drei Ebenen zeigte sie, wie sie das Verhalten ihrer Eltern tatsächlich empfand: Ärger in der Selbstdarstellung, Enttäuschung in der Beziehung zu den Eltern, unterdrückter Appell, es sich noch einmal zu überlegen. Die Mutter erkannte die körpersprachliche Botschaft. Die Tochter fühlte sich ertappt. Ihre Antwort zeigt, wie die Angst vor dem Streit zu Unaufrichtigkeit führt. Tatsächlich hatte sie nichts gegen ihre Eltern «gesagt». Sie hat negative Gefühle nur in ihrer Mimik und Gestik «gezeigt». Es sind keine Worte gefallen, auf die man sie festlegen könnte.

Dennoch hat die Mutter ihre Tochter nur zu gut verstanden. Der Körper lügt nicht. Während es leicht ist, mit Worten bewußt die Unwahrheit zu sagen, fällt es viel schwerer, dem Partner dabei ruhig in die Augen zu sehen. Die Bewegungen des Körpers beruhen zum großen Teil auf angeborenen und in früher Kindheit erlernten Muskelkoordinationen und sind deshalb nur schwer einer bewußten Willenskontrolle zu unterwerfen. Das ist die Ursache, warum wir im Zweifelsfalle unbewußt dem körperlichen Ausdruck eher Glauben schenken als dem gesprochenen Wort.

Ein zweiter Grund kommt hinzu. In Konfliktsituationen stehen wir unter emotionaler Anspannung. Es gelingt uns kaum, ruhig zu bleiben und unsere Worte genau abzuwägen. Wie schnell ist ein Satz gesagt, den man wenige Augenblicke später am liebsten zurücknehmen möchte! Wenn die Gefühle unter Streß stehen, ist es schwierig, die Gedanken so mitzuteilen, wie sie wirklich gemeint sind. Es gelingt nicht, sich zu konzentrieren und die passenden Worte zu finden. Deshalb achten wir gerade im Streit besonders auf Mimik und Gestik. Der Körper hat keine Formulierungsprobleme. Das Gestikulieren der Hände und die Veränderungen der Gesichtsmuskulatur sind während eines Streits besonders ausdrucksvoll. Drohgebärden, verächtlicher Gesichtsausdruck und spontanes körperliches Abwenden sagen mehr als mancher halbstündige Monolog. Wenn Körpersprache und Worte übereinstimmen, wenn die Gesten das Gesprochene unterstreichen, wissen wir, unser Gegenüber meint es ernst mit dem, was er sagt. Signalisiert der Körper dagegen Unruhe, Unsicherheit oder Abwendung, wenn der Partner sagt: «Es ist völlig klar, daß ich recht habe», beginnen wir an seiner Aufrichtigkeit zu zweifeln.

Der Umgang mit der Körpersprache ist einerseits schwerer, andererseits leichter als mit der gesprochenen Sprache. Schwerer, weil sie kaum willkürlich zu verändern ist. Wir bewegen uns so, wie wir uns tatsächlich fühlen. Ein künstliches Lächeln, wenn wir in Wahrheit wütend sind, wirkt immer unaufrichtig und steht im Gegensatz zu den übrigen körperlichen Signalen. Normalerweise lächeln wir mit dem gesamten Gesicht. Das heißt, es sind Muskeln vom Kinn bis zum Stirnbereich beteiligt. Bei einem aufgesetzten Lächeln endet die Muskelbewegung bereits unterhalb der Augen, die Mundwinkel werden hochgezogen, aber die Augen bleiben «kalt». Es bilden sich nicht die kleinen Lachfältchen in den Augenwinkeln, die dem Blick einen warmen und freundlichen Ausdruck verleihen. Das liegt daran, daß die dafür zuständigen Muskeln nicht willkürlich angespannt werden können. Trainierte Verkäufer(innen) oder auch Casanovas, die auf ein echtes Lächeln angewiesen sind, greifen zu folgendem Trick. Sie denken an ein heiteres Erlebnis, bei dem ihnen zum Lächeln zumute war. Das kann irgendeine angenehme oder lustige Begebenheit aus der Vergangenheit sein. Sofort zaubert die Erinnerung ein angenehmes Lächeln auf ihr Gesicht. Der Kunde oder die junge Frau ahnt nicht, daß dieses schöne Lächeln nichts mit ihnen persönlich zu tun hat.

Leichter ist der Umgang mit der Körpersprache, weil wir ihre Bedeutungen von Geburt an oder durch frühkindliches Lernen genau kennen. Wir müssen nicht nachdenken, um sie zu verstehen. Da sie schwer zu manipulieren ist, liefert sie uns ein verläßliches Instrument, um die Einstellungen unserer Gesprächspartner zu beurteilen. Wir brauchen nur unser Gefühl zu befragen. Wenn wir uns beim Reden und Zuhören unwohl fühlen, wenn wir merken, daß irgend etwas nicht stimmt, ohne den genauen Grund benennen zu können, dann haben wir einen Hinweis erhalten, daß zwischen dem Gesagten und dem wirklich Gedachten ein Widerspruch besteht. Es nützt nichts, den wahrgenommenen Konflikt durch ein künstliches Lächeln oder einen forschen Tonfall zu überspielen. Er muß zur Sprache gebracht werden, beispielsweise so: «Du sagst, daß du meine Bedenken verstehst, aber an deinem Gesichtsausdruck merke ich, daß du Zweifel hast. Was ist der Grund dafür?»

Wenn wir dennoch körpersprachliche Mitteilungen mißverstehen, so liegt das daran, daß wir uns abgewöhnt haben, unsere Mitmenschen genau zu beobachten. Dafür gibt es viele Gründe. Ich will an dieser Stelle zwei der wichtigsten nennen. Die meisten Menschen, deren Körpersprache wir beobachten, bewegen sich nicht durch unseren Alltag, sondern über die Leinwände der Kinos und über die Bildschirme der Fernsehgeräte. Mimik und Gestik erscheinen im Fernsehen aber häufig übertrieben; einmal dadurch, daß wir die Akteure in Extremsituationen erleben (starke Gefühle, Mord), zum anderen handelt es sich um eine bewußte Übertreibung der Schauspieler, damit das Verhalten der Personen dramatischer wirkt. Infolge der Gewöhnung an die Handlungen der Bildschirmhelden verlieren wir bei unseren Alltagsbeobachtungen den Blick für Nuancen.

Ein weiterer Grund liegt im zunehmenden Gebrauch des Telefons bei der Pflege persönlicher Bekanntschaften. Statt uns auf Tage im voraus zu zeitraubenden Besuchen mit langen Anfahrtswegen zu verabreden, greifen wir lediglich zum Hörer, und schon haben wir Gelegenheit, mit dem besten Freund oder der besten Freundin einen längeren Plausch über Gott und die Welt zu führen. Tatsächliche Begegnungen, bei denen sich beide in Fleisch und Blut gegenüberstehen, werden immer seltener. Beim Telefonieren können wir einander nicht sehen. Der einzige Anhaltspunkt, um zu erkennen, wie der Partner seine Worte meint, ist der (häufig verzerrte) Tonfall, der aus dem Hörer dringt. Dadurch verlieren wir die Gewohnheit, auf die Gebärden und Gesichtsausdrücke des anderen zu achten.[15]

Körpersprachliche Signale beim Streit   In den Buchhandlungen werden immer wieder Ratgeber zur Deutung der Körpersprache angeboten, die wie in einer Art Rezeptsammlung für jede Bewegung von Armen, Beinen und Gesichtsmuskeln eine eindeutige Interpretation anbieten. Diese Übersetzungen ins Sprachliche können in der einen Situation stimmen, in einer anderen jedoch falsch sein. Körpersprache ist mehrdeutig. Sie läßt sich nur als Ganzes und dann auch nur in Beziehung zur Umgebung und zum gesprochenen Wort interpretieren. Eine Frau sitzt zusammengekauert in der Ecke: Dies kann ein Zeichen für Unsicherheit und Angst sein. Genausogut ist es möglich, daß ihr einfach nur kalt ist. Ein Mann fuchtelt mit den Armen. Ohne genauer hinzusehen, werden Sie nicht feststellen können, ob er wütend ist oder sich nur einer lästigen Fliege erwehrt. Eine seitliche Bewegung beider Arme kann auf Ratlosigkeit hinweisen, Worte im Sinne eines «Nicht wahr?» unterstreichen oder den anderen auffordern, sich zu äußern. Welche Bedeutung zutrifft, hängt von der Mimik und den übrigen Gesten ab.

Es gibt allerdings einige eindeutige Zeichen des Körpers, auf die es sich besonders zu achten lohnt, wenn man streitet. Das erste ist die Mimik. Neben individuellen Unterschieden verfügen wir alle über ein Repertoire an «Gesichtern», die unser jeweiliges Grundgefühl ausdrücken. Nach heutigen Erkenntnissen kommen die gleichen Gesichtsausdrücke für Freude, Überraschung, Angst, Traurigkeit, Ärger oder Wut, Ekel, Interessiertheit, Scham, Schmerz, Erschrecken und religiöse Verzückung in allen Kulturen der Welt vor. Das heißt, sie sind höchstwahrscheinlich angeboren. Aus dem Gesichtsausdruck können wir in der Regel verläßliche Schlüsse auf die Gefühle unserer Mitmenschen ziehen. Es gibt eine Ausnahme. Bei der Erinnerung an gefühlsbeladene Ereignisse der Vergangenheit verändert sich ebenfalls der Gesichtsausdruck. Dann sagt die Mimik nichts über das Verhältnis des Partners zu uns aus, sondern bezieht sich auf ein früheres Erlebnis.

Das zweite ist der Blick. Die Dauer und die Intensität des Blickkontakts informiert uns, wie der Partner zu uns steht. Derjenige, der spricht, befindet sich, solange er das Wort nimmt, in einer überlegenen Position: Er wirkt auf den anderen ein, dieser muß zuhören. Um das auszugleichen, wendet der Sprecher immer wieder mal den Blick zur Seite. Würde er seinem Zuhörer die ganze Zeit in die Augen schauen, riefe er einen aufdringlichen, belehrenden oder gar unverschämten Eindruck hervor. Anders der Hörer. Während er schweigt, ist der Blick das einzige, was ihn mit dem anderen verbindet. Deshalb schaut ein aufmerksamer Zuhörer seinen Partner so lange an, wie er spricht, ohne den Blick abzuwenden. Würde der Zuhörer wegschauen, bekäme der Sprecher den Eindruck, daß der Partner kein Interesse an seinen Worten hat.

Ein weiteres Element des Blicks ist die Pupillengröße. Sie verändert sich manchmal im Gespräch, obwohl die Lichtquellen der Umgebung konstant bleiben. In diesem Fall hat die Pupillengröße etwas mit der Interessiertheit und der emotionalen Anteilnahme zu tun. (Außer wenn Krankheit oder Drogen im Spiel sind.) Wer einen Gegenstand oder einen Menschen, zum Beispiel des anderen Geschlechts, mit Interesse betrachtet, dessen Pupillen vergrößern sich. Wut dagegen verkleinert sie. Der Wütende bekommt einen «stechenden» Blick. Das Gesetz der Pupillenvergrößerung veranlaßt zum Beispiel einen professionellen Pokerspieler, eine Sonnenbrille aufzusetzen, damit die Mitspieler nicht an der Pupillengröße erkennen können, ob er ein gutes oder ein schlechtes Blatt hat.

Ein drittes Zeichen, worauf es sich zu achten lohnt, ist die Intensität der Gestik. Die Gesten selbst sind sehr vielfältig und von Kultur zu Kultur unterschieden. Darüber hinaus hat jeder Mensch seine individuellen Eigenarten. Die Intensität der Gebärdensprache sagt uns aber, wie engagiert der Partner im Streit ist. Übertriebene Armbewegungen im Verhältnis zur Bedeutung der Worte zeigen uns einen Menschen, der sich künstlich aufzuspielen versucht – ein Zeichen für Unaufrichtigkeit und innere Unsicherheit. Fehlen die Gebärden, sind entweder starke Hemmungen im Spiel (und wir sollten unseren Partner ermutigen, sich zu äußern) oder aber bewußte Zurückhaltung. Das könnte bedeuten, daß er uns mit Mißtrauen begegnet. In diesem Fall lohnt es sich, nachzufragen, ob er Zweifel oder Vorbehalte hat.

Gleich ob die Unsicherheiten im Streit von einer Mehrdeutigkeit herrühren, die in den Worten selbst liegen, oder ob ein Gegensatz von Worten und Körperausdruck besteht – ein sinnvoller Streit erfordert, daß die Partner klären, auf welcher der möglichen Ebenen der Konflikt liegt. Eine Auseinandersetzung auf der falschen Ebene führt zu keinem brauchbaren Ergebnis, da sie um ein weniger verfängliches Ersatzthema streiten, das die wirklichen Schwierigkeiten unberührt läßt.

Die erste Regel produktiven Streitens lautet also: Bekennen Sie sich zu Ihrem Streitbedürfnis! Wenn Sie sich bevormundet fühlen, streiten Sie gegen die Bevormundung und nicht darum, ob Sie gemeinsam nach Norwegen fahren, weil es so abgesprochen war. Wenn Sie durchsetzen wollen, daß sich Ihre Familie an der Hausarbeit beteiligt, streiten Sie um eine gerechte und konkret festgelegte Aufgabenverteilung, und weichen Sie um keinen Millimeter von Ihrem Thema ab, bevor Sie nicht Klarheit haben. Und wenn Sie sich streiten, einfach weil Sie Lust haben zum Streiten – stehen Sie zu diesem Bedürfnis! «Jeder Impuls, den wir zu unterdrücken suchen, lagert sich in der Seele ab und vergiftet uns», schrieb Oscar Wilde, und er mußte es wissen. Er nahm im viktorianischen England Ende des vorigen Jahrhunderts für sein Bekenntnis zu seiner Homosexualität öffentliche Ächtung und eine zweijährige Zuchthausstrafe in Kauf.

Zum Streiten gehören mindestens zwei. Damit ein fairer Streit gelingt, brauchen Sie Partner, die Sie akzeptieren und die der Meinung sind, daß es sich lohnt, mit Ihnen in den Ring zu steigen. Davon handelt der folgende Abschnitt.

5

Wie ich dir, so du mir

> Auf Einwände des Gegners,
> gegen welche sich unser Kopf zu schwach fühlt,
> antwortet unser Herz durch Verdächtigung
> der Motive seiner Einwände.
> Friedrich Nietzsche (1844 – 1900)

Wer sich streitet, bringt notwendigerweise eine Portion Egoismus ins Spiel. Wir legen soviel Wert auf unsere Meinung, daß wir bereit sind, sie gegen jede abweichende Ansicht zu verteidigen. Natürlich haben wir stets gute Gründe, unsere Auffassung für die richtige zu halten. Der Partner mag versuchen, uns von seiner Ansicht zu überzeugen; insgeheim sind wir gewiß, daß es ihm nicht gelingen wird. Schließlich haben wir ein Ziel, wenn wir einen Streit riskieren: Wir wollen recht behalten. Im Sieg über die Argumente des Partners versuchen wir, Selbstbestätigung zu finden. Ohne die Hoffnung, in der Auseinandersetzung zu triumphieren – über den Partner, über seine Argumente, über die eigene Unsicherheit und die Selbstzweifel –, würden wir die Risiken des Scheiterns nicht auf uns nehmen. In der Regel suchen wir uns nur solche Partner zum Streiten, denen wir zutrauen, über unsere Argumente nachzudenken und der besseren Einsicht zu folgen.

Allerdings hat unser Streitpartner das gleiche Bedürfnis. Auch er kämpft mit Leidenschaft um seine Meinung, auch er möchte gewinnen und hofft auf die Überzeugungskraft seiner Argumente. Die Bereitschaft, nachzugeben und sich überzeugen zu lassen, kommt erst an zweiter Stelle. Das ist verständlich. Eine Sache, eine Angelegenheit oder ein Argument interessiert uns nicht an sich, sondern nur in bezug auf unser eigenes Wohlbefinden. Wir sind nicht «objektiv». Jeder hat seine eigene Perspektive, aus der heraus er die Dinge beurteilt. Was der eine für nebensächlich hält, kann für den andern lebensentscheidend sein. Ein Argument, das der eine als klug einschätzt, kann dem anderen als völlig abstrus erscheinen. Deshalb ist jeder Streit zunächst eine individuelle Angelegenheit. Ein Problem mag schon tausendmal in den Medien diskutiert worden sein; es wird nie eine abschließende Lösung finden, solange sich Unzufriedene finden, die auch einer tausendundersten Erörterung noch neue Aspekte abgewinnen können.

Nicht siegen und dennoch gewinnen Nicht nur Sie haben das Recht, recht behalten zu wollen, sondern auch Ihr Partner. Wenn jedoch zwei Egoismen aufeinandertreffen, kann daraus überhaupt etwas anderes entstehen als eine Kollision unvereinbarer Absichten? Wenn wir beide siegen wollen, wenn wir nicht ohne Not darauf verzichten, unsere Position durchzusetzen, welche Chancen bleiben uns, im Kampf der Argumente zu einem einvernehmlichen Resultat zu gelangen? Eine ganze Menge, vorausgesetzt, wir schrauben unsere Erwartungen auf ein realistisches Maß zurück. Menschen würden nicht streiten, wenn sie am Ende nicht einen gewissen Erfolg erzielen würden – selbst wenn keiner der Beteiligten als strahlender Sieger den Kampfplatz verläßt. Ein Verhalten, das grundsätzlich nur zu Mißerfolgen führt, «erlischt» mit der Zeit, das hat die Verhaltenspsychologie in Hunderten von Experimenten schlüssig nachgewiesen. Die wenigen Male, bei denen wir im Laufe unseres Lebens bei Auseinandersetzungen einen glatten Sieg errungen haben, können wir meist an einer Hand abzählen. Was gewinnen wir also in einem Wortkampf, der unentschieden ausgeht?

Nicht wenige von uns fühlen sich bereits ausreichend belohnt, wenn sie Gelegenheit erhalten, *sich offen auszusprechen*. Wir befreien uns von einem Teil unserer Unsicherheiten und inneren Konflikte, indem wir sie nach außen tragen. Der Partner muß gar nicht zustimmen; es genügt, daß er zuhört. Mit seinem Widerspruch bietet er uns die Bühne, auf der wir unsere Argumente entfalten. Wir können zeigen, daß wir auf jeden Einwurf etwas zu erwidern wissen und daß unsere Ansichten wohlbegründet sind. Wenn wir später die Rollen tauschen, merken wir, daß auch die Position des *Advocatus Diaboli*, des Widersachers, ihre Reize hat. Mit einem gewissen boshaften Vergnügen finden wir die Schwächen in der Argumentation des Partners und zwingen ihn durch unsere Einwände, seine Meinung zu überdenken.

Streit ist auch eine hervorragende Möglichkeit, sich *Informationen zu beschaffen*, insbesondere andere Personen und uns selbst besser kennenzulernen. Bei emotionsgeladenen Auseinandersetzungen lassen wir die Maske fallen, die bei höflicher Konversation unseren Charakter verdeckt. Wie weit kann ich bei dem anderen gehen? Was bringt ihn (und mich) auf die Palme? Bei welchen Themen ist er wirklich engagiert und regt sich auf, welche Themen lassen ihn unberührt? Bleibt er fair, oder versucht er, mich mit allen Mitteln matt zu setzen? Wie verhalte ich mich selbst, wenn ich angegriffen werde? Wann verliere ich die Fassung? Oder handle ich immer nach der Devise «In der Ruhe liegt die Kraft»?

Natürlich wollen wir auch, was den Inhalt unserer Kontroversen betrifft, zu einem Ergebnis kommen. Dieses Resultat wird in der Regel aber nicht in dem Sieg eines Partners, sondern in einer *Einigung* (s. S. 163 ff.; 7. Streitregel) bestehen. Beide kommen einander ein Stück entgegen und treffen sich irgendwo in der Mitte. Ohne daß die gegensätzlichen Wünsche und Meinungen deutlich ausgesprochen werden, kann die wahre Mitte nicht gefunden werden. Der Weg zur Einheit führt über den Gegensatz. Was geschieht, wenn die Partner den Gegensatz umgehen wollen, zum Beispiel aus übertriebener Rücksichtnahme auf den anderen, zeigt der folgende Dialog:

AXEL: Was machen wir heute abend?

TINA: Wozu hättest du Lust?

AXEL: Wolltest du nicht mal wieder ins Kino?

TINA: Das ist keine schlechte Idee. Aber wenn du lieber was anderes machen möchtest...

AXEL: Das kommt darauf an. Was für einen Film möchtest du denn sehen?

TINA: Den Film kannst du dir aussuchen.

AXEL: Ich? Aber du willst doch ins Kino! Da mußt du doch eine Meinung haben, was du gern sehen willst!

Tina: Du würdest lieber essen gehen, nicht wahr?

Axel: Wieso denn? Du willst ins Kino, also gehen wir ins Kino. Du mußt dich nur noch entscheiden, in welches.

Tina: Und wenn dir der Film nicht gefällt, muffelst du den ganzen Abend herum. Gehen wir lieber essen.

Den Konflikt bewußt machen Wozu die beiden sich auch entschließen werden – man hat unwillkürlich den Eindruck, daß über die tatsächlichen Bedürfnisse gar nicht gesprochen wurde. Deshalb kann ein Streit die Funktion haben, einen *Konflikt* überhaupt erst einmal *bewußt zu machen*, ein tiefliegendes Unbehagen zu artikulieren und als Gegensatz zwischen den Partnern zu erkennen. Selbst Psychologen, die dem Streit als Mittel der Konfliktlösung eher skeptisch gegenüberstehen, gestehen in diesem Fall eine Ausnahme zu.[16] In einer solchen Situation kann der Streit befreiend wirken und den Weg zu einer echten Partnerschaft ebnen. Viele Paare leben deswegen schweigend nebeneinander her, weil sie es aufgegeben haben, einander die Meinung zu sagen. Es gibt nämlich etwas, das noch viel schlimmer ist, als verschiedener Ansicht zu sein: dem anderen die eigenen Ansichten nicht mehr mitzuteilen, weil man resigniert hat. Solange man sich streitet, besteht Kontakt. Erst wenn Schweigen einzieht, besteht wirklich Grund zur Besorgnis.

Meinungsunterschiede sind kein persönlicher Angriff In der Praxis fällt es uns schwer, zu akzeptieren, daß auch der Partner das Bedürfnis hat, recht zu behalten. Wenn er recht hat, muß ich logischerweise im Unrecht sein. Wer mich darüber belehren will, was richtig und was falsch ist, muß glauben, daß er mir überlegen ist. Deshalb neigen wir dazu, das Streitbedürfnis des Partners als Angriff auf unsere Person zu interpretieren. Wie der Vater im Wortwechsel mit seinem halbwüchsigen Sohn:

Vater: Du hast dir nicht die Zähne geputzt. So kommst du mir nicht an den Frühstückstisch!

Sohn: Ich hab gestern in der «Bravo» gelesen, wir sollen uns die Zähne erst nach dem Frühstück putzen, wegen der Bakterien.

VATER: Das sind ja ganz neue Moden! Du gehst dir sofort...

SOHN: Nach dem Essen steigt der Säuregehalt im Mund, da machen dir die Bakterien die Zähne kaputt.

VATER: Steht in deiner Zeitschrift auch, daß man morgens Mundgeruch hat? Dann mußt du sie dir eben zweimal putzen.

SOHN: Zweimal? Kein Mensch tut so was.

VATER (DROHEND): ENTWEDER DU PUTZT DIR JETZT DIE ZÄHNE, ODER...

SOHN: Sei doch froh, daß ich sie mir überhaupt putze!

VATER: Nicht in diesem Ton! Und jetzt marsch – ab ins Bad!

Nach diesem Satz wird sich der Sohn gekränkt zurückziehen und bestenfalls unter Protest gehorchen – die beste Garantie dafür, daß sich daraus ein familiärer Dauerstreit entwickelt. Oder es gibt einen heftigen Wortwechsel, der in gegenseitigen Beschuldigungen gipfelt – mit dem gleichen Resultat. Möglicherweise vermutet der Vater zu Recht, daß der Sohn nur widerspricht, um zu widersprechen. Aber wo steht geschrieben, daß er das nicht darf? Wenn der Vater sich allein das Recht vorbehält, festzulegen, wie gestritten werden darf und wie nicht und worüber, ist der Sohn von vornherein der Unterlegene. Beide, Vater wie Sohn, hätten erst einmal feststellen müssen, worum es ihnen in dem Streit überhaupt ging. Dem Vater vermutlich um die Durchsetzung seiner Norm und die Bekräftigung seiner Autorität, dem Sohn um die Respektierung seines abweichenden Verhaltens.

Es passiert uns sehr leicht, daß wir die Sachebene mit der Beziehungsebene verwechseln. Auch in unserem Beispiel vermieden es die beiden, sich eindeutig festzulegen. Ging es um die Sache, also das Zähneputzen, oder um die Loslösung des Sohnes von den väterlichen Normen? Wenn beides durcheinandergerät, gilt die Regel:

Störungen haben den Vorrang!

Meistens führen die Partner ein Sachgespräch, das durch schwelende Konflikte auf der Beziehungsebene gestört wird. Dann nutzt es überhaupt nichts, weiter über den Sinn oder Unsinn bestimmter Gewohnheiten beim Zähneputzen zu debattieren.

Alle Argumente und Vorbehalte sind dann nicht von der Sache bestimmt, sondern einzig und allein von dem Bestreben, in dem Konflikt auf der Beziehungsebene Pluspunkte zu erzielen. Produktive Streiter werden zunächst das verborgene Thema der Beziehungsebene zur Sprache bringen und erst wenn dieses geklärt ist zu ihrem ursprünglichen Sachthema zurückkehren.

Rückfragen Es gibt mehrere Möglichkeiten, die Streitebene zu klären. Die drei wichtigsten möchte ich etwas genauer erläutern. Zunächst könnten Vater und Sohn sich Gewißheit verschaffen durch Rückfragen. Ich hatte auf diese Variante bereits im Zusammenhang mit dem Kampf gegen unfaire Streitmethoden hingewiesen. Fragen sind stets angebracht, wenn wir das Gefühl haben, daß das Gespräch aus irgendeinem Grunde in einer Sackgasse gelandet ist. Wichtig ist nur, daß man nie mehr als eine Frage auf einmal stellt. Bei einer Folge von mehreren Fragen sucht sich der Partner diejenige aus, die ihm am besten paßt (meistens die letzte), und beantwortet ausschließlich diese. Wenn zwei Partner, wie in unserem Beispiel, gegeneinander streiten, greifen sie zu Argumenten, die aus ihrer Sicht besonders treffend sind. Was man aber selbst für überzeugend hält, kann für den Partner abwegig oder uninteressant sein. Ein Argument, das den Partner überzeugen soll, muß vor allem aus *seiner* Sicht zutreffend sein. Dazu müssen wir aber seine Interessen und Motive genau kennen. Die meisten Menschen berücksichtigen im Streit jedoch nur die eigenen Wünsche und setzen stillschweigend voraus, daß der Partner sich unserer Sicht anschließen wird, wenn wir ein Argument vorbringen, das wir selbst für besonders schwerwiegend halten.

Wenn beide Partner lediglich versuchen, einander im Argumentieren zu übertrumpfen, endet das Gespräch ohne Ergebnis. Man hat sich gründlich die Meinung gesagt, ohne einander besser zu verstehen. Der Weg zu den Motiven und Interessen des Partners führt über Fragen. Welche Fragen sind geeignet, die Verwirrung zwischen Sach- und Beziehungsebene aufzuklären? Sinnlos wäre es, wenn der Vater sich lediglich erkundigt: «Weshalb willst du dir nicht die Zähne wie bisher vor dem Frühstück putzen?» Diese Frage bewegt sich nur auf der Sachebene, es geht aber darum, die

Störung, die von der Beziehungsebene ausgeht, zu finden. Der Vater könnte fragen: «Weshalb kannst du nicht akzeptieren, daß es mich stört, wenn du mit ungeputzten Zähnen zum Frühstück kommst?»

Wenn der Sohn antwortet: «Weil ich finde, daß das meine Sache ist», liegt der Konflikt auf der Beziehungsebene. Dann können sie den Sachstreit beenden und darüber reden, welche Erwartungen sie im Umgang miteinander haben. Wann darf der Sohn allein entscheiden, wann nicht? Wo ist der Vater als Ratgeber gefragt? Wenn der Sohn antwortet: «Okay, okay. Wenn nun aber Zähneputzen nach dem Frühstück gesünder ist?», dann kann das Gespräch auf der Sachebene weitergehen.

Auch der Sohn kann das Gespräch durch Rückfragen entkrampfen. Auf den abschließenden Befehl des Vaters («Und jetzt marsch – ab ins Bad!») könnte er entgegnen:

SOHN: Warum versuchst du nicht, mich zu überzeugen?
VATER: Dir geht es gar nicht um die Zähne, sondern du willst einfach klüger sein als deine Mutter und ich.
SOHN: Weshalb darf ich nicht selbst entscheiden, wann ich mir die Zähne putze?

Jetzt hängt es von der Antwort des Vaters ab, ob zunächst die Beziehungsebene geklärt werden muß («Weil du offenbar nicht in der Lage bist, zu erkennen, was gut für dich ist») oder ob auf der Sachebene weitergestritten werden kann («Du hast wirklich Mundgeruch, mein Junge»).

Fragen werden manchmal mißbraucht, um den Streit zu manipulieren. Insbesondere dann, wenn durch eine Alternativfrage der Partner gedrängt wird, in einer bestimmten Richtung zu antworten. Würde der Vater also fragen «Widersprichst du mir aus Prinzip oder weil du mich ärgern willst?», fühlt sich der Sohn zu Recht unfair behandelt. Damit verschlechtert sich die Beziehung zwischen beiden nur noch. Besser ist es, in der Frage die Antwortrichtung offenzulassen und dem Partner die Möglichkeit zu geben, selbst zu entscheiden, wie er antworten will. Dafür eignen sich fast immer Formulierungen, die mit einem Fragewort anfangen, sogenannte W-Fragen (Wer? Was? Wann? Wo? Wie? Warum?). Die von mir vorgeschlagenen Varianten in den vorhergehenden Beispielen gehören zu diesem Fragetyp.

Jeder kann sich den Unterschied selbst klarmachen, indem er versucht, die gleiche Frage einmal in alternativer Form und einmal als W-Frage zu formulieren. Sie können Ihren heimkehrenden Partner beispielsweise fragen: «Hattest du eine gute Fahrt?» Darauf kann er nur mit «Ja» oder «Nein» antworten. Fragen Sie dagegen: «*Wie* war deine Fahrt?», hat der Befragte mehr Möglichkeiten zur Auswahl. Er kann Einzelheiten erzählen und Beobachtungen hervorheben, die er für besonders erwähnenswert hält. Deshalb sind Fragen eine gute Möglichkeit, Unklarheiten im Streit auszuräumen, vorausgesetzt, man läßt dem Partner die Freiheit, nach seinem Gutdünken zu antworten.

Feedback   Eine andere Möglichkeit, die Streitebenen zu klären, ist das Feedback, auch Ich-Botschaft (s. Kapitel 1, S. 20) genannt. Wenn ein Sachgespräch von Beziehungsproblemen belastet ist, erzeugt dies bei uns Gefühle der Unsicherheit, Enttäuschung oder Ärger. Der Begriff Feedback stammt aus der Systemtheorie: Wenn zwei oder mehrere Systeme in einem Regelkreis zusammengeschlossen sind, löst jede Veränderung einer Komponente eine Veränderung in den übrigen Komponenten aus. Diese abgeleiteten Veränderungen wirken wiederum auf die erste Komponente zurück. Störungen im System können dadurch ausgeglichen werden. In einem Streit besteht die Veränderung, die der Partner bei uns auslöst, in veränderten Gefühlen. Wenn es uns gelingt, unsere Empfindungen auf den Partner zurückwirken zu lassen, also ein Feedback zu geben, können wir die Störung auf der Beziehungsebene beheben und folglich zur sachlichen Ebebe des Streits zurückkehren.

Den meisten Menschen, insbesondere vielen Männern, fällt es schwer, über ihre Gefühle zu sprechen. Das Feedback verlangt keine großen Erklärungen über intime Empfindungen, sondern lediglich, den sachlichen Argumenten einen Bezug zur eigenen Gefühlswelt zu geben. Ich gebe wieder je ein Beispiel für den Vater und den Sohn. Der Vater hätte die von ihm empfundene Störung auf der Beziehungsebene durch folgende Gesprächsfortsetzung in Worte fassen können:

SOHN: Sei doch froh, daß ich sie mir überhaupt putze!
VATER: Es ärgert mich, daß du meine Ansicht in Bausch und Bogen verwirfst.

Wenn der Sohn achselzuckend das Gespräch beendet, schwelt wahrscheinlich seit längerem eine Krise zwischen beiden. Hier hilft nur eine ruhige Aussprache, zu der beide sich Zeit nehmen sollten. Anders liegt der Fall, wenn der Sohn sagt: «Ich wollte dich nicht ärgern. Aber ich finde, daß ich selbst entscheiden muß. Es sind schließlich meine Zähne.» Dann kann ein Gespräch über das Vater-Sohn-Verhältnis in Gang kommen, zum Beispiel indem der Vater den Sohn fragt, ob er sich bevormundet fühlt.

Auch der Sohn kann ein Feedback geben, etwa bei folgender Gesprächsfortsetzung:

VATER: Nicht in diesem Ton! Und nun marsch – ab ins Bad!
SOHN: Jetzt bin ich aber sauer. Ich habe ernsthaft versucht, dir meine Gründe zu nennen.

Jeder Vater, der seinen Sohn ernst nimmt, wird an dieser Stelle wahrscheinlich einzulenken versuchen. Die Regel beim Feedback lautet: Das eigene Gefühl in Ich-Form zum Ausdruck bringen. Dadurch erfährt der Partner, was er bei Ihnen ausgelöst hat, und kann im weiteren Gespräch darauf eingehen. Der Nachteil sowohl des Feedbacks als auch des Rückfragens besteht darin, daß beides indirekte Streitmethoden sind. Man kann damit zwar Mißverständnisse klären, aber man vermeidet, den Partner darüber zu informieren, daß man es für besser hält, die Streitebene zu wechseln. Der Sohn glaubt vielleicht, noch immer über Zahnputzgewohnheiten zu diskutieren, doch der Vater hat ihn längst unmerklich auf das Thema des gegenseitigen Umgangs miteinander gelenkt. Wer über seinen Ärger aber nicht nur reden, sondern ihn dem Partner tatsächlich zeigen will – einmal, um sich selbst von seinen negativen Gefühlen zu entlasten, zum anderen, damit der andere spürt, wie ernst es ihm ist –, wird deshalb eine weniger zahme Gesprächsfortsetzung suchen.

Schauen wir uns die spontane Weiterführung des Streits an:

VATER: Nicht in diesem Ton! Und nun marsch – ab ins Bad!

SOHN: Das ist wieder mal typisch! Mit dir kann man einfach nicht diskutieren.

VATER: Was soll denn das heißen? Wir haben doch diskutiert, oder?

SOHN: Aber sobald du nicht weiterkommst, heißt es: Marsch ab ins Bad.

VATER: Wenn du dich wie ein kleines Kind aufführst…

SOHN: Ach, leck mich doch…

Metakommunikation Der Streit ist in eine Sackgasse geraten. Beide werden sich nur noch anschreien und mit Beleidigungen überhäufen. Hier bleibt (außer dem Abbrechen des Gesprächs) nur eines übrig: Einer der Partner muß den fruchtlosen Austausch von Vorwürfen unterbrechen und vorschlagen, erst einmal darüber zu diskutieren, wie sie beide miteinander sinnvoll streiten können. Ehrlicher Ärger bildet dafür eine gute Ausgangsbasis, weil er klar herausstellt, daß es die Beziehung zum Partner ist, die einer Reparatur bedarf. Ein Streit über den Streit: Dieses Verfahren heißt Metakommunikation. Nicht mehr das ursprüngliche Thema steht zur Debatte, sondern die Diskussion selbst: Weshalb artet unser Streit in ein Anschreien aus? Was gefällt mir nicht am Stil meines Partners? Was gefällt ihm nicht an meinem Stil? Was hindert mich, unvoreingenommen zuzuhören? Was hindert uns, zu einer Einigung zu gelangen? Welche Ressentiments aus früheren Auseinandersetzungen belasten unser Gespräch?

Bei dieser Form des Streitens darf ausnahmsweise auch mal die Vergangenheit ans Licht geholt werden. Da kein aktuelles Problem im Vordergrund steht, sondern die Art und Weise des Streitens mit all seinen Facetten, ist der Rückblick sinnvoll, um die gegenwärtigen Rituale des Aufeinanderlosschlagens zu verstehen. Aber auch hier ist Vorsicht geboten. Man hüte sich vor allen rückwärtsgewandten Vorwürfen wie «Hättest du damals nicht…, dann könnten wir heute besser…» oder «Weil du damals…, kann ich heute nicht mehr vernünftig mit dir reden». Die Partner sollten vielmehr aus ihrer Sicht darstellen, wie es zu den gegenwärtigen Problemen gekommen ist – nicht mit dem Ziel, den anderen als Schuldigen zu überführen, sondern um veränderte Umgangsformen zu finden. Das Resultat jeder sinnvollen Metakommunikation besteht in einer positiven Entwicklung für die Zukunft, nicht in einem nachträglichen Verurteilen des Partners für Dinge, die ohnehin nicht mehr zu ändern sind. Ein Streit zwischen Partnern ist kein Strafprozeß, sondern eine Suche nach Selbstverwirklichung in der Gemeinsamkeit.

Wie hätten Vater und Sohn die Metakommunikation also eröffnen können? Der Vater könnte eine Zäsur setzen, zum Beispiel mit den Worten: «Ich merke, wir haben Schwierigkeiten, uns zu verständigen. Ich würde gern herausfinden, woran das liegt. Vielleicht sollten wir mal darüber streiten, warum wir uns so oft in den Haaren liegen. Was hältst du davon?»

Wichtig ist, daß die Aufforderung zur Metakommunikation als Vorschlag erfolgt. Der Partner muß frei, also ohne Druck, entscheiden können, ob er solch eine Diskussion möchte. Das gilt natürlich auch, wenn der Vorschlag vom Sohn kommt: «Ich versuche wirklich, dir in Ruhe meine Gründe zu nennen. Ich weiß nicht, warum mir das nicht gelingt. Können wir nicht mal darüber reden?» Außerdem sollten beide darauf achten, daß der Vorschlag zum Streit über den Streit nicht mit Vorbedingungen verknüpft wird. Wenn beispielsweise der Vater gleich zu Beginn klarstellt, wie seiner Meinung nach die Metakommunikation geführt werden muß, kann ein fairer Streit nicht zustande kommen. Etwa: «Ich finde, so darf man mit seinem Vater nicht umspringen. Ich bin über zwanzig Jahre älter als du und kann ein wenig Respekt verlangen.» So berechtigt diese moralisierende Auffassung aus der Sicht des Vaters sein mag, in der Metakommunikation ist sie ein Gesprächskiller. Denn wenn der Sohn sich bei jeder Äußerung überlegen soll, ob sie respektvoll genug ist, während der Vater ihm an den Kopf werfen darf, was er will – dann braucht der Junge gar nicht mehr anzutreten.

Partnerrechte beim Streit Ein fairer Streiter respektiert die Rechte des Partners. Wer einem anderen seinen eigenen Gesprächsstil aufzwingen will, darf sich nicht wundern, wenn der Mitstreiter zum Gegner wird und zu jenen unfairen Methoden greift, die ich im dritten Kapitel geschildert habe. Zerstörerische Streitmethoden könnten in diesem Fall ein Zeichen von Notwehr sein. Partnerrechte, ohne die kein fairer Streit denkbar ist, sind:
- die freie Entscheidung, wie er auf das Angebot, sich zu streiten, reagiert;
- das Recht, den Streit auf einen anderen Zeitpunkt und Ort zu verschieben;
- das Recht, sich Zeit zum Überlegen zu nehmen;
- das Recht, dem Streit auszuweichen;
- das Recht, den Streit auf einem anderen Gebiet als dem vorgeschlagenen auszufechten;
- das Recht, eigene Streitregeln vorzuschlagen;
- das Recht, selbst einen Streit anzufangen;
- das Recht, nachzugeben statt zu streiten.

Umgekehrt dürfen wir natürlich dieselben Rechte für uns in Anspruch nehmen. Grundsätzlich gilt:

Wenn ein Partner (oder beide) eines oder mehrere dieser Rechte umgehen will, besteht die (bewußte oder unbewußte) Absicht, den anderen zu manipulieren. Offener Streit verlangt die Gleichberechtigung der Beteiligten. Das gilt auch dann, wenn zwischen beiden ein soziales, psychisches oder biologisches Gefälle besteht, wie zwischen Eltern und Kindern oder zwischen Chef und Mitarbeiter. Die Unterschiede zwischen den Menschen können im Streit nicht aufgehoben werden (das wäre auch gar nicht wünschenswert, denn worüber sollte man dann noch streiten), sie dürfen aber von dem an Erfahrung oder sozialem Status Überlegenen nicht benutzt werden, um sich in der Diskussion vorteilhaftere Ausgangsbedingungen zu verschaffen.

Wenn sich ein Vater mit seinem Sohn streiten will, muß er dessen Argumente genauso ernsthaft anhören wie die eines Kollegen oder Vorgesetzten. Der Junge spürt sehr genau, ob er von seinem Vater als Gesprächspartner respektiert wird oder nicht. Auch wenn er aufgrund mangelnder Erfahrung manches Fehlurteil von sich geben wird. Aus der Sicht eines Kindes oder Jugendlichen ist sein Urteil aber nicht weniger konsequent als die Meinungen des Vaters zu den großen Weltproblemen, die dieser ja auch nur aus zweiter Hand kennt. Es darf nicht mit einem «Das verstehst du noch nicht» abgewertet werden, sondern verdient ein überlegtes Erwägen von Gründen und Gegengründen. Wer sich zu einer solchen Haltung gegenüber unterlegenen Partnern nicht durchringen kann, sollte mit ihnen nicht streiten, sondern lieber gleich zugeben, daß er vorhat, sich letztlich mit einem Befehl oder einer Anordnung durchzusetzen. Dann wissen beide, woran sie sind. Ein Streit ist demgegenüber ein zutiefst demokratisches Verfahren, Probleme zu regeln: er vereint das Prinzip der gleichen Rechte mit dem Wettbewerb um das bessere Argument.

Produktive Streiter streiten *mit* dem Partner, nicht gegen ihn. Sie hüten sich vor allem vor zu leichten Siegen. Gerade dort, wo ein beträchtliches Autoritätsgefälle vorliegt oder der eine Partner wesentlich aggressiver gestimmt ist als der andere, kann der unterlegene Partner schnell zum Nachgeben veranlaßt werden. Nachgeben bedeutet aber nicht automatisch, daß er überzeugt worden ist. Vielleicht hat der überlegene Partner Druck ausgeübt. Oder hat ihn mit einem Wortschwall erschlagen. Vielleicht war es für den bedrängten Partner einfach bequemer zu sagen: «Ja, du hast recht.» Und im stillen dachte er sich: «Und ich hab meine Ruhe.»

Solche Siege sind gefährlich. Im Geiste winkt der Verlierer ab und verzichtet in Zukunft darauf, aufrichtig zu antworten. Von nun an versucht er, sein Ziel auf andere, versteckte Weise zu erreichen. Der Sieger hat vielleicht dem Partner ein Versprechen abgerungen, das er nur widerwillig geben wollte. Dann darf er sich aber nicht wundern, daß der Verlierer, der nur dem Druck nachgegeben hat, sich alle nur denkbaren Wege einfallen lassen wird, um seine Zusage zu umgehen: Es werden unvorhergesehene Umstände eintreten, es wird etwas dazwischenkommen, er wird krank werden oder es einfach «vergessen». Nur auf den Partner ist Verlaß, der seine Zusage aus freien Stücken gegeben hat.

Die richtige Stimmung Ein fairer Streiter wird auch darauf Rücksicht nehmen, ob der Partner in guter (Streit-)«Laune» ist. Ein gewisses Maß an Selbstsicherheit gehört dazu. Am sichersten fühlen wir uns, wenn wir nicht von eiligen Terminen bedrängt werden und uns auf vertrautem Terrain bewegen. Der Partner, der den Streit auslöst, kann sich die günstigsten Bedingungen aussuchen. Wer den Eröffnungszug macht, befindet sich im Vorteil. Das gilt beim Schachspiel ebenso wie beim Schlagabtausch der Argumente. Wer diesen Vorteil ausnutzt, um den Partner in die Defensive zu drängen, spielt ein gewagtes Spiel. Zu der Aggressivität, die ohnehin in jeder Auseinandersetzung mitschwingt, tritt nun noch die Verärgerung über den unpassenden Zeitpunkt oder den falschen Ort hinzu. Ein überrumpelter Partner wird mit allen Mitteln versuchen, aus der Defensive wieder herauszukommen, und dabei zu den erstbesten Methoden greifen, die ihm in diesem Moment einfallen.

Wer einen unfairen Gegenschlag vermeiden will, sollte deshalb die Situation des Partners einschätzen, bevor er den Schlagabtausch mit ihm eröffnet. Ist er in Gedanken noch mit den Problemen seiner Arbeit beschäftigt? Mag sie es nicht, vor den Augen der Kinder zu streiten? Ist er besonders kampfeslustig, weil er heute von seinem Chef belobigt wurde? Oder ist er deprimiert, weil er keine Unterstützung für sein Lieblingsobjekt gefunden hat? Macht sie sich Sorgen um die Schulleistungen ihres Ältesten, der gerade eine Mathearbeit verhauen hat, und hat sie deshalb heute keinen Nerv für den Ehekrieg? Oder hat sie vielleicht Ärger mit ihrem Direktor und würde bei einer anschließenden Auseinandersetzung zu Haus Parallelen zu dem autoritären Gehabe ihres Chefs ziehen?

Wenn wir nicht wissen, ob der Partner in der Stimmung ist für einen Kampf, müssen wir nachfragen: «Hör mal, dein Verhalten... gefällt mir nicht. Können wir mal darüber reden?» Wenn der Partner entgegnet: «Muß das jetzt sein?», sollten wir den

Wunsch nach Aufschub respektieren. Es ist nicht nötig, eine Aussprache dadurch zuzuspitzen, daß ein Partner unter Feuer gerät, wenn er erschöpft und deshalb zusätzlich gereizt ist. Vielleicht ist er in Gedanken gerade bei einer wichtigen Arbeit. Unter Zeitdruck kann ein ansonsten vernünftiger Streit sogar die Situation verschärfen, etwa wenn die Partner ins Theater wollen, wie im Beispiel am Anfang des dritten Kapitels, und schon spät dran sind. Man stelle sich vor, die beiden verpaßten aufgrund ihrer Auseinandersetzung den ersten Akt! Dann besteht die Gefahr, daß jeder die Schuld daran der Streitsucht des Partners zumißt. Nie wieder könnte einer der beiden eine Meinungsverschiedenheit zur Sprache bringen, ohne daß der andere entgegnen würde: «Erinnerst du dich, daß wir damals wegen deiner Streitsucht den halben ‹Freischütz› verpaßt haben?»

Nur wenn wir feststellen, daß jemand ständig um Aufschub bittet, weil er den Streit fürchtet, haben wir das Recht, unduldsam zu werden. Dann ist die Zeit gekommen, mit Hilfe von Metakommunikation zu klären, aus welchem Grund er sich vor der Auseinandersetzung drückt, ob wir eventuell durch unser Verhalten Anlaß dazu gegeben haben. Wir erinnern uns: Störungen haben Vorrang. Erst danach kehren wir zum ursprünglichen Streitthema zurück.

Der Heimvorteil   Neben der richtigen Gelegenheit spielt das Terrain eine Rolle. Die Menschen lieben es, auf vertrautem Gelände zu streiten – eine Eigenheit, die sie mit vielen Tieren gemeinsam haben. Die Verhaltensbiologen haben festgestellt, daß Spinnen, Fische, Vögel und Säugetiere um so besser kämpfen, je näher sie dem eigenen Territorium sind. Ein männlicher Stichling kämpft erbittert, wenn sich ein anderes Männchen seiner Art seinem Nest nähert, aber er flieht, wenn der Angriff in einiger Entfernung erfolgt. Beim Menschen ist es ähnlich. Ein Verwaltungsbeamter fühlt sich am sichersten hinter seinem Schreibtisch. Viele Frauen treten auch heute noch am mutigsten ihrem Ehemann in der Küche entgegen. Der Mann fühlt sich dagegen in seinem Auto am sichersten, ein Gefühl, von dem ihn, wie wir leider wissen, auch die alarmierendste Unfallstatistik nicht heilen kann. Auch die Bereitschaft, unbekannte Mitbürger «Trottel!», «Schlaf-mütze!» oder «Vollidiot!» zu schimpfen, ist vom eigenen Auto aus größer als im ungeschützten Dasein als Fußgänger.

Wer fair streiten will, kann als Beschwerdeführender seinen Eröffnungsvorteil dadurch ausgleichen, daß er dem Partner bei der Wahl des Territoriums entgegenkommt. Natürlich sollte die Ehefrau nicht dann im Auto Streit anfangen, wenn der Mann sich auf eine unübersichtliche Verkehrslage konzentrieren muß. Aber wenn die Gelegenheit stimmt, kann der Ort viel zu einer partnerschaftlichen Atmosphäre beitragen.

Beim Menschen ist das vertraute Terrain nicht nur der Ort in Verbindung mit einem passenden Zeitpunkt – jeder von uns verfügt auch über bestimmte Themen, in denen er sich mehr zu Hause fühlt als andere. Sport, Politik, Kuchenrezepte, Autotypen, Kindererziehung, Computerprogramme, Reisen, Pünktlichkeit, Ordnungsliebe, Spontaneität – jedes dieser Gebiete hat seine Verfechter und seine Gegner. Wer besonders gern über Autos oder Reisepläne spricht, ist nicht nur engagierter auf diesem Gebiet als sein weniger beschlagener Partner (zum Beispiel, wenn es um die Urlaubsplanung geht), sondern er bringt auch eine Fülle von Detailkenntnissen mit, gegen die sich schwer andiskutieren läßt. Wenn Sie merken, daß Ihr Partner einen Heimvorteil gegen Sie ausspielt – gehen Sie zur Metakommunikation über! Bestehen Sie auf Ihren Interessen, und bitten Sie ihn, Sie nicht mit Fakten zu erschlagen, wenn es um unterschiedliche Zielvorstellungen geht.

Nicht nur eine zu große Verschiedenheit der Interessengebiete gefährdet die Partnerschaft, sondern auch eine exakte Übereinstimmung. Jeder weiß, wie merkwürdig es auf einen Außenstehenden wirkt, wenn zwei Fußballfans sich wegen der Frage in die Haare kriegen, ob der FC Bayern München oder Werder Bremen die bessere Mannschaft ist. Gemeinsame Themen schaffen zusätzliches Konfliktpotential. Da jeder bei seinen Lieblingsthemen gern als Experte gelten möchte, entwertet ein zweiter Experte durch seine bloße Anwesenheit die Leistungen des ersten. Eheberater empfehlen, daß zukünftige Eheleute einen ähnlichen Beruf haben mögen – aber nicht genau den gleichen, damit die Übereinstimmung der Tätigkeiten nicht in Rivalität umschlägt.

Manche Menschen schaffen sich dadurch vertrautes Terrain, daß sie einen Dritten als Schiedsrichter hinzuziehen. Wir brauchen nicht über den Fall zu sprechen, wo der Schiedsrichter in Wahrheit nur ein geheimer Verbündeter des einen Partners gegen den anderen ist. Das führt nur zu einer Verschärfung, weil der überrumpelte Partner sich nun gegen zwei Streiter wehren muß und außerdem wütend ist über die Hinterlist seiner Gegner. In anderen Fällen ist der Rückgriff auf einen Schiedsrichter durchaus sinnvoll, wenn die Partner allein zu keiner Klärung kommen. Leider haben es Außenstehende heutzutage schwer, sich wirklich in die Schwierigkeiten anderer Leute hineinzuversetzen. Es ist längst üblich geworden, nach außen nur noch seine Sonnenseite zu zeigen und sich mit seinen Problemen in die eigenen vier Wände zurückzuziehen. Der Schiedsrichter muß sich deshalb meist auf die Schilderungen der Partner verlassen.

Zum Glück besteht seine Funktion weniger darin, die richtige Lösung für die Konfliktparteien zu finden, als vielmehr durch seine bloße Anwesenheit das Streitklima zu verändern. Zum einen haben die Partner Hemmungen, vor Außenstehenden auf gemeine Methoden zurückzugreifen. Sobald ein Dritter anwesend ist, selbst wenn es sich um einen guten Freund handelt, fällt es schwerer, Prinzipien der Gleichbehandlung zu verletzen. Zum anderen passiert es nicht selten, daß sich die zerstrittenen Partner gegen den Schiedsrichter zusammenschließen, sobald er eine Empfehlung ausspricht, die beide (wenn auch aus verschiedenen Gründen) für völlig abwegig halten. Das Gefühl, endlich mal wieder Verbündete zu sein, kann der erste Schritt zu einer konstruktiven Aussprache sein. Zum dritten kann der Schiedsrichter eine Aussprache auslösen, indem er Fragen stellt. Da er sich von den Partnern ihr Problem erläutern lassen muß, sind beide gezwungen, ihre gegenseitigen Vorbehalte auf den Punkt zu bringen. Vieles, was bisher nur unausgesprochen im Raum schwebte und in dem gegenseitigen Austausch von Beleidigungen unterging, wird auf einmal erklärlich. Die Erfolge erfahrener Ehe- und Familienberater sind nicht zuletzt darauf zurückzuführen, daß sie nicht parteiisch in Auseinandersetzungen eingreifen, sondern sich auf die Schiedsrichterfunktion im hier genannten Sinne beschränken, um den Partnern ihre tatsächlichen Quellen von Unzufriedenheit und Vorbehalten sichtbar zu machen.

Eine letzte, wenn auch problematische Möglichkeit, sich vertrautes Terrain zu schaffen, darf nicht unerwähnt bleiben: der Griff zur Flasche. Alkohol enthemmt. Mit Promille im Blut fällt es leichter, dem anderen gründlich die Meinung zu sagen, nach der Devise «In vino veritas». Ob wirklich dabei die Wahrheit herauskommt, ist mehr als fraglich. Hemmungen haben den Vorzug, daß sie uns helfen, zwischen unseren tatsächlichen Auffassungen und Übertreibungen, die durch momentanen Ärger verursacht sind, zu unterscheiden.

Vor einigen Monaten war ich bei einem Paar zu Besuch, bei dem Gewitterstimmung herrschte. Als ich nachfragte, stellte sich heraus, daß er ihr vor zwei Tagen bei einer Geburtstagsfeier am späten Abend einige Grobheiten an den Kopf geworfen hatte. Er konnte sich aber gar nicht mehr genau erinnern; er hatte am nächsten Morgen einen schweren Kopf und einen «Filmriß». Allerdings schwelte zwischen beiden schon seit längerem ein Konflikt. Seit der Geburtstagsfeier waren die Vorbehalte ausgesprochen – allerdings in einer Form, durch die es beiden nicht gelang, von sich aus zu einer konstruktiven Aussprache zu gelangen.

Wer sich Mut antrinkt, geht auch deshalb ein Risiko ein, weil man nie genau wissen kann, wieweit die Enthemmung reicht. Da Streitgespräche ohnehin die Tendenz haben zu eskalieren, besteht die Gefahr, daß die Partner zu tätlichen Angriffen übergehen. Wenn eine Menge Konfliktstoff unter der Oberfläche liegt, ist die Gefahr besonders groß. Eine nicht unbeträchtliche Zahl von Gewaltakten wird unter Alkoholeinfluß begangen. Irgendeine Kleinigkeit führt zum Streit, und wenige Augenblicke später hat einer ein Messer in der Hand, hat aber nicht mehr unter Kontrolle, wie gefährlich solche Drohgebärden sind. Beinahe jeden Tag berichten die Tageszeitungen über solche spektakulären «Unfälle».

Die Tricks der Meinungsmacher Streit findet im Zustand emotionaler Erregung statt. Es verlangt ein gewisses Maß an Selbstdisziplin, trotz berechtigter Verärgerung dem Partner im Streit die gleichen Rechte zuzugestehen, die man für sich selbst in Anspruch nimmt. Dennoch, wer eine Lösung erreichen will, braucht dazu die Bereitschaft des anderen. Manipulationsstrategen haben sich diese Erkenntnis zunutze gemacht, indem sie die Rücksicht auf den Partner auf die Spitze getrieben und zu einem Prinzip ausgebaut haben. Sie empfehlen, in der Kommunikation allein von den Interessen des Partners auszugehen und über die eigenen Wünsche zu schweigen. Den Prototyp dieses Kommunikationsstils finden wir in der Werbung. Jeder Zwanzigsekundenspot erzählt allein von den vermeintlichen Vorteilen, die der Kauf eines bestimmten Produktes für den Kunden bietet. Eine Versicherung verkauft uns Sicherheit für die Familie. Eine Kaffeefirma bietet uns Zufriedenheit der Verwandtschaft mit unserer Familienfeier an. Ein Kosmetikunternehmen verspricht die Bewunderung des anderen Geschlechts. Die tatsächliche Absicht der Firmen, Gewinne zu erzielen und Konkurrenten aus dem Feld zu schlagen, wird verschwiegen.

Diese Taktik setzt sich im Alltag fort. Immobilienvertreter lernen, in Geschäftsbriefen und Verkaufsgesprächen die Worte «wir», «unser» und «ich» zu vermeiden und in ihren Sätzen ausschließlich die Worte «Sie» und «Ihre» zu verwenden. Schon von der Wortwahl her soll der Verkäufer gezwungen werden, nur von den Vorteilen des Kunden zu reden und die eigenen Gewinnabsichten zu verschweigen. Der potentielle Kunde mag noch so unangenehm sein; Hauptsache, er unterschreibt den Vertrag. Dafür nimmt man in Zeiten scharfen Wettbewerbs jede Erniedrigung in Kauf. Die Chinesen haben dafür ein altes Sprichwort: «Wer nicht lächeln kann, sollte keinen Laden aufmachen.» Die Freude über den gelungenen Abschluß, über den Coup, der etliche hundert Mark Provision erbringt, entschädigt für die stundenlange Selbstverleugnung. Außerdem hat man ein gutes Werk vollbracht: Der Kunde durfte sich für kurze Zeit als König fühlen. Was tut es, daß er dieses Gefühl teuer bezahlen muß!

Etliche Autoren von Ratgeberliteratur empfehlen dieses Verhalten auch für den privaten Alltag. Versöhnen statt streiten, Komplimente statt Kritik, lauten ihre Ratschläge. Nun gibt es Menschen, die von ihrem Charakter her zu ruhigen und versöhnlichen Umgangsformen neigen. Ihnen mag es leicht fallen, auch im Privatleben dauerhaft den Empfehlungen dieser Autoren zu folgen. Die meisten Menschen nehmen aber das Recht für sich in Anspruch, sich aufzuregen, wenn ihnen jemand Steine in den Weg legt. Wer ihnen einreden will, daß Ärger nicht erlaubt ist, daß es unklug ist, aufkommende Wut zu zeigen, erweist ihnen keinen guten Dienst.

Jeder Wutanfall erscheint dann wie ein persönliches Versagen. Die Folge sind Selbstvorwürfe und innere Konflikte. Partner, die nicht so viele Skrupel haben, können leicht die Selbstzweifel des anderen ausnutzen, um ihn unter moralischen Druck zu setzen. Außerdem ermuntert die Empfehlung, negative Gefühle zu verschweigen, zur Unaufrichtigkeit. Managertrainer behaupten meist, sie würden lediglich zu einer gewissen Auswahl an Informationen ermuntern, nach dem Motto «Sage die Wahrheit, aber sage nicht jede Wahrheit». Es ist aber lediglich eine Verfeinerung der Manipulation, wenn die Unehrlichkeit nicht direkt im Gesagten, sondern indirekt in der Auswahl dessen liegt, was ausgesprochen und was verschwiegen wird. Denn im Klartext heißt das, alle Vorteile herauszustreichen und jeder Frage nach den Nachteilen und Gefahren auszuweichen.

In der intimen Kommunikation ist es schlicht und einfach eine Überforderung, daß die Partner sich lebenslang eine versöhnliche Fassade zeigen sollen. Irgendwo muß jeder er selbst sein dürfen und zwar nicht nur, wenn er völlig mit sich allein ist. Wollen wir warten, bis die Heuchelei die einzig mögliche Umgangsform in der Öffentlichkeit geworden ist? Gemeinschaftlichkeit entsteht dadurch, daß Beziehungen sich auch in Stunden bewähren, da die Partner uneins sind. In oberflächlicher Konservation ein freundliches Gesicht zu zeigen ist leicht. Nicht umsonst sagt ein Sprichwort, daß sich wahre Freundschaft erst in der Not erweist.

Streit um Trivialitäten Aus diesem Grund wird kein Verhaltenstrainer und kein moralischer Appell das Bedürfnis nach produktivem Streit aus der Welt schaffen können. Jeder Partner hat seine Interessen, seine Meinungen und seinen Wunsch nach Selbstbehauptung. Der Wunsch, die Stärke der eigenen Persönlichkeit am anderen auszuprobieren, kann unter Umständen bereits genügen, um eine Auseinandersetzung auszulösen. Jeder hat schon einmal erlebt, daß ein Partner einen Streit vom Zaune brach um nichts – einzig aus dem Bedürfnis heraus, sich zu streiten. «Du bist aber heute aggressiv», sagen wir dann und meinen damit, daß der Anlaß den Kampf nicht wert war. Tatsächlich werden viele Auseinandersetzungen um Trivialitäten geführt: wo die Socken hingekommen sind, wer an der Reihe ist, den Hund auszuführen, wo man den Kellerschlüssel hinhängt, warum der Partner eine bestimmte Besorgung vergessen hat, warum er Aprikosen- statt Himbeermarmelade gekauft hat und so weiter. Bei Befragungen stellt sich heraus, daß sich die Streithähne hinterher oftmals nicht mehr erinnern können, welcher Anlaß ihren Schlagabtausch eingeleitet hat.

Interessanterweise kommt der Streit um Trivialitäten nur unter nahen Bekannten und Intimpartnern vor. Mit entfernteren Kollegen oder Fremden streitet man sich fast nur um wesentliche Angelegenheiten. Dafür gibt es eine Reihe von Ursachen. Beim vertrauten Partner läßt man sich eher gehen und streitet sich deshalb auch mal, weil man lediglich das Bedürfnis hat zu widersprechen. Ein weiterer Grund liegt in aufgeschobenen Konflikten, die sich an Kleinigkeiten entladen können. Dann ist die Trivialität ein Anzeichen für ein ernsthaftes Streitthema, an das sich die Partner bisher nicht herangewagt haben. Manchmal ist es jedoch müßig, nach einer Erklärung für den Streit zu suchen. Die Kabbelei um Trivialitäten kann eine Form sein, wie die Partner ihre Beziehung aufrechterhalten. Sie vermeiden auf diese Weise Langeweile und teilen dem anderen indirekt mit: «Unsere Beziehung ist mir so wichtig, daß ich über diese Sache nicht stillschweigend hinwegsehen möchte. Für andere mag sie nebensächlich sein, für mich nicht.»

Solange das Bedürfnis, um Kleinigkeiten zu streiten, freundschaftlich und im gegenseitigen Einverständnis ausgelebt wird, taugt es als Kommunikationsanlaß genausoviel wie triviale Gespräche über das Wetter oder die Antwort auf die Frage: «Wie war dein Tag heute?» Eine Belastung für die Beziehung ergibt sich erst, wenn das Streitbedürfnis des einen Partners wesentlich größer als das des anderen ist. Dann müssen durch Metakommunikation Umgangsregeln festgelegt werden, die beide akzeptieren können. Eine Hilfe dafür kann der Rückgriff auf Strategien und Methoden darstellen, die eine produktive Auseinandersetzung befördern, weil sie beiden Partnern die gleiche Chance geben, zu einer Einigung zu gelangen, die ihre jeweiligen Interessen berücksichtigt. Welche das sind, davon soll in den folgenden beiden Kapiteln die Rede sein.

6

Angriff, Flucht, Verteidigung

Manchmal bleibt einem nur die Wahl
zwischen Aggressivität oder Resignation.
Maxie Wander (1933–1977)

Wenn ich im folgenden auf die Regeln produktiver Auseinandersetzungen zu sprechen komme, möchte ich zwei Ebenen unterscheiden:
– die allgemeinen Strategien und
– die speziellen Methoden.

In einer Konfliktsituation läuft in unserem Kopf eine Vielzahl
von Entscheidungsprozessen gleichzeitig ab, die insbesondere
zwei Fragen betreffen: Wie verhalte ich mich generell? Lasse ich
es auf einen Streit ankommen, warte ich, bis ich selbst angegriffen
werde, und passe mich mit meiner Reaktion dem Verhalten des
Angreifers an – oder weiche ich aus? Je nachdem, wozu ich mich
entschließe, wähle ich den Angriff, die Verteidigung oder die
Flucht als Strategie. Wovon diese Wahl abhängt, das soll Gegenstand dieses Kapitels sein.

Aber neben der Strategie muß ich mich auch entscheiden, wie
ich im einzelnen vorgehe. Platze ich mit meiner Wut heraus, oder
stelle ich zunächst ein paar taktische Überlegungen an? In welcher
Weise greife ich an, verteidige mich oder ziehe ich mich zurück?
Wie stelle ich mich auf meinen Partner ein? Welche Ziele verfolge
ich, und welche Methoden sind am besten geeignet, um es zu erreichen? Welches Verhalten ist fair, welches unfair? Solche Überlegungen, die in Sekundenschnelle ablaufen, ohne uns immer im
einzelnen bewußt zu werden, werde ich im nächstfolgenden Kapitel ansprechen.

Agonistisches Verhalten Angriff, Flucht und Verteidigung
sind keineswegs nur dem Menschen eigen. Alle Lebewesen, die
über einen leistungsfähigen Bewegungsapparat verfügen, sind in

der Lage, bei Gefahr zwischen diesen drei Strategien zu wählen. Die Biologen haben festgestellt, daß sie nicht nur tief in unserem genetischen Erbe verankert sind, sondern auch eng zusammenhängen. Deshalb haben sie für den gesamten Verhaltensbereich den Oberbegriff *agonistisches Verhalten* geprägt.[17] Er leitet sich von dem griechischen Wort ἀγωνία (agonía) ab, das soviel wie Wettkampf bedeutet, aber auch die Angst vor dem Kampf, die dabei empfundene Aufregung und Beklemmung. Nach heutigem Wortgebrauch verstehen wir darunter die Gesamtheit von Verhaltensweisen, mit denen ein Lebewesen auf Gefahren, insbesondere in Konfliktsituationen, reagiert. Die Bandbreite möglicher Handlungen reicht von Attacken und Drohgebärden über Gegenwehr und Nachgeben bis zu Verstecken und eiligem Entweichen.

Die Einzigartigkeit des Menschen besteht nicht so sehr darin, daß er einige neue Varianten erfand, nach denen er im Konflikt handelt, sondern daß er diese körperlichen Verhaltensweisen auf die intellektuelle Ebene übertragen hat. Schimpfworte, Beleidigungen und Drohungen üben eine ähnliche Wirkung aus wie geballte Fäuste und Schläge. Schweigen verweigert die Auseinandersetzung genauso eindeutig wie Rückenzuwenden und Davonlaufen. Auch der schnelle Wechsel von der Attacke zum In-Deckung-Gehen, wenn es die Situation erfordert, blieb auf der sprachlichen Ebene erhalten.

Die vier Temperamente Jeder Mensch hat seinen eigenen Stil, der darüber entscheidet, welche Strategie er im Streit bevorzugt. Das wußten bereits die griechischen Ärzte Hippokrates (460 bis 377 v. Chr.) und Galen (129–199), die vier Charaktertypen unterschieden, die sogenannten Temperamente: den ausgeglichenen, ruhigen Phlegmatiker, den langsamen, schwermütigen Melancholiker, den gutgelaunten, lebhaften Sanguiniker und den unausgeglichenen, heftig reagierenden Choleriker. Diese Unterscheidung ist von Psychologen dieses Jahrhunderts[18] und der modernen Medizin, die den Einfluß von Hormonen auf die Gemütslage entdeckte, bestätigt worden.

Danach neigt besonders der Choleriker zum Angriff. Im Konfliktfall bricht er einen Streit vom Zaun, er will seinen Ärger aussprechen und versucht, sich offensiv durchzusetzen. Dabei nimmt er auch eine Eskalation der Auseinandersetzung in Kauf und bleibt nicht immer fair. Menschen, die wir als streitsüchtig bezeichnen, gehören in der Regel zu diesem Typus.

Der lebensfrohe Sanguiniker ist viel weniger aggressiv. Als aktiver und fröhlicher Typ wird er den Fehdehandschuh aufnehmen, wenn jemand die Auseinandersetzung sucht, aber ohne sich emotional allzusehr zu engagieren. Wenn der Streit jedoch eskaliert, wechselt er lieber die Strategie und versucht, sich dem Konflikt durch einen Scherz oder Nachgeben zu entziehen.

Der empfindsame Melancholiker bevorzugt die Strategie der Verteidigung. Er wird versuchen, solange er es ertragen kann, Konflikten durch Nachgiebigkeit auszuweichen. Wenn der Angreifer jedoch eine empfindliche Stelle des Melancholikers trifft (er hat mehr wunde Punkte als jedes andere Temperament), wird er sich verteidigen. Der Melancholiker ist seelisch sehr verletzlich; er neigt dazu, seine negativen Gefühle in sich hineinzufressen, und benötigt deshalb mehr Ermutigung als jeder andere, sich im Streit von ihnen zu befreien.

Der Phlegmatiker, den nichts so schnell aus der Ruhe bringen kann, bevorzugt die Strategie der Flucht. Meist entzieht er sich dem Streiter dadurch, daß er alle Provokationen ignoriert. Wenn das nicht möglich ist, weil er direkt aufgefordert wird, seine Meinung zu verteidigen, nimmt er eine versöhnliche Haltung ein. Wenn sein Partner ein Choleriker ist, kann das erst recht dessen Wut reizen.

Ich denke, wir haben ein bißchen von jedem Temperament in uns. Reine Choleriker, Sanguiniker, Melancholiker und Phlegmatiker sind selten. Es mag sein, daß wir eine bestimmte Strategie bei Auseinandersetzungen bevorzugen. Aber auch die anderen Varianten sind uns nicht fremd. Wenn wir prinzipiell bereit sind, sowohl einen Streit anzufangen, uns im Streit zu wehren, als auch, ihm notfalls auszuweichen, dann hängt die Entscheidung, wie wir uns verhalten, von der Situation ab, in der wir uns gerade befinden. Die Situation – das bedeutet in diesem Fall die körperliche und seelische *Distanz* zu unserem Gegenüber.

Fünf Arten von Distanzen   Jeder, der ab und zu einen Action-film sieht, kennt folgende Szene: Das Opfer flüchtet vor seinem gefährlichen Gegner durch ein unübersichtliches Gelände. Der Verfolger kommt immer näher. Schon hört das Opfer seine Schritte. In einer letzten Anstrengung läuft es um eine Ecke – und steht plötzlich in einer Sackgasse. Eine hohe Wand versperrt den Ausweg, es gibt kein Entkommen. Das Opfer wendet sich um und starrt mit schreckgeweiteten Augen seinem Verfolger entgegen, der mit einer schweren Eisenstange um die Ecke biegt. Schon ist er auf zwei, drei Meter heran und holt zum letzten Schlag aus, da geht ein Ruck durch den Körper des Verfolgten, und mit dem Mut der Verzweiflung stürzt er sich auf seinen überlegenen Gegner. Dabei mobilisiert er ungeahnte Kraftreserven, stößt ihn mit einem heftigen Tritt gegen die Wand und entreißt ihm die Eisenstange.

Wenn bei großer Gefahr die Flucht unmöglich wird, gehen Menschen und Tiere zum Gegenangriff über – egal, wie stark der Gegner ist. Der Punkt, an dem das Verhalten umschlägt, ist erreicht, wenn der Feind eine bestimmte Entfernung unterschritten hat. Das bedeutet, der Verfolgte bleibt so lange passiv, wie der Verfolger noch nicht unmittelbar gefährlich werden kann. Der Umschwung geschieht ganz plötzlich, und zwar in einem Abstand, bei dem das Opfer in die Gefahrenzone seines Feindes gerät. Diesen Abstand nennen die Wissenschaftler *kritische Distanz*. Sie kann bei manchen Tierarten auf den Zentimeter genau ermittelt werden. Ein Zirkusdompteur muß die kritische Distanz seiner Raubkatzen exakt kennen. Er mag mit seinen Tieren noch so vertraut sein; wenn er einmal diesen Abstand nicht einhält, wird jene Vorstellung seine letzte sein.

Wenn Menschen sich streiten, also nicht mit Fäusten, sondern mit Worten kämpfen, haben wir es meist mit *geistigen Distanzen* zu tun, das heißt mit der Frage, wie nah oder wie distanziert sich ein Individuum im Verhältnis zum anderen fühlt. Es war eine der überraschendsten Entdeckungen der Psychologie in den sechziger Jahren, daß sich der Grad der geistigen Nähe an der sichtbaren körperlichen Nähe (beziehungsweise Distanziertheit) ablesen läßt. Wer sich von einem Thema stark betroffen, erschüttert oder gar verletzt fühlt, zieht sich nicht nur innerlich, sondern auch äußerlich sichtbar von seinem Gesprächspartner zurück.

Wenn Menschen miteinander reden, halten sie zueinander typische Abstände ein. Unmittelbarer Körperkontakt ist selten. Der Amerikaner Edward T. Hall, der 1966 als erster die Psychologie der körperlichen Distanzen beschrieb, sprach von einer «versteckten Dimension» menschlichen Verhaltens, weil sich nur wenige Menschen der Wirkung der Abstände bewußt sind, die sie zu ihren Partnern einhalten. Wenn es uns gelingt, das Distanzverhalten unserer Mitmenschen richtig einzuschätzen, können wir recht gut die Streitstrategie voraussagen, die sie wählen werden. Achten wir zusätzlich darauf, bei welcher Distanz zum anderen wir uns selbst am wohlsten fühlen, können wir leichter entscheiden, welche Strategie für uns die günstigste ist.

Zwei Fragen sind zu beantworten. Welche Arten von Distanzen gibt es? Und bei welchen Entfernungen zwischen zwei Personen werden sie wirksam? Wir können fünf Arten von Distanzen unterscheiden:

1. Die *Fluchtdistanz*. Das ist die Entfernung, in welcher ein Individuum sich bei Annäherung eines Fremden zur Flucht entschließt oder durch kulturell geprägte Verhaltensrituale sich seiner freundlichen Absichten versichert. Die Fluchtdistanz reicht von zehn Zentimetern bei Stubenfliegen bis zu fünfhundert Metern bei Gazellen. Bei gezähmten Tieren vermindert sich die Fluchtdistanz. Zebras flüchten in freier Wildbahn, wenn sich ein potentieller Feind auf dreißig Meter annähert. Durch Gewöhnung läßt sich diese Entfernung bis auf acht Meter verringern. Beim Menschen ist diese Distanz fast verschwunden, vor allem in der Großstadt. Es gibt jedoch zwei Verhaltensweisen, an der ihre Wirksamkeit noch zu erkennen ist. Wenn ein Fremder uns auf der Straße entgegenkommt, wenden wir bei einer Entfernung zwischen zwei und dreieinhalb Metern den Blick ab. Wenn wir ihn weiterhin im Blick behalten, wertet der andere dies entweder als Gruß, als Zeichen von Interesse oder als unhöfliches Anstarren – je nachdem, ob wir dabei ein Lächeln oder Kopfnicken zeigen oder ihn nur unver-

wandt anschauen. Treffen wir dagegen einen Bekannten, grüßen wir ihn bei diesem Abstand.

2. Die *kritische* oder *Angriffsdistanz*. Das ist, wie schon gesagt, die Entfernung, bei der Flucht unmöglich wird. Das Individuum geht zum Angriff über. Als Reaktion auf körperliche Gefahr tritt sie beim Menschen nur noch selten auf und hängt dann davon ab, ob der Gegner bewaffnet ist und welche Reichweite die Waffe hat. Bei unbewaffnetem Angriff entspricht sie etwa der Armlänge. Beim Kampf mit Worten ist sie sehr variabel, je nachdem wie nahe sich die Partner stehen.

3. Die *interpersonelle Distanz* ist der durchschnittliche Abstand zwischen zwei Individuen derselben Art außerhalb bedrohlicher Situationen. In der Biologie unterscheidet man zwischen Kontakttieren, die bis zur Berührung zusammenrücken (zum Beispiel Wanderheuschrecken, Zaunkönige oder Goldhähnchen), und Distanztieren, die einen arttypischen Abstand zueinander einhalten. Fische, die in Schwärmen schwimmen (Sardinen, Korallenfische), halten sogar dann noch konstante Abstände ein, wenn der ganze Schwarm eine plötzliche Richtungsänderung vornimmt. Auch Menschen halten Abstand zueinander. Wieweit sie zueinander auf Distanz bleiben, hängt von verschiedenen Faktoren ab, auf die ich weiter unten zurückkomme.

4. Die *Territorialdistanz* entspricht der Größe des Territoriums und kann beim Menschen mehreren Personen (zum Beispiel einer Familie oder einer Arbeitsgruppe) gemeinsam sein. In diesem Bereich sind wir es, die die Streitregeln bestimmen. Vorgesetzte, die ihre Mitarbeiter in ihre Büros rufen lassen, oder Geschäftsleute, die ihre Kunden zu sich bestellen, gewinnen dadurch einen Vorteil. Wichtige Kunden können es sich leisten, Termine in ihren eigenen Räumen zu vereinbaren, um den Heimvorteil für sich auszunutzen. Bei diplomatischen Verhandlungen spielt die Festlegung des Tagungsortes eine wichtige Rolle. Verfeindete Parteien suchen entweder einen entfernten neutralen Ort auf (zum Beispiel tagen die Bürgerkriegsparteien des früheren Jugoslawien in Genf), oder sie treffen sich an der Grenze ihrer

Territorien beziehungsweise abwechselnd in ihren Hauptstädten (wie Süd- und Nordkorea).

Ob ein Partner unsere Territorialdistanz respektiert oder nicht, kann ein wichtiges Anzeichen dafür sein, ob eine ernste Auseinandersetzung bevorsteht. Wenn sich beispielsweise ein Verkehrspolizist einem Auto nähert, wird er zu dem Fahrer durch die heruntergelassene Scheibe an der Fahrerseite sprechen, wenn er ihm nur einen allgemeinen Hinweis geben will. Hat er dagegen vor, ihn als Verkehrssünder zur Rechenschaft zu ziehen, läßt er ihn zunächst aussteigen, bevor er den Streit eröffnet (in der Regel damit, daß er sich die Papiere geben läßt). Durch das Aussteigen hat der Fahrer seinen eigenen Bereich (sein Auto) aufgegeben und ist in die Territorialdistanz des Polizisten getreten, der sich dadurch eine psychologisch stärkere Position verschafft.

5. Die *Gruppendistanz* ist überschritten, wenn das Individuum den Kontakt mit seiner Gruppe verliert. Antilopen, Schafe und Schimpansen reagieren mit ängstlichen Rufen, wenn sie die Verbindung zu ihrer Herde oder ihrem Familienverband verlieren. Abgesprengte Einzeltiere fangen sofort fieberhaft zu suchen an, um ihre Gruppe wiederzufinden. Beim Menschen kann diese Distanz sehr unterschiedlich ausgeprägt sein. Kleine Kinder haben eine geringe Gruppendistanz. Sie werden schon ängstlich, wenn die Mutter den Raum verläßt oder vorübergehend außer Sichtweite gerät. In Kindheit und Jugendalter erweitert sich die Gruppendistanz erheblich. Für starke Individualisten spielt sie im Erwachsenenalter kaum noch eine Rolle. Bei anderen hängt sie davon ab, mit welcher Gruppe sie sich besonders identifizieren: mit der Familie, einem Verein, einem Unternehmen, einer Subkultur oder mit der Nation, zu der sie gehören. Die jüngsten Erfahrungen mit der Integration von Ausländern und mit ausländerfeindlichem Verhalten zeigen, daß es sehr schnell zu dramatischen Auseinandersetzungen kommt, wenn Menschen aufeinandertreffen, die sich mit verschiedenen Gruppen identifizieren und deshalb verschiedene Gruppendistanzen haben.

Vier Distanzbereiche In welcher Entfernung, ausgedrückt in Zentimetern und Metern, werden diese fünf Arten von Distanzen wirksam? Es lassen sich vier Distanzbereiche unterscheiden: der intime, der persönliche, der soziale und der öffentliche Bereich.

Distanzbereich	
intim	0–0,45 m
persönlich	0,45–1,25 m
sozial	1,25–3,60 m
öffentlich	über 3,60 m

Die Entfernungsangaben sind mitteleuropäische Durchschnittswerte. Andere Kulturen (zum Beispiel Japan und islamische Länder) weichen davon ab, besonders in den nahen Bereichen. Es gibt auch persönliche Unterschiede. Manche Menschen brauchen etwas größere Abstände, manchen genügen kleinere. Bevor ich auf die Bedeutung solcher Abweichungen für das Verhalten im Streit eingehe, zunächst einige Erläuterungen zu den vier Zonen.

1. *Intimbereich* (bis 0,45 m): Es ist der Bereich zwischen Händehalten und unmittelbarer Berührung. In diesem Bereich ist es unmöglich, sein Gegenüber mit einem Blick zu erfassen. Dafür sind Körperwärme und Körpergeruch genau wahrnehmbar. Oft sind wir uns nicht bewußt, daß darin der Grund liegt, warum wir bestimmte Leute auf Abstand halten und uns sagen: «Ich kann ihn (oder sie) nicht riechen.»

Wenn die Partner sich unterhalten, ist die Stimme sanft und gedämpft. Ein Streit ist bestenfalls in freundschaftlicher, spielerischer Form möglich. Dazu müssen beide sehr vertraut miteinander sein und auf einer Wellenlänge liegen. Bricht ein ernsthafter Streit aus, empfinden sie ihn als besonders schwerwiegend, weil die körperliche und seelische Nähe zuvor besonders groß war. Sie gehen sofort auf Abstand. Der Angegriffene wehrt sich heftig oder verweigert sich dem plötzlichen Stimmungsumschwung, indem er sich zurückzieht.

Im Intimbereich bewegt sich die Beziehung von Mutter und

Kleinkind, auch gelegentliche Kontakte beider Elternteile mit ihren Kindern vor der Pubertät. Es ist die Zone sexueller Beziehungen, aber auch einiger (Kampf-)Sportarten, bei denen ein genaues Regelwerk festschreibt, wann Berührungen gestattet sind. Auch in überfüllten Verkehrsmitteln kann es zu Berührungen kommen. Wir lassen dann notgedrungen zu, daß uns der andere auf die Pelle rückt, aber wehren uns innerlich dagegen, indem wir unsere Mimik und Gestik auf ein Minimum reduzieren, den Körper versteifen und den Blick starr in eine unbestimmte Ferne oder auf einen neutralen Gegenstand richten. Wir «über-sehen» die Mitfahrenden. Die Gesichter wirken ausdruckslos und apathisch. Ein kurzer Blickkontakt ist zwar möglich, aber wenn wir unsere Augen nicht innerhalb von drei Sekunden abwenden, hat der andere das Gefühl, unverschämt angestarrt zu werden, und reagiert unter Umständen aggressiv.

2. *Persönlicher Bereich* (0,45 m bis 1,25 m): In diesem Abstand unterhalten wir uns mit Freunden und guten Bekannten. Tritt ein Fremder so nahe an uns heran, erwarten wir unbewußt, daß er im nächsten Moment das Wort an uns richten wird. Wer den Blick von oben nach unten wandern läßt, kann sein Gegenüber nun vollständig erfassen. Allerdings wird der sich kritisch gemustert fühlen.

Auch hier kann nur freundschaftlich gestritten werden. Man spricht mit normaler Stimme, aber Nuancen im Tonfall werden sehr genau beachtet. Es ist möglich, daß der Partner, um eine Kontroverse zu eröffnen, diese Nähe wählt. Wenn wir uns verteidigen, rücken wir entweder zurück, oder (wenn wir es vorziehen, dem Angreifer aus der Nähe in die Augen zu blicken) die Auseinandersetzung gewinnt sehr schnell an Schärfe. Wenn der Konflikt nicht eskalieren soll, ist ein etwas größerer Abstand günstiger.

3. *Sozialbereich* (1,25 m bis 3,60 m): Es ist der Bereich formeller Gespräche. Bei Geschäftsbeziehungen, in denen kein persönliches Verhältnis angebahnt wird, hält man diesen Abstand ein. Oft sorgen die Inhaber von Büros dafür, daß schon durch die Stellung ihrer Möbel kein näherer Kontakt möglich ist.

Der Streit zwischen Kollegen benötigt häufig diesen Abstand. Dafür sorgt meist schon die Sitzordnung bei Beratungen. Wenn in Familien oder unter Freunden eine ernste Meinungsverschiedenheit entsteht, zieht sich der Angegriffene bis auf diese Weite zurück, ehe er antwortet. Auch eine Standpauke wird meist in dieser Entfernung losgelassen. Ein Abstand von mehr als 1,25 Metern unter nahen Freunden ist immer ein Anzeichen dafür, daß zwischen beiden eine gewisse Entfremdung eingetreten ist. Es besteht nun weniger Gefahr, daß die Auseinandersetzung eskaliert. Die Fluchttendenz ist geringer als im persönlichen Bereich; die Partner befinden sich jetzt außerhalb der kritischen Distanz.

Während im Intimbereich ein längerer Blickkontakt aufdringlich wirkt, ist ab einer Entfernung von mehr als zwei Metern der Blick die einzige «körperliche» Verbindung zwischen den Partnern. Wer angeblickt wird, an den ist das Gesagte gerichtet. Wer den Blick abwendet, gilt als schüchtern und unsicher. (In der islamischen Kultur verlangt dagegen die Höflichkeit, stets den Blick zu senken.) Die Stimme ist lauter als gewöhnlich. Wenn ein Chef auf diese Entfernung einen Mitarbeiter abkanzelt, kann er im Nebenzimmer gehört werden. (Nicht selten sind deshalb Büros höherer Hierarchieebenen schallisoliert.) Während bei näheren Distanzen derjenige, der steht, den Sitzenden dominiert, weil dieser den Kopf heben muß, um den Stehenden anzusehen, verschwindet dieser Unterschied bei einem Abstand von mehr als zwei Metern. Deswegen plazieren Vorgesetzte, die gern autoritär auftreten, ihren Schreibtisch so, daß der stehende Gesprächspartner nicht näher herantreten kann.

4. *Öffentlicher Bereich* (mehr als 3,60 m): Die Stimme ist sehr laut und verlangsamt. Der Sprecher achtet darauf, daß er sich gewählter ausdrückt als gewöhnlich. Es ist zugleich der notwendige Mindestabstand, um Unbekannten (zum Beispiel anderen Verkehrsteilnehmern) Worte wie «Esel!» oder «Idiot!» an den Kopf zu werfen. Die Schimpfwörter wirken weniger bedrohlich, wenn die Streithähne weit voneinander entfernt sind. Ent-

lädt sich eine solche Schimpfkanonade dagegen aus der Nähe, ist nicht selten eine Schlägerei die Folge (wie es häufig in Bars und Kneipen passiert).

Unterricht, Konferenzen und Versammlungen finden in diesem Bereich statt. Streitgespräche gewinnen offiziellen Charakter, das heißt, wer sprechen will, muß sich zu Wort melden, damit kein regelloses Durcheinander entsteht. Man kann vor der Auseinandersetzung flüchten, ohne den Raum zu verlassen; es genügt, den Blick abzuwenden. Wird man aufgefordert, seine Meinung zu sagen, genügt eine abwehrende Geste. Besteht der Angreifer auf seinem Streit, muß er näher an den Angesprochenen herantreten, wenn er eine Reaktion erzwingen will.

Da Einzelheiten der Mimik nicht mehr erkennbar sind, ist es leichter als im nahen Kontakt, seinem Publikum Unwahrheiten zu sagen. Zudem ist der Sprecher nicht mehr gezwungen, seinen Zuhörern in die Augen zu blicken. Gesten werden vereinfacht und übertrieben. Für ein Streitgespräch ist diese Entfernung kaum geeignet. Es ist der Bereich von Kundgebungen und Militärparaden, bei denen Überzeugungen nicht mehr diskutiert, sondern nur noch vorgeführt werden. Politiker halten bei Pressekonferenzen die Journalisten gern auf diesen Abstand. Wenn die erste Reihe einige Meter vom Auskunftgebenden entfernt sitzt, hat er es leicht, peinliche Fragen mit nichtssagenden Statements zu umgehen. Wenn der fragende Journalist in dieser Lage ein Streitgespräch erzwingen will, kann der Politiker ihm mit einer Handbewegung das Wort abschneiden.

Einfluß kultureller Normen Wie gesagt, die Entfernungsangaben für alle vier Zonen sind Durchschnittswerte. Besonders aggressive, zur Gewalttätigkeit neigende Personen benötigen wesentlich größere Distanzen als der Normalbürger. Sie haben das Gefühl, daß der Partner sich bereits in ihrer Intimzone befindet, während dieser noch glaubt, ein gewöhnliches Gespräch in der persönlichen Distanz zu führen. Dadurch fühlt sich der Aggressive provoziert und reagiert unangemessen heftig. Ist unter Ihren Bekannten jemand, der häufig wegen Trivialitäten einen Streit anfängt oder der sehr schnell verletzend und ausfallend wird? Versuchen Sie ihn friedlicher zu stimmen, indem Sie zu ihm einen etwas größeren Abstand als gewöhnlich einhalten.

Neben dem Temperament und der Distanz sind es die Normen unserer Kultur, die auf die Wahl der bevorzugten Streitstrategie ihren Einfluß ausüben. Unsere Gesellschaft betont die Werte der Toleranz, des Verständnisses und des sozialen Friedens. Verstehen wir diese Ziele als Aufforderung, in der Auseinandersetzung mit anderen Lebensentwürfen den eigenen Horizont zu erweitern? Oder folgen wir lediglich der Maxime «Laß mich in Ruhe, dann laß ich dich in Ruhe»? Ein Weg, der direkt in Einsamkeit und Isolation mündet.

Eine längere Partnerschaft bietet aber noch keine Garantie für ein offenes Gesprächsklima. Mancher Mann und manche Frau sind schon in die Eheberatung gekommen, weil sie Schwierigkeiten hatten, den Partner zu überzeugen, mit ihnen ein Wortgefecht zu riskieren. Streitscheue sind sehr erfinderisch, wenn es darum geht, jedem Zusammenstoß auszuweichen: «Laß mich erst die Kinder zu Bett bringen.» – «Moment, da kommt gerade eine wichtige Sendung.» – «Hat das nicht Zeit bis morgen?» Anderen fällt plötzlich ein anderes wichtiges Thema ein, über das sie angeblich schon immer mal reden wollten, oder sie stürzen zum Telefon, um ihre Eltern oder eine Schulfreundin anzurufen.

Eine Studentin kam im Anschluß an ein Übungsseminar zu mir und erzählte: «Immer wenn ich mit meinem Freund über ein wichtiges Thema reden will, antwortet er, das habe noch Zeit oder es werde sich schon von allein klären. Und wenn ich darauf bestehe, kramt er seine Hefter hervor und sagt, er müsse arbeiten. Ich wollte wissen, ob ich mein Zimmer in der WG aufgeben soll, da ich sowieso meist bei ihm wohne. Oder ob wir mal genau festlegen können, wieviel Geld jeder für Lebensmittel und Energie beisteuert. Bei uns ist alles vorläufig. Damit macht er mich wahnsinnig.»

Ausweichen bringt in der Regel das Gegenteil des Erwarteten. Der Partner, dem es nicht gelingt, eine Klärung herbeizuführen, wird erst recht wütend. Er empfindet das Schweigen als unredlich.

Da will man eine Klärung in beiderseitigem Interesse herbeiführen, und der Partner verhält sich, als wolle man ihm etwas zuleide tun! Was hat der eigentlich für eine Meinung von mir? Bei solchen Gedanken ist es nur eine Frage der Zeit, bis der Partner, der die Klärung sucht, explodiert. Dadurch fühlt sich der schweigsame Partner wiederum in seinem Ausweichen bestätigt. Es zieht ein Gesprächsstil in die Partnerschaft ein, bei dem beide nebeneinander herleben, wo über kitzlige Punkte nicht diskutiert wird – unterbrochen von gelegentlichen Wutausbrüchen. Ein Teufelskreis wird in Gang gesetzt: Ausweichen erzeugt Wutanfälle, diese verstärken die Tendenz des angegriffenen Partners zum Ausweichen. Dadurch provoziert er aber bei dem Angreifer einen neuen, noch heftigeren Wutanfall, auf den er mit noch deutlicherem Ausweichen reagiert. Eine Spirale ohne Ende.

Wenn ein solcher Teufelskreis erst einmal ein paar Runden durchlaufen hat, ist eine Lösung kaum noch ohne Hilfe eines Therapeuten möglich. Jeder ist so festgefahren in seiner Rolle, daß die beiden nur noch weitermachen oder sich trennen können. Deswegen sollten die Partner, sobald sie merken, daß wegen unterschiedlicher Streitstrategien ihre Kommunikation zu erlöschen droht, möglichst sofort zu den Mitteln der Metakommunikation und des Feedback greifen, um sich über ihre unterschiedlichen Erwartungen und Ängste zu verständigen.

Neben den Werten der Toleranz fördert unsere Gesellschaft Individualität, Selbstverwirklichung und Erfolgsstreben. Die Kehrseite dieser Persönlichkeitsrechte ist das Bemühen, sich stets von der besten Seite zu zeigen, Schwächen sorgfältig zu verbergen und unter keinen Umständen sein Gesicht zu verlieren. Es gilt, im täglichen Daseinskampf wie ein Fels in der Brandung zu stehen. Wer auch immer seine Kräfte mit uns messen will, wir rücken keinen Zentimeter von der Stelle. Wer nachgibt, ist ein Verlierer. Kommt es zum Streit, entweder weil man nicht ausweichen kann oder von dem Thema der Auseinandersetzung zu stark betroffen ist, richten die meisten ihr Augenmerk darauf, ja keinen Punkt abzugeben. Nicht die Klärung des Problems steht im Vordergrund, sondern das Ziel, immer Sieger zu bleiben.

Wer ist schuld? Sonja und Gerd, seit mehreren Jahren verheiratet, sind abends zur Geburtstagsfeier ihrer Mutter eingeladen. Er muß an diesem Tag ziemlich lange arbeiten. Sie beschließen daher, sich nach Feierabend im Stadtzentrum zu treffen und von dort direkt zum Haus ihrer Eltern zu fahren.

SONJA: Nun, wo sind die Blumen?

GERD: Welche Blumen?

SONJA: Sag bloß, du hast sie vergessen!

GERD: Schatz, ich weiß wirklich nicht, wovon du redest.

SONJA: Aber du hast es fest versprochen! Gestern haben wir ausgemacht, daß ich für meine Eltern das Geschenk kaufe und du auf dem Heimweg von der Arbeit die Blumen mitbringst.

GERD: Das kann überhaupt nicht sein. Ich komme direkt aus dem Büro, wo hätte ich da Blumen kaufen sollen?

SONJA: Du hast gesagt, das wäre kein Problem.

GERD: Hör mal, da verwechselst du was. Du wolltest alle Geschenke besorgen, und damit du nichts schleppen mußt, habe ich gesagt, ich hole dich hier mit dem Auto ab.

SONJA: Ich die Geschenke, du die Blumen. Daß du mir nie richtig zuhörst!

GERD: Jetzt langt es aber. Moment. (Er fährt den Wagen an den rechten Straßenrand und holt seinen Taschenkalender heraus.)

GERD: Da bitte. «Achtzehn Uhr dreißig Treffpunkt Parkplatz am Markt. Sonja besorgt Geschenk.» Kein Wort von Blumen.

SONJA: Muß ich wirklich nachkontrollieren, daß du dir alles richtig aufschreibst? Warum gibst du nicht einfach zu, daß du dich geirrt hast?

GERD: Na hör mal, zum Geschenkebesorgen gehören logischerweise auch die Blumen! Ich werde doch für deinen Irrtum nicht den Kopf hinhalten!

Dieser Streit, der sich allein um die Frage dreht «Wer ist schuld?», ist eine Variante der Forderung aus Kapitel 3, die Vergangenheit zu ändern. Das praktische Problem, wo beide nach Ladenschluß noch schnell die vergessenen Blumen besorgen könnten, kommt überhaupt nicht zur Sprache. Wir wissen zwar, daß jeder Fehler macht, ja daß es geradezu menschlich ist, keine perfekte Gedächtnismaschine zu sein. Dennoch verhalten wir uns so, als sei ein Irrtum etwas Unanständiges, das man sorgfältig vor den Augen seiner Mitmenschen verbergen muß. Das führt im Alltag zu einer Reihe von Scheingefechten auf der falschen Kommunikationsebene. Scheinbar geht es um nicht gekaufte Blumen, aber hinter diesem Sachthema verbirgt sich der Kampf um den Sieg auf der Selbstdarstellungsebene – beide wollen perfekt erscheinen. Den Fehler hat der andere gemacht.

Nicht wenige kämpfen selbst bei offensichtlichen Irrtümern noch um einen Sieg – oder wenigstens darum, dem anderen eine Mitschuld nachzuweisen. Die Ehefrau hat die Waschmaschine angeschaltet und vergessen, den Abflußschlauch in die Badewanne zu hängen. Als das Wasser anfängt, unter der Badezimmertür hindurch in den Korridor zu fließen, bemerkt sie ihren Irrtum. Schon als sie ihren Ehemann ruft, damit er ihr hilft, das Malheur aufzuwischen, ehe der Untermieter klingelt, beginnt der Streit um die Schuld.

MANN: So bescheuert kannst auch nur du sein! Zulauf und Abfluß, zwei Schläuche, auf mehr mußt du nicht achten. Jeder Hilfsschüler kann bis zwei zählen.

FRAU: Schönen Dank auch! Wenn du mich nicht vollgequatscht hättest wegen des Abendessens für deinen Abteilungsleiter, als ich die Maschine angeschaltet habe...

Zugegeben, aggressiv vorgebrachte Kritik reizt zur Gegenwehr. Sich zu verteidigen bringt in diesem Fall aber nichts weiter ein als einen heftigen Wortwechsel und verletzte Gefühle auf beiden Seiten. Wem ein eindeutiger Fehler unterläuft, der sollte ihn einfach zugeben. Der Versuch, ihn wegzureden, kann nur mißlingen. Wenn der andere versuchen sollte, daraus Kapital im zwischenmenschlichen Machtkampf zu schlagen, genügt als Stopsignal die Gegenfrage: «Ist dir noch nie ein Fehler unterlaufen?» Möglicherweise beginnt der Partner dann eine Diskussion zum Thema

«Welche Irrtümer sind verzeihlich?». Das kann wiederum der Beginn einer sachlichen Aussprache über die Ansprüche an den anderen und an sich selbst sein.

7

Imponieren, Kritisieren, Ignorieren

> Gehorsam gegen das Gesetz,
> das man sich selbst gegeben hat,
> ist Freiheit.
> Jean-Jacques Rousseau (1712–1778)

Wenn ich meinen Studenten zu Beginn des Semesters ankündige, daß wir in unserem Kommunikationsseminar das Streiten üben wollen, reagieren stets einige mit einem skeptischen Lächeln oder einem Ausruf des Erstaunens. Ich schlage dann ein Rollenspiel vor. Eine Studentin und ein Student spielen ein Paar, daß sich uneins ist, ob für die Ersparnisse ein Auto oder eine größere Reise gekauft werden soll. Die ersten Sätze gebe ich vor:

STUDENT: Wir haben jetzt genug Geld für ein Auto zusammen. Ich war heute auf dem Gebrauchtwagenmarkt, und da habe ich einen Kleinwagen gesehen, drei Jahre alt, 46 000 Kilometer …

STUDENTIN: Es sind doch wohl *unsere* Ersparnisse, oder? Wenn wir sie überhaupt schon ausgeben sollen, dann muß es für etwas Gemeinsames sein. Du weißt, ich habe nicht mal einen Führerschein. Vorhin habe ich in der Zeitung ein Reiseangebot gesehen, fünf Wochen quer durch die USA, zu einem Sondertarif für Studenten …

STUDENT: Und wenn die Reise vorbei ist, ist das Geld futsch. So ein Auto, damit können wir nicht nur eine billigere Reise machen, da haben wir auch hinterher noch was davon.

STUDENTIN: Was heißt «wir»? Mein Fahrrad genügt mir völlig …

Das kann der Beginn eines fairen Streits sein, dessen einziger Mangel darin besteht, daß die beiden nicht genügend auf die Argumente des anderen eingehen. Sie haben jetzt die Aufgabe, das Gespräch bis zu einer Einigung fortzusetzen. Wie sie die Aufgabe lösen, ist ihre Sache. Sie dürfen sich streiten oder auf andere Weise verständigen, ganz wie sie wollen.

Komplementäre und symmetrische Beziehungen Zum Erstaunen aller Teilnehmer ist es so gut wie unmöglich, diesen Dialog ohne Streit zu Ende zu führen. Selbst trainierte Psychologiestudenten können sich der Richtung des Gesprächs, die durch die Anfangssätze vorgegeben wurde, nicht entziehen. Wenn sie versuchen, durch emotionales Spiegeln (siehe Kapitel 1) oder kontrollierten Dialog (siehe Kapitel 3) der Auseinandersetzung ihre Schärfe zu nehmen, fangen stets einige von den Umsitzenden an zu kichern. «Ich würde mir veralbert vorkommen», sagen die Zuhörer, oder: «Das klingt wie eine Therapiesitzung.» Durch diese Beobachtung erfahren die Studenten, daß nicht alles für den Alltag taugt, was im Sprechzimmer des Psychologen üblich ist. Beim Therapeuten tritt ein Arzt einem Patienten gegenüber. Daß der Seelenarzt einen überlegenen, beruhigenden Gesprächsstil verfolgt, wird vom Patienten erwartet – schließlich ist er als Ratsuchender zu ihm gekommen. In der Kommunikationstheorie wird ein derartiges Verhältnis zwischen zwei Menschen *komplementär*[19] genannt. Der Psychologe hat als Fachmann die überlegene, dominierende Rolle inne. Er kontrolliert den Gesprächsverlauf und bestimmt seine Regeln. Sein Verhalten und das Verhalten des Patienten ergänzen einander.

Ganz anders im Alltag. Zwischen Freunden und Partnern besteht eine Situation, die weitgehend *symmetrisch* ist. Das bedeutet, beide zeigen ähnliche Verhaltensweisen; sie sind im Gespräch annähernd gleichberechtigt. Die Anwendung therapeutischer Gesprächsmethoden durch den Partner A würde vom Partner B so empfunden werden, als ob A ihn in eine komplementäre Situation hineindrängen, also sich durch geschickte Gesprächsführung Überlegenheit verschaffen will. Kein Wunder, daß er sich nicht ernst genommen fühlt und mißtrauisch wird.

Am Rande sei bemerkt, daß in vielen symmetrischen Beziehungen komplementäre Verhaltensmuster enthalten sind. Das Ideal einer gleichberechtigten Beziehung wird oft nur zum Teil verwirklicht. In den meisten Partnerschaften ist der eine dem anderen überlegen – in bestimmten Fähigkeiten, an Wissen oder an psychischer Stabilität. Im Idealfall hat jeder der beiden Partner seine besonderen Stärken, also Gebiete, auf denen er Überlegenheit besitzt. Der eine ist vielleicht ein guter Organisator und versteht es, die Finanzen so in Ordnung zu halten, daß selbst nach einem längeren Urlaub noch Geld auf dem Konto ist. Der andere vermag es, Steckdosen zu reparieren und Wasserhähne abzudichten wie ein Profi. Außerdem kennt er ein Dutzend Rezepte für ausgefallene exotische Gerichte. Wenn beide die jeweiligen Felder der Überlegenheit des anderen anerkennen, ergibt sich in der Summe ein ausgeglichenes Verhältnis. Meistens ist die Symmetrie jedoch nicht vollständig.

Je stärker eine Beziehung von komplementären Elementen durchsetzt ist, desto aussichtsreicher sind therapeutische, also streitfreie Gesprächsmethoden. Es ist kein Zufall, daß Thomas Gordon, der in seinen Büchern die Anwendung solcher Methoden auf das Alltagsgespräch propagiert, über das Eltern-Kinder-, Lehrer-Schüler- und Manager-Mitarbeiter- (bzw. Manager-Kunde-) Verhältnis geschrieben hat. In allen drei Fällen haben die Beteiligten unterschiedliche, einander ergänzende Rollen inne. Für gleichberechtigte Partnerschaften sind seine Methoden weniger geeignet.

Faires Streiten fördert die symmetrischen Anteile einer Beziehung, therapeutisches Verhalten begünstigt hingegen Komplementarität. Ist die Verschiedenheit der Rollen sehr stark, wie zwischen Vater und Kleinkind oder Betriebsdirektor und Lehrling, wird ein Streit kaum noch sinnvoll sein. Die Kluft zwischen den Partnern ist zu groß, als daß ein gleichberechtiger Austausch von Meinungen akzeptabel wäre.

Metakomplementäre Beziehungen Es gibt sogar einen Typ von Beziehungen, bei denen ein ehrlicher Streit unmöglich ist: die metakomplementären Beziehungen. Mit diesem Typ haben wir es zu tun, wenn der unterlegene Partner einen Weg findet, den überlegenen Partner nach seinem Willen zu lenken. Nehmen wir etwa ein Kind, das eigentlich von seinen Eltern abhängig ist, das aber begriffen hat, daß es ihnen durch dauerhaftes Quengeln jedes beliebige Zugeständnis abzupressen vermag. Wenn es ihnen lange genug auf die Nerven geht, geben Vater und Mutter nach, um ihre Ruhe zu haben. Metakomplementär ist die Situation auch dann, wenn der unterlegene Partner sich betont hilflos gibt, um zu erreichen, daß der andere ihm genau jene Pflichten abnimmt, die ihm lästig sind. Ohne es zu merken, tut der Überlegene genau das, was der Unterlegene erreichen wollte.

Ein aufrichtiger Streit würde erfordern, daß beide Partner ihr verschlungenes Rollenspiel offenlegen. Damit würde sich ihr metakomplementäres Verhältnis sofort in ein Gemisch aus symmetrischen und komplementären Elementen auflösen. Nur um den Preis der Vermeidung einer offenen Aussprache lassen sich derart unklare Verhältnisse durchhalten. Metakomplementäre Beziehungen funktionieren so lange, wie beide Partner aus ihren vertauschten Rollen Nutzen ziehen.[20] Der scheinbar Überlegene genießt das Gefühl, gebraucht zu werden. Der scheinbar Unterlegene findet es bequem, sich umsorgen zu lassen. Das geht aber meistens nicht lange gut. Beide leiden unter ihrer wechselseitigen Abhängigkeit. Der scheinbar Unterlegene muß ständig taktieren und sich verstellen, um seine Wünsche durchzusetzen, während sein Partner ihn als Bremsklotz am Bein empfindet. Schwere Zerwürfnisse oder totale Entfremdung des Paares sind die Folge.

Indirekte Streitmethoden Mit der Einsicht, daß gleichberechtigte Beziehungen nicht ohne Streit auskommen, stellt sich sofort die Frage nach den Methoden einer fairen Auseinandersetzung. Wir können hier zwei Arten unterscheiden, die *indirekten* und die *direkten* Streitmethoden. Die meisten Menschen glauben, daß Streitende stets mit scharfen Worten aufeinander losgehen und nicht gerade zimperlich sind, wenn sie den eigenen Standpunkt verteidigen. Nach dieser Auffassung scheint ein Streit etwas relativ Seltenes zu sein; er kommt nur vor, wenn die Beteiligten die Fassung verlieren und die Regeln höflicher und ruhiger Konversation vergessen. Wenn die Gegensätze klar und eindeutig ausgesprochen werden, haben wir es mit direkten Streitmethoden zu tun.

Der Streit kann jedoch ebenso mit indirekten Methoden geführt werden. Drei solcher Vorgehensweisen, denen wir im Alltag häufig begegnen, sind in der Überschrift dieses Kapitels genannt. Der entscheidende Unterschied zu direkten Methoden besteht nicht darin, ob es zu einer offenen Konfrontation kommt oder nicht – beides ist möglich –, sondern im indirekten Streit vermeiden wir es, das Thema des Konflikts deutlich zu benennen. Wir setzen uns mit ihm nur über Umwege auseinander. Die Meinungsverschiedenheiten werden ausgetragen, ohne daß ein Partner jemals sagt: «In diesem Punkt bin ich anderer Auffassung als du.»

Imponieren   Eine elegante Methode, den Gegenstand der Auseinandersetzung zu verdrängen und sich dennoch zu streiten, ist das Imponieren. Der Streit wird auf der Selbstdarstellungsebene geführt, egal um welche Art von Konflikt es sich in Wirklichkeit handelt. Partner A versucht nicht durch Argumente zu beweisen, daß er in der Sache recht hat, sondern er zeigt, daß er ein großartiger Kerl ist, daß er viele Dinge gelesen und gesehen hat, daß er die Koryphäe X, Y oder Z kennt, die ebenso denkt wie er. Er selbst, seine Person, ist sein bestes Argument. Partner B findet den Anspruch von A unerträglich, nicht nur in der Sache, sondern mit seiner ganzen Person überlegen sein zu wollen. Da er es als höflicher Mensch nicht wagt, ihm seine Ablehnung offen ins Gesicht zu schleudern, reagiert er indirekt: Er versucht ebenfalls mit seinen Erfahrungen, Kenntnissen und berühmten Bekanntschaften aufzutrumpfen, um zu zeigen, daß er nicht weniger zu bieten hat als sein Gegenspieler. Daraus kann sich ein Dialog entwickeln, in dem beide Redner eifrig aneinander vorbeiimponieren. Das folgende Gespräch habe ich in einem Zug belauschen können. Zwei junge Männer standen im Gang und sprachen so laut miteinander, daß der halbe Waggon mithören konnte. Es ging um die Frage, ob die Franzosen lebenslustiger sind als die Deutschen.

A: Natürlich, es ist ein Klischee, aber ich glaube, ich kann mir da ein Urteil erlauben. Als ich im Frühjahr in London und Dublin war, habe ich etliche Franzosen getroffen und mich mit ihnen angeregt unterhalten. Weißt du, man muß mit den Leuten in ihrer Sprache reden können…

B: Das sage ich auch immer. Meine Bekannten aus Paris und Montpellier können zum Glück alle Deutsch oder wenigstens Englisch. Meine Erfahrung besagt jedenfalls, Franzose ist nicht gleich Franzose. Nimm einen Bretonen und dann einen aus dem Süden – das sind zwei Welten. Ich war oft genug an der Côte d'Azur, wo man Leute aus allen Landesteilen trifft…

A: Den richtigen Vergleich hat man erst im Ausland. Ich habe Franzosen in New York getroffen, in Madrid, in Athen, überall auf der Welt. Das ist, nebenbei gesagt, nicht so einfach, die machen ja lieber Urlaub im eigenen Land. Jedenfalls, es ist immer das gleiche. Wo sie auch hinkommen, die haben eine Ausstrahlung, gegen die jeder Einheimische verblaßt. Der französische Charme eben.

B: Von außen mag das so aussehen. Aber wenn man wie ich Dutzende von Leuten aus den verschiedensten Provinzen kennengelernt hat… Ich glaube, es gibt keinen Landesteil, wo ich noch nicht gewesen bin…

Der eine prahlt mit seinen Weltreisen, der andere mit seinen häufigen Frankreichaufenthalten. Die eigentliche Meinungsverschiedenheit, ob Franzosen lebenslustiger sind als andere Völker oder ob es auch unter ihnen solche und solche gibt, verblaßt dahinter. Der Streit verwandelt sich in ein Kräftemessen beider Kontrahenten. Wer von beiden recht hat oder ob beide Standpunkte teilweise richtig sind, kann nicht entschieden werden. Ein Imponierstreit kommt zu keinem Ergebnis in der Sachfrage. Das ist auch nicht seine Funktion. Er ist eher ein Ritual des Wetteiferns, ein Werben um Beachtung und Anerkennung. Die beiden Partner werden so lange aufeinander einreden, bis sie sich mit ihren Reiseerfahrungen, ihren Bekanntschaften, Sprachkenntnissen und Teilen ihres Lebenslaufs ausführlich dargestellt haben. Am Ende gehen sie halbwegs befriedigt auseinander. Jeder denkt: «Endlich mal jemand, der meine Erfahrungen zu schätzen weiß. Wenn er nur ein bißchen weniger von sich geredet hätte…»

In manchen Kreisen ist es üblich, nicht mit Kenntnissen und Erfahrungen zu prahlen, sondern mit einer komplizierten Sprache. Eine Reihe von tatsächlichen oder vermeintlichen Experten versucht, eine Auseinandersetzung dadurch für sich zu entscheiden, daß sie ihre Rede mit Fremdwörtern und schwierigen Satzkonstruktionen anreichern. Wenn die Zuhörer schweigen, weil sie sich nicht sicher sind, ob sie den Redner richtig verstanden haben, hat er gewonnen. Zwar hat ihn niemand genau begriffen, aber er verläßt den Raum als Sieger. Wenn Fachleute unter sich sind, werden sie natürlich auf die Fachsprache ihres Berufes zurückgreifen, um die Diskussion abzukürzen und sich exakt auszudrücken. Über diesem Anliegen steht jedoch die Regel: Was wir auch sagen, es muß für unsere Zuhörer verständlich sein. Die Fachsprache erfüllt diesen Zweck nur innerhalb eng begrenzter Expertenkreise. Wer im Alltag eine Sprache wählt, die für seine Mitmenschen eine Fremdsprache ist, stiehlt ihnen nur die Zeit.

Menschen, die sich im Streit unterlegen fühlen, greifen manchmal auf Verhaltensweisen zurück, die wir *negatives Imponieren* nennen können. Statt sich wichtiger zu machen, als sie sind, erklären sie ihren Partnern im Gegenteil, daß sie sich klein und unbedeutend fühlen. Natürlich mit dem Ziel, daß ihnen der Partner widerspricht und ihnen ihre Wichtigkeit bestätigt. Wenn etwa ein Ehemann sich bei seiner Frau beschwert, daß der Flur nicht aufgeräumt ist, kann sie mit trauriger Stimme erwidern: «Ich hab's versucht, ehrlich. Du weißt ja, mit mir ist nicht viel los.»

Darauf wird er einlenken. Er wird möglicherweise sagen, daß es so schlimm nun auch wieder nicht ist, daß er sie eigentlich recht tüchtig findet – kurz, er wird sie trösten und ihr Mut machen. Was er auf jeden Fall nicht tun wird, ist, ihr in ihrem Kleinmut recht zu geben: «Stimmt, mit dir ist nicht viel los.» Deshalb ist die Methode der Selbstverkleinerung, des Understatements, gut geeignet, einen Streit aus einer unterlegenen Position heraus für sich zu entscheiden. Der Sprecher weckt beim Partner ein schlechtes Gewissen: er könnte ungerecht oder zu heftig gewesen sein. Auch andere Formen des negativen Imponierens, wie Schmollen oder plötzliche Tränenausbrüche, haben diese Wirkung. Der Partner, in unserem Beispiel der Ehemann, ist gut beraten, wenn er dem moralischen Druck nicht nachgibt und antwortet: «Ich finde dich eigentlich recht tüchtig. Deswegen stört es mich, daß der Flur so unordentlich aussieht. Kannst du ihn morgen aufräumen?»

Auf keinen Fall darf er anbieten, ihr diese Arbeit abzunehmen, wenn die beiden sich vorher geeinigt hatten, daß sie für den Flur zuständig ist. Manche Menschen nutzen nämlich das Understatement, um andere Menschen dazu zu bewegen, sie von lästigen Pflichten zu befreien. Geht der Partner darauf ein, entwickelt sich eine metakomplementäre Beziehung.

Kritisieren Daß das Kritisieren als indirekte Streitmethode angeführt wird, mag verwunderlich erscheinen. Löst nicht gerade Kritik die heftigsten Kontroversen aus, führt sie nicht zu einem direkten Abtausch von Meinung und Gegenmeinung? Paradoxerweise liegt gerade im indirekten Vorgehen des Kritikers der Grund, warum die Auseinandersetzung zwischen ihm und dem angegriffenen Partner eskaliert. Betrachten wir ein paar Beispiele.

Die Mutter kritisiert ihre Tochter, die morgens zu spät aufsteht, deshalb das Frühstück hastig hinunterschlingt und es öfter nicht schafft, rechtzeitig zur Schule zu kommen: «Das kann nicht wahr sein! Schon wieder zehn nach sieben! Und ausgerechnet heute, wo ihr in der ersten Stunde Sport habt. Setz dich hin! Ohne Frühstück gehst du mir nicht aus dem Haus. So eine Trödelliese! Was soll nur später aus dir werden?»

Ein Kunde sagt zu dem Verkäufer, dem er ein am Vortag gekauftes Fernsehgerät zurückbringt: «Was heißt hier Garantiereparatur! Ich will ein anderes Gerät. Das hier hat keinen Mucks gesagt, von Anfang an nicht! Wenn Sie mir den Fernseher hier im Laden vorgeführt hätten, wäre das nicht passiert. Aber bei Ihren Vorführgeräten, da weiß doch keiner, ob der verpackte Fernseher zu Hause genauso funktionieren wird. Bloß weil Sie zu bequem sind, das Ding hier im Laden auszupacken, vorzuführen und dann wieder einzupacken, lasse ich mir doch keinen defekten Apparat andrehen!»

Der Chef ruft einen seiner Mitarbeiter ins Büro: «Geben Sie zu, Kollege Nolte, Sie haben den Bericht schlicht und einfach verschlampt. Ihre Ausreden interessieren mich nicht. Sie bekommen ein ordentliches Gehalt, und dafür will das Unternehmen ein Ergebnis sehen. Und zwar pünktlich und in einer Qualität, mit der man was anfangen kann...»

Die Mutter behauptet, daß ein Mädchen, aus dem «mal etwas werden soll», pünktlich aufsteht; der Kunde behauptet, daß ein fleißiger Verkäufer keinen Ausschuß verkauft, da er die Geräte auspackt und vorführt; der Chef erklärt, daß man für ein anständiges Gehalt ein anständiges Ergebnis erwarten kann. Alle drei verurteilen ihren jeweiligen Partner im Namen einer allgemeinen Norm, zu deren Fürsprecher sie sich aufschwingen. Der Angegriffene beginnt zu erläutern, warum er gegen die Norm verstoßen hat. Eventuell wird er auch die Norm selbst in Frage stellen. Der Verkäufer erklärt vielleicht, daß es in seiner Branche üblich ist, originalverpackte Geräte zu verkaufen. Das Mädchen erwidert ihrer Mutter, daß all ihre Klassenkameradinnen erst zehn nach sieben aufstehen. Der Mitarbeiter verweist auf objektive Umstände.

Damit entsteht ein Schlagabtausch aus Kritik und Gegenkritik, in dem vieles ausgesprochen wird, außer einem: daß sich hinter der vermeintlichen Norm in erster Linie die privaten Ansichten und Wünsche des Kritikers verbergen. Die Kritik verschleiert, daß nicht der Angegriffene ein Problem hat, sondern der Kritiker. Das Mädchen ist wahrscheinlich zufrieden, daß es fünf Minuten länger als erlaubt in ihrem kuscheligen Bett bleiben konnte, und ist bereit, dafür auf das Frühstück zu verzichten. Ihre Mutter aber, die den Tag ruhig und geordnet angehen möchte, ist gereizt, wenn sich hinter der Tür zum Zimmer ihrer Tochter nichts rührt. Die Mutter beschwert sich aber nicht darüber, daß sie ihr den Tagesablauf durcheinanderbringt (das wäre das wahre Thema des Konflikts). Statt dessen kritisiert sie das Mädchen. Ihre eigenen Gefühle kommen nur noch in dem Tonfall zu Geltung, mit dem sie auf die Tochter losgeht. Deshalb ist die Kritik eine indirekte Streitmethode.

Der Kunde und der Chef in unseren Beispielen verhalten sich ähnlich. Nicht ihre Verärgerung ist Thema des Streites, sondern wie «man» Geräte vorführt und mit seinen Arbeitspflichten umzugehen hat. Wer als Angegriffener in einer solchen Situation ruhig und gelassen bleiben kann, hat viele Vorteile. Der Kritiker ist meistens schon zufrieden, wenn er sich seinen Ärger von der Seele reden kann. Bekommt er dazu Gelegenheit, fühlt er sich verstanden. Der erste Schritt besteht darin, sich die Kritik erst einmal anzuhören, egal ob sie gerechtfertigt erscheint oder nicht. Dann sollte der Angegriffene jedoch das tatsächliche Streitthema zur Sprache bringen, den Ärger des Partners und seine Erwartungen, die wir mit unserem Verhalten enttäuscht haben, zum Beispiel:

TOCHTER: Mama, ich merke, du bist wütend über mich. Warum darf ich nicht selbst entscheiden, wann ich aufstehe? Mir genügt die Zeit.

MUTTER: Da fragst du noch? Schau nur, wie du das Frühstück herunterschlingst!

TOCHTER: Ich finde nicht, daß ich schlinge. Außerdem habe ich um diese Zeit sowieso noch keinen Hunger.

MUTTER: Es ist ungesund, morgens nichts zu essen.

TOCHTER: Mir ist es lieber, als mir ohne Appetit den Magen vollzuschlagen. Was stört dich daran?

In diesem Beispieldialog versucht die Mutter, dem wirklichen Streitthema auszuweichen, indem sie sich weiter auf allgemeine Normen zurückzieht («Es ist ungesund…»). Die Tochter vereitelt die Flucht in das Allgemein-Unpersönliche, indem sie immer wieder ihre eigenen, individuellen Vorlieben zur Sprache bringt: *Ihr* genügt die Zeit, *sie* hat morgens keinen Hunger. Durch die Frage am Ende des Dialogausschnitts lenkt sie den Streit auf die persönlichen Gründe ihrer Mutter für die Kritik. Dadurch wird ein sinnvoller Streit möglich. Beide erfahren mehr über ihre jeweiligen Wünsche und können nach einer Einigung suchen, die sie zufriedenstellt.

Ignorieren   Inwiefern können wir mit jemandem streiten, wenn wir ihn ignorieren? Der amerikanische Psychologe Paul Watzlawick schrieb den berühmt gewordenen Satz: «Man kann nicht *nicht* kommunizieren.» Auch durch Abwenden und Nichtreagieren sage ich eine Menge darüber aus, wie ich zu meinem Partner stehe. Schweigen kann vielsagend sein. Allerdings gibt es kaum etwas Mehrdeutigeres als den stummen Kommentar des Nichtreagierens. Hat sie schweigend zugestimmt? Bedeutet sein Stummbleiben Mißbilligung? Wartet er auf nähere Erläuterungen? Wünscht sie, daß ich sie zum Sprechen auffordere?

Manchmal hilft die Situation, die Bedeutung eines Schweigens zu erklären. Wenn ich die Kinder ausschimpfe und meine Frau schaut kommentarlos zu, dann weiß ich, daß sie meine Erziehungsmethoden mißbilligt, aber vor den Kindern nicht mit ihrer Kritik herausrücken will. Ihr Ignorieren bedeutet keinesfalls Zustimmung. Aber – und das ist der Nachteil dieser indirekten Methode – ich kann ihr Schweigen für Zustimmung nehmen, wenn ich will. (Es sei denn, sie wird mich wenige Minuten später in der Küche zur Rede stellen, während die Kinder das Sandmännchen sehen.) Ein Konflikt verschwindet leider nicht dadurch, daß wir nicht über ihn sprechen. Im günstigsten Fall vertagen wir ihn nur. Es kann aber auch passieren, daß der Partner, der aus Angst vor der Auseinandersetzung schweigt, monatelang mit dem anderen in seinem Innern hadert und ihn durch schlechte Laune bestraft. Der Partner kann sich die trübe Stimmung vielleicht gar nicht erklären, weil er den Anlaß längst vergessen hat. Die Folge kennen wir schon: Im Inneren häuft sich der Groll an, bis er sich eines Tages bei einem nichtigen Anlaß entlädt oder der verärgerte Partner davonläuft – ohne Streit. Die Zahl der Menschen ist beträchtlich, die bei ihren vergangenen Beziehungen nicht wissen, woran sie zerbrochen sind beziehungsweise warum der Partner aus heiterem Himmel mit jemand anderem auf und davon gelaufen ist.

Bis auf Ausnahmen ist es nicht unfair, mit indirekten Methoden zu streiten. Bei einem Konflikt sind viele Bedingungen zu berücksichtigen: ob ein Machtgefälle vorhanden ist, ob einer der Partner zu erschöpft ist, um sich einer offenen Auseinandersetzung zu stellen, ob man genau weiß, worin der Konfliktpunkt besteht oder nur ein allgemeines Unbehagen spürt und so weiter. Solche indirekten Signale sind häufig der erste Hinweis, daß überhaupt ein Konflikt besteht. Sie haben allerdings einen entscheidenden Nachteil: Sie sind nicht eindeutig. Es ist oft schwer zu erraten, worin die tatsächliche Meinungsverschiedenheit liegt. Um zu einer Lösung zu kommen, werden die Beteiligten sich früher oder später über diesen Punkt verständigen müssen. Wenn die beiden aus Scheu vor dem Risiko eines handfesten Krachs jedoch beim indirekten Streiten bleiben, drohen langfristig die gleichen Schwierigkeiten wie bei Menschen, die aus dem Ideal des Nettseins heraus jede Auseinandersetzung vermeiden: das Anwachsen innerer Vorbehalte gegen den anderen, oberflächliche Gespräche, innerer Rückzug sowie Verlust an Bindungen und Intimität.

Direkte Streitmethoden Wir brauchen sie, denn mit ihnen läßt sich nicht nur Mißverständnissen und manipulativem Verhalten vorbeugen; sie sind auch geeignet, die günstigste Distanz zwischen zwei Menschen herauszufinden – so fern, daß sie einander nicht auf die Nerven gehen, aber so nah, daß sie sich nicht im Stich gelassen fühlen. Mit meinen Studenten übe ich das Streiten in Rollenspielen an ganz normalen Alltagsthemen: der Streit mit dem Arzt über die richtige Behandlungsmethode, mit dem Lebensgefährten über das Urlaubsziel, die Kindererziehung oder die Planung der Geldausgaben, mit dem Mitarbeiter über die Verteilung der Arbeitsaufgaben und ähnliches. Dazu kommen Gruppendiskussionen über die Zukunft der Familie, berufliche Perspektiven oder das Europa des Jahres 2010. In ihnen lernt man, sich auch gegen mehrere Kontrahenten zu behaupten. Wir spielen außerdem Verhandlungen durch, bei denen gegensätzliche Interessen aufeinandertreffen. Die Teilnehmer müssen versuchen, zu einer Lösung zu kommen, ohne ihre Differenzen zu verschweigen. Wenn sie sich auf einen Kompromiß einigen, darf das Einzelinteresse keines einzigen Mitspielers unberücksichtigt bleiben. Bei diesen Spielen zeigt sich, daß produktives Streiten Übung erfordert. Die Kenntnis der folgenden direkten Methoden der Auseinandersetzung, die ich für Sie in die Form von zehn Verhaltensregeln gebracht habe, bietet eine Orientierung, worauf die Partner achten sollten.

Regel 1: Am Anfang jeden produktiven Streits steht die *Suche nach dem Ziel* der Auseinandersetzung.

Es ist erstaunlich, wie viele Partner nach einem aufreibenden Disput nicht mehr wissen, wie es zu dem Streit gekommen ist. Da haben sie viel Kraft und emotionale Energie vergeudet, ohne daß sie hinterher angeben konnten, wofür. Die meisten Paare, die sich zerstritten haben, sind nicht an grundsätzlichen Meinungsverschiedenheiten gescheitert, sondern an fortwährenden Reibereien wegen Kleinigkeiten, die, für sich betrachtet, kaum die Mühen eines Wortgefechts wert sind. Streit um Trivialitäten und um Stellvertreterthemen (ich erinnere an die Beispiele am Anfang von Kapitel 4) machen den größten Teil der alltäglichen Auseinandersetzungen aus. Sie könnten vermieden werden, wenn die Partner sich selbst oder dem anderen die Frage stellten: «Moment mal, worüber streiten wir eigentlich? Worin genau besteht unsere Meinungsverschiedenheit?»

Natürlich gibt es gut eingespielte Paare und Freunde, bei denen der spielerische Schlagabtausch ein festes Ritual ist. Sie brauchen sich über das Ziel nicht zu verständigen, es ist ihnen durch die lange Gewohnheit des Umgangs miteinander in Fleisch und Blut übergegangen. Je ernster jedoch der Streit geführt wird, desto wichtiger ist die Klarheit über Thema und Ziel. Der Glaube, der andere wisse selbstverständlich, was einem Kopfschmerzen bereitet, kann verhängnisvoll sein. Wenn bei einem tiefen Konflikt aneinander vorbeigeredet wird, kann das, was anfangs nur ein Mißverständnis war, von dem anderen sehr leicht als Bosheit, als gezieltes Falsch-verstehen-Wollen ausgelegt werden.

Regel 2: Jeder Streit sollte einen *Anfang* und ein *Ende* haben.

Das klingt trivial. Wie kommt es dann aber, daß sich eine Menge von Auseinandersetzungen im Kreis drehen, daß die Partner immer wieder dieselben Argumente, Beschwerden und Einwände vorbringen, obwohl sie sie schon bis zum Erbrechen wiedergekäut haben? Weshalb enden so viele Zwistigkeiten in der Sackgasse eines unaufhörlichen Kreisverkehrs?

ER: Du hast mir schon hundertmal versprochen, das Badezimmer aufzuräumen!

SIE: Und ich habe dir schon hundertmal gesagt, daß die Kinder es immer wieder durcheinanderbringen, wenn sie von der Schule heimkommen. Wenn du mal mit ihnen ein Wörtchen reden würdest...

ER: Schieb nicht alles auf die Kinder. Der Lappen liegt schon seit einer Woche auf dem Fensterbrett.

SIE: Warum hast du ihn dann nicht selbst weggeräumt?

ER: So weit kommt es noch! Wir hatten uns geeinigt, das ist deine Aufgabe.

SIE: Das ist die Höhe! Wie oft räume ich dir deine Socken hinterher!

ER: Lenk nicht ab. Also: Warum hast du das Bad nicht aufgeräumt?

SIE: Ich hab's dir doch gerade gesagt. Ich räume es jeden Tag auf, aber die Kinder...

ER: Es liegt nicht an den Kindern! Der Lappen da...
Und so weiter.

Der Weg aus der Sackgasse ist die Frage an den Partner, wie man gemeinsam die Situation *ändern* kann. Offenbar funktioniert das bisherige Verfahren mit dem Badezimmer nicht. Sobald die Partner aufhören, Beschwerden vorzubringen, und statt dessen überlegen, wie ein besserer Modus gefunden werden kann, der für ein vertretbares Maß an Ordnung sorgt, wird der Streit produktiv.

Regel 3: Gute Streiter benutzen die Wörter «*ich*» und «*du*» (oder «*Sie*») statt «*man*», «*jemand*» und «*wir*».

Es ist eine weitverbreitete Unart, den eigenen Anteil am Konflikt hinter einer unpersönlichen Redeweise zu verstecken. Der Vater schaut in den Kühlschrank und sagt: «Das Bier ist alle. Es müßte mal jemand einen Sechserpack aus dem Keller holen.» Er gibt nicht zu, daß er keine Lust hat, selbst zu gehen, und hofft, daß seine Frau sich aufrafft oder eines von den Kindern losschickt. Dennoch wird die Botschaft von allen genau begriffen. Warum also nicht ehrlich sein? Auf die Gegenfrage: «Willst du, daß ich gehe?» müßte er doch Farbe bekennen.

Autoritäre Chefs verstecken ihre Anweisungen gern hinter einem kollegialen «wir»: «Ich finde, wir sollten dem östlichen Markt eine erhöhte Aufmerksamkeit widmen.» Natürlich sollen es die Abteilungsleiter tun, die für Absatz und Öffentlichkeitsarbeit zuständig sind. Das «wir» verbirgt den Befehl hinter einem vermeintlichen gemeinsamen Interesse.

«Das tut man nicht», sagt manche Mutter zu ihrem Kind. «Wir sollten Sonntag einen Ausflug machen», sagt sie zu ihrem Mann und meint, daß sie sich gern von ihm ins Grüne fahren lassen möchte. Diese Redeweise hat zwei Nachteile: Zum ersten vermengt sie Sach- und Beziehungsebene, weil ein Wunsch an den Partner in der Form einer unpersönlichen Sachaussage vorgetragen wird, und zum zweiten verärgert sie den Partner, weil der Sprecher ihm von vornherein das Recht, anderer Meinung zu sein, bestreitet. Zum «wir» und «man» gehört er ja dazu, und was «wir» und «man» tun sollten, hat der Sprecher bereits entschieden.

Es gibt nur einen Ort, wo die unpersönliche Redeweise angebracht ist: in Reden und Texten über allgemeine Sachverhalte. Dort tritt die Beziehungsebene von vornherein hinter den Zweck der Informationsübermittlung zurück. Wenn ich in diesem Buch über Regeln des Streitens spreche, denen Menschen in unterschiedlichen Zusammenhängen begegnen können, ist es angemessen, mit den Wörtern «man» und «wir» auf die Allgemeingültigkeit hinzuweisen. Im Alltag jedoch, wenn wir Personen gegenübertreten, die wir individuell kennen, deren Eigenheiten und Besonderheiten uns bestens vertraut sind, sollte genau zu erkennen sein, wer gemeint ist. Statt «man sollte» heißt es «*Ich* möchte, daß *du*…», statt «Laß uns…» dann «Würdest *du* mit *mir*…?». Streitende wollen nicht irgendeine Lösung finden, sondern diejenige, die gerade für sie die passendste ist. Jeder Konflikt ist ein Einzelfall. Das muß auch in der Sprache erkennbar sein.

Regel 4: Bei jedem Streitthema sollte über die *persönlichen Gefühle* gesprochen werden, die es bei dem Partner auslöst.

Konflikte stehen immer in Verbindung mit verletzten Gefühlen. Den meisten Menschen fällt es schwer, über ihre Empfindungen zu sprechen. Sie halten es für ein Zeichen von Stärke, als emotional unerschütterlich zu erscheinen, Coolneß zu zeigen. In den letzten Jahren vollzieht sich auf diesem Gebiet ein deutlicher Bewußtseinswandel. Die gleiche Meinungsverschiedenheit kann für die einen eine nicht erwähnenswerte Nebensächlichkeit, für ein anderes Paar jedoch Anlaß eines schweren Zerwürfnisses sein. Die einen reden eine Woche nicht mehr miteinander, wenn die Frau das Haushaltsgeld um 50 Mark überzogen oder der Mann den Jüngsten zu spät aus der Kindertagesstätte abgeholt hat, die anderen lachen darüber und haben es nach einigen Minuten vergessen. Es gibt kein Streitthema, das objektiv ernster ist als ein anderes. Alles hängt von der Beurteilung durch die Beteiligten ab.

Es nutzt daher nichts, einen Konflikt mit der Bemerkung abzuwerten, es handle sich nur um eine Kleinigkeit. Wenn einer der Beteiligten sich ernsthaft gestört, ja verärgert fühlt, dann ist dies keine Kleinigkeit. Durch das Aussprechen der eigenen Gefühle und das Interesse für die Empfindungen des anderen wird deutlich, wie tief der Konflikt wirklich geht. Ärger ist meist schon am Tonfall erkennbar. Es lohnt sich, dieses Gefühl zu thematisieren: «Du klingst verärgert. Wie kommt das?» Manchmal weigert sich der Partner, über seine Gefühle zu sprechen, mit dem Hinweis auf die Sachfrage. Es lohnt sich nachzuhaken: «Ich bin mir unsicher, wie ich die Sache beurteilen soll, wenn ich nicht weiß, was dich daran so ärgerlich macht.»

Ein guter Anfang, die eigene Gefühlswelt zum Thema zu machen, ist die Übersetzung allgemeiner Feststellungen (also von Stereotypisierungen) in persönliche Aussagen. Statt «Du bist immer so egoistisch» heißt es «Ich fühle mich vernachlässigt», statt «Das macht man nicht» heißt es «Mich stört es, wenn du beim Trinken schlürfst».

Regel 5: Jeder Konflikt muß ausgesprochen werden im *Hier und Jetzt*.

Die Vergangenheit nach versäumten Möglichkeiten durchzuforsten ist fruchtlos. Man kann hundertmal sagen «Hättest du damals...», das Geschehene läßt sich doch nicht mehr ändern. Deshalb muß jeder Konflikt sofort angesprochen werden, wenn er akut wird, wenn die zugrundeliegenden Entscheidungen und Gefühle noch frisch sind. Im Moment des Zerwürfnisses ängstlich zu schweigen, aber sich Tage später zu beschweren, das wird der andere immer als ungerechtfertigte Nörgelei empfinden und sich fragen: «Warum hat er (oder sie) damals nichts gesagt?»

Manchmal lassen Zeit und Ort keinen unmittelbaren Streit zu. Wenn die Partner eilig in das Theater wollen, wie in unserem Beispiel in Kapitel 3, dann fehlt es an Zeit, um den Konflikt auszudiskutieren, der sich aus dem späten Nachhausekommen des Ehemannes ergab. Auch der Ort kann ungünstig sein, zum Beispiel wenn die Partner schweigen, weil Fremde anwesend sind. In diesem Fall sollten sie jedoch kurz ankündigen, daß sie über das Verhalten des Partners streiten wollen, und einen geeigneten Zeitpunkt vereinbaren. Damit zerfällt der Streit in zwei zeitlich getrennte Teile: die Vereinbarung des Themas und die spätere Erörterung der strittigen Punkte. Wichtig ist, bei der späteren Auseinandersetzung den Schwerpunkt nicht auf Vorwürfe über das frühere Verhalten zu legen, sondern sich gemeinsam Gedanken zu machen, wie solche Pannen in Zukunft zu vermeiden sind.

Regel 6: Produktive Streiter achten auf *Warnsignale* des Partners.

Kaum ein Streit bricht aus heiterem Himmel über uns herein. Jedes Gewitter kündigt sich durch seine Vorboten an. Mürrische und einsilbige Antworten oder zeitweilige Rückzüge in ein anderes Zimmer mögen nur ein Zeichen für vorübergehende schlechte Laune sein, deren Ursache nichts mit der Beziehung zu tun haben mag. In diesem Fall genügt es abzuwarten. Anders jedoch bei einer Reihe von unklaren Äußerungen, die eine Warnung andeuten, ohne daß der Partner klaren Widerstand leistet. Sie sind durchaus persönlich gemeint. Solche Sätze sind:

«Treib es nicht zu weit!»

«Mach nur so weiter. Wirst schon sehen, was du davon hast.»

«Ich wollte, du würdest nicht darauf bestehen.»

«Findest du das gut, was du da machst?»

«Muß das sein?» (mit Betonung auf «muß»)

«Du solltest besser aufhören, in diesem Ton mit mir zu reden.»

«Es wär mir lieber, du würdest mich das allein machen lassen.»

«Wart nur, wenn mir der Geduldsfaden reißt!»

Die meisten Menschen neigen dazu, solche Sätze mit Schweigen zu übergehen oder sie zu bagatellisieren, etwa durch: «Übertreib nicht!» – «Spiel dich nicht so auf!» – «Ich weiß schon, was ich tue.» Damit nehmen sie sich die Chance, den Konflikt zu entschärfen, bevor es zur Explosion kommt. Ein Warnsignal liefert den Hinweis, daß ein Partner gerade dabei ist, die Toleranzbereitschaft des anderen überzustrapazieren. Er erwartet eine Veränderung des Verhaltens. Mit der Frage, was den anderen stört, läßt sich der Sturm im Vorfeld abwenden. Es ist immer vorteilhaft, wenn ein Streit geführt werden kann, bevor sich die Meinungsverschiedenheit zu einem schweren Gegensatz hochschaukelt.

Regel 7: Ein guter Streit endet mit einer *Einigung, nicht* mit dem *Sieg* eines Partners über den anderen.

Dazu ist in den vorigen Kapiteln schon viel gesagt worden. Bei einem Streit muß die Beziehung gewinnen, nicht ein Individuum. Ein Verlierer wird immer geneigt sein, sich andere Betätigungsfelder zu suchen, auf denen er erfolgreicher ist. Bei Paaren ist es aus diesem Grunde häufig der nichtdominante Partner, der im stillen eine Trennung in Erwägung zieht – und das ist trotz aller Emanzipationsbestrebungen meistens die Frau.

Eine Einigung kann sehr unterschiedliche Gestalt annehmen. Die wichtigsten Möglichkeiten sind:

1. *Der Kompromiß.* Der Streit ist eine Art Verhandlung, in deren Ergebnis jeder der Beteiligten dem anderen ein Stück entgegenkommt. Jeder überlegt sich, auf welche Forderungen er auf keinen Fall verzichten kann. Diese müssen in den Kompromiß eingehen. Zum Ausgleich gibt er auf den übrigen Gebieten nach.

Bei persönlichen Beziehungen sollte man den Verhandlungscharakter des Streites nicht zu weit treiben. Kompromisse müssen auch Ausnahmen zulassen, insbesondere wenn sie Vereinbarungen betreffen, die über einen längeren Zeitraum halten sollen. Wenn der Mann sich beispielsweise bereit erklärt hat, abends die Kinder aus der Tagesstätte abzuholen, damit die Frau an einem Weiterbildungskurs teilnehmen kann, muß er das Recht haben zu sagen: «Wir haben heute eine wichtige Sitzung im Betrieb. Kannst du dich diesmal um die Kinder kümmern?» Wenn sie an diesem Nachmittag unbedingt zur Weiterbildung gehen muß, ist sie mitverantwortlich, eine Lösung zu finden, zum Beispiel ihre Mutter zu fragen, ob sie einspringt. Auf keinen Fall darf sie ihrem Mann erwidern: «Für das Abholen der Kinder bist du verantwortlich, also laß dir allein etwas einfallen.» Ein Kompromiß ist wie jede partnerschaftliche Einigung etwas Gemeinsames; wer ihn benutzt, um sein Terrain gegen den anderen abzugrenzen, darf sich nicht wundern, wenn er bald wieder aufgekündigt wird.

2. *Abwechselndes Bestimmen*. Wer keinen Modus findet, dem anderen stückchenweise entgegenzukommen, kann sich mit ihm darauf einigen, daß jeder einmal die Führung übernehmen darf. Wenn er gern zum Fußball geht, sie aber mit ihm in die Diskothek will, obwohl er keine Lust zum Tanzen hat, kann sie ihm anbieten, ihm ins Stadion zu begleiten. Zum Ausgleich willigt er ein, am Abend mit ihr auszugehen. Viele Themen (zum Beispiel der klassische Streit «Welches Programm sehen wir heute?») können nur auf diese Weise entschieden werden. Voraussetzung für eine solche Einigung ist natürlich, daß der Partner, der als erstes seinen Willen bekommen hat, anschließend keine Ausflüchte sucht, um sich vor seinem Teil der Vereinbarung zu drücken. Jeder Wortbruch belastet die Beziehung, weil er Mißtrauen weckt und jede weitere Einigung erschwert.

3. *Die «dritte» Lösung*. Wenn die Partner keinen gemeinsamen Nenner finden, hilft es manchmal, an eine völlig andere Variante zu denken. Will sie im Frühjahr durch die Toskana wandern, er aber im Roten Meer baden, könnte die Frage lauten:

«Was hältst du von einer Fahrradtour durch Irland im Sommer? Das wird ein sportlicher Urlaub, aber wir können auch an der Westküste baden.»

Will der Mann von den gemeinsamen Ersparnissen die Anzahlung für ein neues Auto leisten, die Frau meint jedoch, es müsse zunächst ein Waschautomat gekauft werden, könnten die beiden überlegen, ob sie das Problem nicht umgehen wollen, indem sie einen Kredit aufnehmen. Es erfordert meist eine ordentliche Portion Phantasie, um eine abweichende Lösung zu finden, die beide zufriedenstellt. Außerdem will gut überlegt sein, ob sich damit nicht ein Haufen neuer Probleme stellt. (Das könnte bei dem Kredit der Fall sein.) Wenn es gelingt, eine gute Drittlösung zu finden, ist die Zufriedenheit meist größer als nach einem Kompromiß. Deswegen lohnt es immer, nach ihr zu suchen.

4. *Der gemeinsame Verzicht.* Gelingt es beiden nicht, sich mit ihren Wünschen durchzusetzen, können sie sich auch entschließen, ihre Forderungen fallenzulassen. Wenn die Ersparnisse nicht reichen, kaufen sie weder Auto noch Waschautomat, sondern sparen weiter. Sind die Urlaubsziele zu verschieden, bleiben sie in diesem Sommer im Lande und begnügen sich mit ein paar Ausflügen in die nähere Umgebung oder renovieren gründlich die gemeinsame Wohnung. Solche Ruhepausen bieten die Gelegenheit, sich neu aufeinander einzustellen, zu überprüfen, was beiden zusammen wichtig ist, um zu einem späteren Zeitpunkt die Wünsche auf einer veränderten Basis zu erfüllen.

5. *Das wechselseitige Tolerieren.* Scheint eine Einigung in der Sache unmöglich, kann die Meinungsverschiedenheit in den Alltag der Beziehung eingebaut werden. Wenn der Mann dreimal in der Woche in ein Fitneßstudio geht, die Frau ihrerseits auf ihre Reitstunden nicht verzichten will, sollten sie ihre Zeitpläne so abstimmen, daß die Kinder nicht zu kurz kommen. Diskussionen, welches Hobby wichtiger ist und wer wieviel Geld für wieviel Übungsstunden ausgeben darf, müssen mit dieser Einigung ein für allemal abgeschlossen sein. (Es sei denn, der Reit-

stall und das Fitneßstudio erhöhen die Preise. Aber auch dann steht nur die Finanzierung zur Debatte, nicht die Frage, ob der Partner ein Recht auf sein Hobby hat. Sind die Kosten zu hoch geworden, müssen *beide* ihre Bedürfnisse einschränken.) Wechselseitiges Tolerieren verlangt, daß sich der Partner nicht darin einmischt, wie der andere seine Angelegenheiten auf dem fraglichen Gebiet regelt. Leider können es viele Leute nicht lassen, durch Sticheleien, herabsetzende Bemerkungen und halblauten Protest die einmal erzielte Vereinbarung immer wieder in Frage zu stellen. Für sie ist es unerträglich, daß der Partner sich eine Privatsphäre leistet, an der sie selbst nicht beteiligt sind. Der angegriffene Partner kann in diesem Fall durch eine Rückfrage sofort für Klarheit sorgen: «Wir hatten uns geeinigt, daß ich zweimal pro Woche zum Reiten gehe und du dreimal in dein Fitneßstudio. Möchtest du daran etwas ändern?»

Regel 8: *Nie* den Partner *in die Enge treiben*!
Faire Streiter halten es für wichtiger, die Sorgen und Einwände des Partners zu erfahren, als ihn mit einer geschickten Beweisführung k. o. zu schlagen. Wenn der Partner nichts mehr zu entgegenen weiß, ist das kein Zeichen, daß man die besseren Argumente vorzubringen wußte, sondern daß er resigniert hat. Manchmal sagt er seufzend «Okay, du hast recht», aber nicht, weil er überzeugt wurde, sondern weil er aufgegeben hat. Das kann ziemlich gefährlich sein, denn wer den Eindruck gewinnen muß, daß er keine Chance hat, sich Gehör zu verschaffen, sucht nach anderen Wegen, seine Ziele zu erreichen. Überall, wo ein deutliches Machtgefühl herrscht, blühen Intrigen, heimliches Umgehen von Verboten, üble Nachrede, plötzliches Im-Stich-Lassen und passiver Widerstand – im Privatleben ebenso wie in Beruf und Öffentlichkeit. Wer vermeiden will, daß er hinterrücks angegriffen wird, muß seinen Gesprächspartnern selbst bei erheblichen Differenzen eine echte Chance einräumen, ihren Widerstand offen zu äußern. Sicherlich ist es schlimm, wenn man zu keiner befriedigenden Einigung gelangt. Aber noch schlimmer ist es, das Gespräch versanden zu lassen. Der Streit ist immer noch die harmloseste und

ehrlichste Art, Unstimmigkeiten zu bereinigen. Meinungsverschiedenheiten lassen sich nicht «verbieten»; wer es dennoch versucht, riskiert einen gemeinen und gut vorbereiteten Gegenangriff.

Die beste Vorbeugungsmaßnahme gegen den Krieg im verborgenen ist das aufrechte Bemühen, dem Meinungsgegner genau *zuzuhören*. Wer sich zwingt, mit seiner Erwiderung nicht gleich herauszuplatzen, sondern den anderen zu Ende anzuhören, kann sich eine Reihe von Pluspunkten erwerben – an Sympathie, weil der andere ein Interesse spürt, und an genauer Kenntnis der Gründe, die den Partner zu seiner abweichenden Meinung geführt haben. Während der andere spricht, kann der Zuhörer durch Nicken und kleine Bemerkungen wie «aha», «hm», «ich verstehe» andeuten, daß er mit seinen Gedanken noch dabei ist. Dieses Nicken beim Zuhören bedeutet nicht, daß wir mit der Meinung des Sprechers einverstanden sind; es signalisiert lediglich, daß wir seine Ansicht zur Kenntnis nehmen. Er wird sich also nicht wundern, wenn wir ihm hinterher trotz unseres Nikkens heftig widersprechen.

Gesprächspsychologen haben diese Methode unter dem Namen «aktives Zuhören» bis zur Perfektion ausgebaut. Der Zuhörer soll nicht nur den Worten seines Partners folgen, sondern ihn mit gelegentlichen Rückfragen und der Methode des emotionalen Spiegelns ermuntern, seine Motive und Gefühle zu offenbaren, um sich alles, was ihn belastet, von der Seele zu reden. Manipulationsspezialisten sind in der Lage, allein durch aktives Zuhören ihre Ziele zu erreichen. Sie überzeugen ihre Partner, ohne je eine eigene Meinung geäußert zu haben. Da der andere die ganze Zeit geredet hat, sieht es so aus, als sei er selbst zu dem Ergebnis gekommen, das der Manipulator von Anfang an angestrebt hat. Die Wahrheit ist komplizierter. Der Manipulator hat den Sprecher durch sein scheinbares Verständnis und Interesse dazu gebracht, seine geheimsten Wünsche auszusprechen. Dann bietet er ihm in Form einer Frage eine Lösung seines Problems an, natürlich eine Lösung, die ihm genau in sein Konzept paßt: «Ich habe den Eindruck, Sie suchen eine Lösung, die die Bedingungen X, Y und Z erfüllt. Zufällig kann ich Ihnen genau so etwas anbieten. Möchten Sie hören, worum es sich handelt?»

Beim fairen Streit sind die Anteile des Zuhörens und Sprechens ausgeglichen. Zur Ehrlichkeit in der Auseinandersetzung gehört auch das Eingeständnis, daß man keinesfalls nur den passiven Zuhörer spielen möchte, sondern Wert darauf legt, mit dem gleichen Recht wie der Partner seine Argumente darzulegen und gehört zu werden. Wenn einer der Beteiligten so unhöflich ist, den anderen ständig zu unterbrechen oder ihn erst gar nicht zu Wort kommen läßt, sollte der Partner zunächst durch Metakommunikation für eine ausgeglichene Machtkonstellation sorgen: «Moment mal. Ich habe den Eindruck, daß ich überhaupt nicht zu Wort komme. Außerdem ärgert es mich, wenn ich mitten im Satz unterbrochen werde. Ist es möglich, daß ich meinen Gedanken zu Ende bringen kann?»

Regel 9: Auf *Wutanfälle* reagiert ein guter Streiter *mit Gelassenheit*.

Zugegeben, es ist nicht ganz einfach, diese Forderung zu erfüllen. Vor allem deshalb, weil ein Zornesausbruch zunächst das faire Streiten erschwert. Er ist ein unverhohlener Angriff auf die Souveränität des Partners. Andererseits gibt es kaum etwas Echteres und Wahrhaftigeres als einen Menschen, der aus seiner Haut fährt. Wer ausrastet, lügt nicht. Er zeigt seine Verletzlichkeit; er offenbart, womit er aus der Ruhe zu bringen ist. Deshalb sollte man sich von einem Wutanfall weder überrollen lassen, noch die Schwäche ausnutzen, die der Wüterich offengelegt hat.

Ein Streit läuft stets unter erheblichem Einsatz von Gefühlen ab. Man kann sich noch so sehr vornehmen, ruhig und fair zu bleiben, es wird nicht immer gelingen. Zu den Regeln produktiven Streitens gehört auch, daß sie wie alle Regeln Ausnahmen kennen. Der Unterschied zu zerstörerischen Streitern liegt in der Häufigkeit der Wutanfälle und im Umgang mit solchen Ausrutschern. Auf einen Wutanfall darf der Partner niemals auf der Sachebene antworten. Angenommen, der Mann hat in der Stadt vergeblich auf seine Frau gewartet und kommt wutentbrannt nach Hause. Er trifft sie an ihrer Strickmaschine an, wo sie an ihrem neuesten Pullover arbeitet. «Warum bist du nicht gekommen?» ruft er zornig. «Ich habe eine halbe Stunde gewartet.»

«Ach Gott, das hatte ich völlig vergessen», entgegnet sie arglos. «Aber schau mal, ist dieses Muster nicht herrlich?»

«Vergessen!» brüllt er los. «Da drehe ich Kreise um den Markt, weil alle Parkplätze besetzt sind, stehe tausend Ängste aus, daß ich dich verfehlt habe – und du? Ein neues Muster! Aus dem Fenster werde ich sie werfen, deine Scheißmaschine!»

«Tu's doch! Das möchte ich sehen», antwortet sie höhnisch.

In Wut ausgesprochene Drohungen darf man niemals wörtlich nehmen. Wut ist eine Beziehungsbotschaft. Sie lautet: Dein Verhalten reizt mich bis zur Weißglut. Die richtige Antwort der Frau wäre gewesen, dem Mann zuzuhören und sich, nachdem sie sich entschuldigt hat für ihre Vergeßlichkeit, zu erkundigen, wie sie den Schaden wiedergutmachen kann. Gelassen reagieren bedeutet, nicht zurückzubrüllen, sondern dem anderen Gelegenheit zu geben, sich den Ärger von der Seele zu reden – mit dem Ziel, anschließend in Ruhe über den Grund des Ärgers zu sprechen. Wutanfälle sind ebenso wie übergroße Schweigsamkeit ein Zeichen für aufgestaute Beschwerden, die ein Ventil benötigen.

Manche Ratgeber empfehlen, einem Wutanfall vorzubeugen, indem man bei aufsteigendem Zorn versucht, ruhig durchzuatmen, und in Gedanken bis zehn zählt. In einer amerikanischen Untersuchung hat sich herausgestellt, daß der Versuch, auf diese Weise an sich zu halten, die Erregung nur noch steigert. Der Zwang, verständlichen Zorn herunterschlucken zu müssen, wirkt wie eine zusätzliche Stange Dynamit. Besser ist es, vor der Explosion hinauszugehen und draußen seine Gedanken zu ordnen: «Weshalb macht mich sein (oder ihr) Verhalten eigentlich so wütend?»

Produktive Streiter haben seltener mit Zornesausbrüchen zu tun, weil sie ihre Meinungsverschiedenheiten klären, ehe es zu einem Konfliktstau kommt. Passiert es dennoch, daß der Partner sich regelwidrig verhält, warten sie, bis er von selbst wieder seine Fassung erlangt. Hält das regelwidrige Verhalten an oder wiederholt es sich häufig, machen sie es zu einem gesonderten Streitthema. Das entscheidende ist: Wutanfälle sind kein Unglück. Jedem kann es passieren, daß er mal aus der Rolle fällt. Wir benutzen den Fehler des anderen nicht im Beziehungskampf, um ihn unter Druck zu setzen (etwa: «Wer so herumbrüllen kann wie du neulich, sollte sich hüten, von mir irgend etwas zu verlangen»), denn das würde den Partner reizen, nun seinerseits Verfehlungen des anderen zu sammeln, so wie es der in Kapitel 3 charakterisierte «Sammler» tut. In einer glücklichen Partnerschaft können die beiden, sobald sich die Gewitterwolke verzogen hat, über den plötzlichen Zornesausbruch lachen.

Regel 10: Zum Abschluß ihrer Auseinandersetzung *feiern* die Partner ihre *Versöhnung*.

Was die Einigung auf der Sachebene bedeutet, das ist die Versöhnung auf der Beziehungsebene. Sie haben Ihrem Partner einige unangenehme Wahrheiten an den Kopf geworfen. Er ist mit Ihnen auch nicht gerade zimperlich umgesprungen. Sie haben einige tiefe Gräben zwischen sich und ihm umgehen müssen. Viele Gefühle sind investiert worden, Sie fühlen sich erschöpft und ausgelaugt. Aber Sie sind auch froh, daß Sie beide die Krise gemeistert haben. Sie haben mehr voneinander erfahren, haben einen tieferen Einblick in die Denk- und Gefühlswelt des anderen erhalten. Eines der schwierigsten zwischenmenschlichen Probleme haben Sie erfolgreich bewältigt: Trotz tiefgreifender Unterschiede sind Sie mit Ihrem Gegenüber zu einer Einigung gelangt. Und was noch wichtiger ist: Die Beziehung hat dazugewonnen. Sie ist (hoffentlich!) enger geworden und steht nun auf einer realistischeren Basis.

Gönnen Sie sich eine kleine Versöhnungsfeier. Entscheidend ist die Geste, die Sie sich und Ihrem Partner erweisen, nicht die Größe der Belohnung. Und vor allem: Belohnen Sie sich sofort! Das gemeinsame Glas Sekt aus dem hauseigenen Kühlschrank ist wertvoller als die Überseereise, die Sie erst in drei Monaten antreten können. Ob der klassische Blumenstrauß, ein gemeinsames Essen oder die Versöhnung im Bett – nicht die konkrete Form ist wichtig, sondern die Geste. Bei der Wahl der Form kann man Großzügigkeit beweisen, indem man dem Partner die Entscheidung überläßt. Zwischen dem Anlaß des Streites, der Einigung und der Versöhnungsfeier sollte eine unmittelbare Verbindung bestehen. Nur in diesem Falle werden Sie sich beide stets an diesen glücklichen Moment erinnern, wenn es später darum geht, das, worauf Sie sich geeinigt haben, im Alltag in die Tat umzusetzen.

Viele Menschen glauben, daß die Schwierigkeiten bereits behoben sind, wenn sie eine brauchbare Einigung erzielt haben. Aber ein Streit ist nicht nur eine ausgetragene Meinungsverschiedenheit. Er ist immer auch eine Belastung für die Stabilität einer Beziehung. Deswegen sollte man der Versöhnung genausoviel Aufmerksamkeit widmen wie den Argumenten während des Schlagabtauschs. Mit ihr bestätigen sich die Partner gegenseitig, daß trotz aller Gegensätze die Wertschätzung füreinander das Bestimmende in ihrer Beziehung ist. Sie zeigen einander, daß am Ende der Auseinandersetzung etwas Schönes steht, ein Zugewinn für beide, der die Mühen des Streitens lohnt.

8

Der Streit am Arbeitsplatz

Was ist die Ermordung eines Mannes
gegen die Anstellung eines Mannes?
Bertolt Brecht (1898–1956)

Wer kennt sie nicht, die Geschichten von dem kleinen Angestellten, der im Betrieb vor dem allmächtigen Chef katzbuckelt und
seine Wut über die täglich erlittenen Demütigungen zu Hause an
der Ehefrau, den Kindern und dem Hund ausläßt? Sie hatten ihre
Hochkonjunktur in den fünfziger und sechziger Jahren, als die
Fabrik mit mehreren tausend Arbeitern und Angestellten die vor-
herrschende Produktionsform in der Bundesrepublik war. Eine
streng durchorganisierte Hierarchie vom Direktor bis zum Lehrling, Abhängigkeitsverhältnisse in Form von Befehl und Gehor-
sam sowie unpersönliche Kontrollmechanismen wie Stechuhr,
Fließband und Akkordlohn waren der Preis für eine gut gefüllte
Lohntüte. Dieser Produktionstyp ist in den letzten zwei Jahrzehnten stark zurückgegangen. Gewachsen ist dafür die Anzahl der
Selbständigen und Freiberufler, der Angestellten in Dienstlei-
stungsbetrieben, der Angehörigen akademischer und sozialer Be-
rufe, aber auch der Arbeitslosen und Vorruheständler. Nur noch
die Minderheit der Erwerbstätigen verbringt den gesamten Ar-
beitstag an einer Maschine. Bei der Mehrheit ist für den beruflichen Erfolg die Fähigkeit maßgebend geworden, mit Klienten,
Kunden, Geschäftspartnern oder Verwaltungsbeamten und Per-
sonalchefs erfolgreich kommunizieren zu können.

Mobbing   Einige großangelegte arbeitswissenschaftliche Untersuchungen über die zu erwartenden Veränderungen in der Arbeitslandschaft der kommenden Jahre haben nachgewiesen, daß
der Bedarf an Arbeitskräften, die ihre beruflichen Aufgaben vorrangig durch professionelle Gesprächsführung lösen müssen,
überproportional zunehmen wird.[21] Unternehmen für Marketing

und Kommunikationsschulungen haben diesen neuen Markt ziemlich schnell für sich erschlossen und bieten Führungskräften in Wirtschaft und Verwaltung Kurse in Menschenführung und Verhandlungstechniken an. Ihr Effekt ist bisher, wie schon zu Anfang erwähnt, vergleichsweise gering, da sie unrealistischerweise den Schwerpunkt einseitig auf das Erzielen von Harmonie und Eintracht legen. Statt dessen hat ein anderer, negativer Trend die Oberhand gewonnen: der zerstörerische Streit am Arbeitsplatz. Für diese Vorgänge hat sich die Bezeichnung *Mobbing* (vom englischen Verb «to mob»: anpöbeln, tätlich angreifen) durchgesetzt. Sie steht für Psychoterror am Arbeitsplatz.

Gelegentlicher Streit ist normal, ebenso vereinzelte Drohungen, Zornesausbrüche oder Beschimpfungen. Reibereien werden sich nie ganz vermeiden lassen. Beim Mobbing gibt es jedoch einen Punkt, wo diese zeitweiligen Entgleisungen in regelmäßige, dauerhafte Verhaltensmuster übergehen. Damit kann ein Mitglied einer Arbeitsgruppe zielgerichtet fertiggemacht werden. Es entsteht eine Täter-Opfer-Beziehung mit verheerenden Auswirkungen auf die psychische Gesundheit des Angegriffenen. Nach Schätzungen von Fachleuten sind annähernd vier Prozent aller Arbeitnehmer von Mobbing betroffen.

Sehen wir uns ein Beispiel an. Dieter war mehrere Jahre als Lehrkraft an einer DDR-Universität beschäftigt. Im Zuge der Wiedervereinigung wurde sein Wissenschaftsbereich aufgelöst, und er erhielt die Kündigung. Er zog vor das Arbeitsgericht und gewann den Prozeß, vor allem, weil er wegen einer vierzigprozentigen Schwerbeschädigung und als Vater dreier Kinder soziale Aspekte gegen seine Kündigung geltend machen konnte. Daraufhin wurde er per Weisung einem anderen, bisher nicht aufgelösten Bereich der Universität zugeteilt. Sein neuer Vorgesetzter und dessen Mitarbeiter empfanden den neuen Kollegen als störend. Denn auch ihr Bereich war infolge der Anpassung an das bundesdeutsche Hochschulsystem von der Schließung bedroht. Auf jeden Fall stand die Entlassung einiger Mitarbeiter unmittelbar bevor. Da Dieter unter Kündigungsschutz stand, würde an seiner Stelle einer von den anderen gehen müssen.

Dieter wurde von Anfang an von allen Aktivitäten seines neuen Bereiches ausgeschlossen. Der Vorgesetzte teilte ihn zu Telefondiensten ein und ließ ihn Arbeiten erledigen, für die vorher die Sekretärin zuständig war: Post holen, Kaffee kochen, an Geburtstagen Blumen kaufen und ähnliches. Aus Forschung und Lehre wurde er systematisch ausgegrenzt, obwohl er den Doktortitel führte und als hochqualifiziert gelten konnte. Darüber hinaus vermieden es seine neuen Kollegen, mit ihm zu sprechen. Sie kritisierten ihn nicht, sondern schüttelten einfach nur den Kopf oder stöhnten leise, wenn er den Mund aufmachte. Er geriet in eine Außenseiterposition. Anfangs versuchte er einige Male, Vorschläge zu machen, wie er zur Forschung in jenem Bereich beitragen könne. Seine Wortmeldungen wurden kommentarlos übergangen. Dieter versuchte, sich an die Gewerkschaft zu wenden. Es kam auch zu einer Aussprache. Da jedoch die Gewerkschaftsmitglieder seines neuen Bereiches seiner Darstellung widersprachen, brachte dieser Schritt kein Ergebnis – außer daß er endgültig als Querulant abgestempelt war. Seine Arbeitsmotivation sank auf Null, Krankschreibungen aufgrund der Schwerbeschädigung häuften sich.

Dieser Fall ging relativ glimpflich aus, weil Dieter die nächste Kündigung, die die Universität zwei Jahre später aussprach, akzeptierte und sich (gefördert durch das Arbeitsamt) für einen Verwaltungsberuf umschulen ließ. Aber es sind genügend Beispiele bekannt, in denen sich der zerstörerische Streit über viele Jahre hinzog und erst endete, als das Opfer wegen ernster psychischer oder psychosomatischer Störungen aus dem Berufsleben ausscheiden mußte. Dabei läßt sich das Mobbing an keiner einzelnen Handlung festmachen. Jede Einzelaktivität, wie etwa Sticheleien, Ignorieren, Drohungen oder Gesten der Ablehnung, kann auch im normalen Gespräch vorkommen. Meist liegen auch keine Gesetzesverstöße vor. Alles vollzieht sich unterhalb der Schwelle der Eskalation. Der Psychoterror entfaltet sich vielmehr durch die andauernde Aneinanderreihung kleiner Gemeinheiten, denen sich der Betroffene infolge seiner Arbeitssituation nicht entziehen kann.

Ursachen und Folgen des Mobbing Dieters Geschichte zeigt etwas sehr Typisches. Das Mobbingopfer kann schuldlos sein an dem, was ihm widerfährt. Daß Dieter die Kündigung seines Arbeitgebers nicht hinnahm, sondern sein Recht einklagte, ist ein Verhalten, das eines mündigen Bürgers würdig ist. Die Konsequenzen waren für ihn verheerend. Da ihn die Fakultät nicht auf legalem Wege loswerden konnte, ekelte sie ihn hinaus. Mobbing baut auf der Konfliktscheu aller Beteiligten auf. Die Täter wagen ihr Opfer nicht offen anzugreifen, weil die Gesetze nicht auf ihrer Seite sind. Das Opfer hat vielleicht eine Frau und mehrere Kinder zu ernähren, einen Kredit abzuzahlen – es bangt um seine Stelle und hält still, solange es irgendwie geht. Solche Formen systematischen Psychoterrors treten nicht nur in der Arbeitswelt, sondern überall dort auf, wo Rechtsmittel bei der Konfliktlösung versagen – zum Beispiel, wenn ein Hausbesitzer einem Mieter nicht kündigen darf, oder in einer Ehe, wenn der eine Partner, aus welchen Gründen auch immer, sich erfolgreich gegen das Scheidungsbegehren des anderen wehrt.

Die Persönlichkeit des Opfers gibt bestenfalls den Anstoß für das Mobbing; die Ursachen liegen tiefer. Menschen arbeiten in Gruppen zusammen, in denen eine festgelegte Arbeitseinteilung herrscht. Solange die Gruppe mit ihrer vorbestimmten Struktur ihre Aufgaben erfüllen kann, gibt es in der Regel keine Probleme. Jeder tut das, wofür er eingestellt wurde, und keiner wird ausgegrenzt, da das Arbeitsergebnis aller von dem Beitrag jedes einzelnen abhängt. Dieser Idealzustand ändert sich, sobald Schwierigkeiten auftauchen. Für kleinere Abweichungen vom üblichen Ablauf verfügt die Gruppe noch über Verhaltensregeln, um möglichst schnell zum Normalablauf zurückzukehren. Momentane Überbelastungen werden durch Überstunden ausgeglichen, bei Krankheitsfällen tritt ein veränderter Dienstplan in Kraft und so weiter.

Manchmal treten jedoch größere Probleme auf. Der Bereich, in den Dieter hineinwechselte, stand vor einer Neustrukturierung. Die berufliche Existenz fast aller Kollegen war bedroht. Niemand wußte im voraus, auf wen die Kündigung wartete und wer bleiben durfte. Als das endlich entschieden war, mußten die Übriggebliebenen ihre Aufgaben völlig neu definieren. Die alten Lehrprogramme und Forschungsthemen galten nichts mehr. Um neuartige Probleme zu lösen, benötigt man Kenntnisse darüber, wie man mit solchen Schwierigkeiten fertig wird. Sind diese Kenntnisse nicht vorhanden, gerät die Gruppe unter Druck: Die Erfüllung ihrer Arbeitsaufgaben ist in Gefahr.

Im Interesse ihrer Stabilisierung neigen Gruppen unter Druck dazu, sich einen Sündenbock zu suchen, den sie für ihre Schwierigkeiten verantwortlich machen. Sie personifizieren ihr Problem. Infolge der Bedrohung von oben verschärft die Gruppe ihre inneren Normen. Jedes abweichende Verhalten wird mit den Schwierigkeiten in Zusammenhang gebracht, vor denen die Gruppe steht. Der Druck von außen verwandelt sich in einen inneren Konflikt der Gruppe zwischen der Mehrheit und dem Abweichler. Damit gewinnt die Gruppe in ihrer unklaren Situation zwei Vorteile: Sie vermeidet einen Kampf mit der übergeordneten Leitung, dessen Ausgang mehr als ungewiß wäre. Und sie rückt enger zusammen – allerdings um den Preis der Ausstoßung ihres schwächsten Gliedes.

Für den Sündenbock sind die Folgen katastrophal. Meist gerät derjenige in diese Rolle, der am weitesten unten steht, der sich ohnehin schon am Rande des Kollektivs befindet. Das ist häufig jemand, der fremd ist oder erst seit kurzem der Gruppe angehört.[22] Die Gruppe trägt den Konflikt mit ihm nicht offen aus, sondern stigmatisiert ihn, grenzt ihn aus. Sie bestraft ihn nach der Manier des kalten Krieges. Folgende «Maßnahmen» kommen immer wieder vor: Man läßt das Opfer im unklaren darüber, was man mit ihm vorhat. Gegen ihn gerichtete Beschlüsse erfährt es erst im nachhinein. Es wird von allen Gesprächen und allen Informationen der Gruppe ausgeschlossen.

Typische Verhaltensweisen gegenüber Sündenböcken sind: Man spricht hinter dem Rücken über sie, sorgt aber dafür, daß sie davon erfahren. Auf Versammlungen erteilt man ihnen nicht das Wort. Wenn sie es dennoch schaffen, zu Wort zu kommen, werden sie sofort unterbrochen. Drohungen sind an der Tagesordnung, häufig in Form unklarer Andeutungen. Sie werden lächerlich gemacht. Sie können tun, was sie wollen, ihr Verhalten gilt auf jeden Fall als falsch, boshaft oder dumm. Man verdächtigt sie sogar, geisteskrank zu sein. Man zwingt sie zu Arbeiten, die ihr Selbstbewußtsein verletzen. Sie müssen «Dienst nach Vorschrift» tun. (Beispielsweise mußte Dieter seinem neuen Vorgesetzten als einziger von den Kollegen seitenlange Beschreibungen des Inhalts seiner Lehrveranstaltungen vorlegen, die er halten wollte – und dann nicht halten durfte.)

Wenn sich Mobbing erst einmal etabliert hat, kann das Opfer kaum noch etwas tun, um aus der Sündenbockrolle wieder herauszukommen. Alles, was der Außenseiter tut, kann gegen ihn verwendet werden. Die Schuldfrage ist dabei unerheblich. Selbst wenn der Betroffene durch unangenehme Verhaltensweisen die Ablehnung der übrigen herausgefordert hat, bleibt es zutiefst unmoralisch, ihn durch Psychoterror auszugrenzen. Da die Kontakte zwischen dem Opfer und der Gruppe auf ein Minimum reduziert werden, nimmt man ihm die Möglichkeit, durch ein aufrichtiges, problembezogenes Gespräch die Schwierigkeiten im Umgang miteinander auszuräumen. Das Schweigen verhindert die offene Konfrontation. Es verunsichert den Betroffenen wegen seiner Mehrdeutigkeit. Oft erfährt er gar nicht, weswegen man ihn so behandelt.

Mobbing tritt nur dort auf, wo Vorgesetzte tatenlos zuschauen. Daß solch ein Konflikt jahrelang vor sich hinkochen kann, scheint auf den ersten Blick kaum glaubhaft, denn jeder Sündenbock bedeutet auch eine erhebliche materielle Einbuße für den Arbeitgeber. Der ausgegrenzte Kollege muß bezahlt, die ihm verweigerten sinnvollen Aufgaben müssen von anderen übernommen werden. Hinzu kommt der Verlust an Motivation und Kreativität, der gar nicht in Zahlen zu fassen ist. Hinter dem Mobbing steht die Scheu vor dem offenen Streit. Da Dieters neuer Vorgesetzter aufgrund der ungewissen Zukunft seines eigenen Bereiches nicht wagte, gegen seine Universitätsleitung zu opponieren, ließ er mit Unterstützung aller Mitarbeiter seinen Zorn an Dieter aus, und zwar in versteckter Form. Auf direktem, juristischem Wege konnte man ihn nicht loswerden. Statt aber nach einer Lösung zu suchen, die der neuen Realität Rechnung trug, verlegte man sich auf einen psychologischen Machtkampf.

Selten überlegen sich die Täter, welch schreckliche Folgen ihre Konfliktscheu für das Opfer hat. Da sie das Gespräch abbrechen, erfahren sie nur noch wenig darüber, was im Innern ihres Sündenbocks vor sich geht. Nur wenn der betroffene Kollege zum letzten Ausweg greift und Selbstmord begeht, setzt ein tieferes Nachdenken ein – leider zu spät. Wer wie ein Versager und Querulant behandelt wird, verhält sich nach einer gewissen Zeit auch so. Wer permanent angegriffen wird, ohne genau zu wissen, weswegen, wird sich in einen immer verzweifelteren Verteidigungskampf stürzen. Er gerät in ständigen Rechtfertigungszwang. Damit leistet er ungewollt den Bemühungen, ihn als unverträglich abzustempeln, Vorschub.

Sich von Anfang an wehren Was kann jemand tun, der vom Mobbing betroffen ist? Von Anfang an in die Offensive gehen! Wer erst einmal in der Außenseiterrolle angekommen ist, hat kaum noch Möglichkeiten, sich aus ihr zu befreien. Gerade im Arbeitsbereich ist es wichtig, unfaire Streiter sofort in ihre Grenzen zu verweisen. Das ist natürlich schwierig, wenn man mit einer Vorverurteilung konfrontiert ist, wie in Dieters Beispiel. Immerhin wußte Dieter, daß die Leitung seinen Arbeitsplatzwechsel über die Köpfe aller Beteiligten hinweg entschied. In einem solchen Fall empfiehlt es sich, gleich am ersten Tag, noch bevor sich Mobbingstrukturen etablieren konnten, um eine Aussprache nachzusuchen. Dabei muß das Unbehagen an der veränderten Situation zur Sprache kommen. Dabei sollte der Neuling zunächst mit eigenen Vorstellungen zurückhalten, sondern seine Kollegen lieber um Rat fragen, sich nach ihren Erfahrungen und ihren Erwartungen an ihn erkundigen. Das hilft, Ängste abzubauen, und fördert eine freundschaftliche Atmosphäre. Beruflich wie persönlich Akzeptanz erreichen – das ist die wichtigste Aufgabe, die jeder zu lösen hat, der eine neue Stelle antritt.

Außerdem lohnt es sich, nach möglichen Verbündeten Ausschau zu halten. Meist gibt es zwei, drei Mitarbeiter, zu denen man relativ leicht Kontakt findet, solange sich die Arbeitsgruppe noch nicht zu einer geschlossenen Front gegen den unwillkommenen Neuling formieren konnte. Solche rechtzeitig geschlossenen Freundschaften können später ein wichtiger Halt bei sich zuspitzenden Konflikten sein.

Als einzelner kann man dem Mobbing nur vorbeugen. Ist der Psychoterror erst einmal ausgebrochen, hilft nur noch der Gang zur Gewerkschaft, zu Schlichtungskommissionen, zu (unbeteiligten) Vorgesetzten oder (wenn es zu Gesetzesübertretungen gekommen ist) zum Gericht. Auch Beratungsstellen, die es inzwischen in Deutschland gibt [23], können Unterstützung bieten. Wichtig ist, daß man sich als Betroffener nicht von Selbstzweifeln auffressen läßt. Gegen eine feindliche Arbeitsgruppe kann ein einzelner nicht gewinnen. Im Extremfall bleibt nur die Kündigung. Kein Arbeitsplatz ist so wertvoll, daß es sich lohnt, dafür die Zerstörung der eigenen psychischen Gesundheit und Lebensfreude in Kauf zu nehmen.

Patentrezepte gegen Mobbing gibt es nicht. Die Forschung beschäftigt sich erst seit einigen Jahren mit diesem Problem; bisher sind nur wenige Erfahrungen ausgewertet worden. Die Hauptaufgabe wird darin bestehen, eine Arbeitsorganisation durchzusetzen, die ein produktives Arbeitsklima und aufrichtige Kommunikation fördert. Das verlangt vor allem die Bereitschaft, vor Konflikten nicht davonzulaufen.

Mit dem Chef streiten   Aber auch unter normalen Verhältnissen, in eingespielten Teams, treten gelegentlich Schwierigkeiten und Mißverständnisse auf. Menschliches Miteinander benötigt den Wettbewerb ebenso wie die Kooperation, um gemeinsame Ziele zu verwirklichen. Da in einem Betrieb meist Spezialisten mit unterschiedlichen Aufgabenbereichen zusammenarbeiten, sind Meinungsverschiedenheiten und Streitigkeiten unvermeidlich. Die Hierarchie in den Betrieben und Verwaltungen orientiert jedoch auf die Vermeidung von Konflikten. Wo mit Weisungen und Rechenschaftsberichten reagiert wird, scheint jeder Kampf um das richtige Argument fehl am Platz. Im Recht ist, wer seine Meinung mittels einer Anordnung durchsetzen kann – also der Chef.

Je einfacher und sicherer eine Entscheidung ist, desto effektiver ist ein solches System.

Was aber geschieht bei komplizierten Entscheidungen, bei denen sehr viele Faktoren bedacht werden müssen? In diesem Fall ist mit Weisungen allein nicht viel auszurichten. Der Leiter ist vielmehr auf einen gut kooperierenden Mitarbeiterstab angewiesen, der seine Beschlüsse gemeinsam faßt. In modernen, flexiblen Unternehmen besitzen die Mitarbeiter eine beträchtliche Selbständigkeit und Eigenverantwortung. Entscheidungen kommen durch einen Diskussionsprozeß zustande, in den der Vorgesetzte zwar noch regelnd eingreift, wo er es sich aber gründlich überlegt, ob er versuchen soll, seine Meinung gegen die Mehrheit seiner Mitarbeiter durchzusetzen. Hier werden alle Regeln produktiven Streitens wirksam, die in den vergangenen Kapiteln besprochen worden sind.

Eine Besonderheit für den Streit am Arbeitsplatz ergibt sich aus der Tatsache, daß betriebliche Hierarchie und aufgeteilte Kompetenz in der Sache oft nebeneinander bestehen. Das bedeutet, einerseits ist Herr Schulz Chef von Herrn Müller, andererseits kann Herr Müller in einer bestimmten Angelegenheit kompetenter sein als der Chef. Nehmen wir an, unser Herr Müller ist der Softwarespezialist der Abteilung. Es soll ein Statistikprogramm für den Bürocomputer gekauft werden. Herr Schulz neigt als Leiter der Abteilung dazu, das billigste Programm zu kaufen, das die erforderlichen Leistungen bringt. Herr Müller vermutet, daß im Laufe der nächsten zwei Jahre die Ansprüche der Kollegen an die Leistungsfähigkeit des Programms steigen werden. Er ist dafür, gleich ein teureres und leistungsfähigeres Programm zu nehmen. Das wäre im Endeffekt kostengünstiger, als nach zwei Jahren ein zweites Programm kaufen zu müssen.

Wenn Herr Müller seine Annahmen mit exakten Zahlen belegen könnte, würde sein Chef schnell einlenken. Aber was in zwei Jahren sein wird, weiß Müller auch nicht genau. Wenn jedoch die falsche Software gekauft wird, muß eventuell später noch einmal Geld für ein Statistikprogramm ausgegeben werden, Geld, das dann für andere wichtige Programme fehlt. Herr Schulz weiß aber, daß der Kauf des teuren Programms zum jetzigen Zeitpunkt seine Finanzen arg strapaziert. Er ist es, der als Chef die Verantwortung für das Budget der Abteilung trägt.

Kann Müller sich mit seinem Chef über diese Frage streiten? Auch dann, wenn dieser ein Vertreter des autoritären Führungsstils ist? Er muß es sogar. Wenn sich Schulz' Enscheidung für das Statistikprogramm in zwei Jahren als falsch herausstellen sollte, wird er Müller vorwerfen, ihn nicht genau genug beraten zu haben. Die Kernfrage für den Mitarbeiter lautet daher: Wie kann ich mit meinem (autoritären) Chef streiten, von dessen Wohlwollen ich abhängig bin? Die Anwort liegt im Vorfeld der Streitfrage. Die Auseinandersetzung gelingt, wenn zwischen Mitarbeiter und Chef ein guter zwischenmenschlicher Kontakt besteht. Oder anders ausgedrückt: Der Streiterfolg auf der Sachebene ist abhängig von der Stärke der Gemeinsamkeiten auf der Beziehungsebene.

Moderne Unternehmen sind so komplex strukturiert, daß kein Vorgesetzter in der Lage ist, alle Vorgänge seines Verantwortungsbereiches allein zu überschauen. Er hat daher ein Interesse an Mitarbeitern, die so motiviert sind, daß sie mit ihm an einem Strang ziehen – auch dann, wenn er keine unmittelbare Kontrolle ausüben kann. Gleichzeitig verfolgen Mitarbeiter selbst bei größtmöglicher Identifikation mit den Geschäftszielen des Unternehmens ihre eigenen Zwecke. Sie wollen Karriere machen, zu Wohlstand gelangen und ihre Ideen durchsetzen. Sie wollen nach ihren Fähigkeiten und Vorlieben eingesetzt werden. Dafür benötigen sie die Unterstützung ihres Chefs. Diese Interessenverflechtung bietet einen Ansatz für den Mitarbeiter, zu seinem Vorgesetzten ein gutes Verhältnis herzustellen.

Wie kann er das erreichen? Er wird bereits beim ersten Gespräch mit seinem neuen Chef, also sobald er seine Stelle antritt, sich nach dessen Zielen und Methoden erkundigen. Was versucht er zu verwirklichen? Welches sind seine bisherigen Erfolge, was für Schwierigkeiten und Engpässe sieht er? Wo will er Unterstützung haben? Worauf legt er besonderen Wert? Der Chef ist auch nur ein Mensch; er wird sich freuen, wenn der neue Kollege an seinen Problemen Anteil nimmt. Wenn der Mitarbeiter jetzt nicht in den Fehler verfällt, sofort mit Verbesserungsvorschlägen herauszuplatzen, bevor er sich einige Wochen dem Betriebsalltag ausgesetzt hat, ist ein guter Anfang gemacht. Auch wenn er zu einem späteren Zeitpunkt Veränderungen vorschlägt, sollte er immer erkennen lassen, daß er die soziale und fachliche Kompetenz seines Chefs nicht in Frage stellt.

Kurz, der Chef muß die Überzeugung gewinnen, daß der Mitarbeiter stets *für* ihn und nicht *gegen* ihn arbeitet. Dann wird er die Zivilcourage seines Angestellten zu schätzen wissen, wenn er Meinungsverschiedenheiten anspricht. Differenzen sind produktiv, solange den Kontrahenten eine gemeinsame Basis bleibt, solange sie auf der Basis von Interessenübereinstimmungen diskutieren. Die höfliche Form, die das Hierarchiegefühl respektiert, ist entscheidend dafür, wie es bei Herrn Schulz ankommt, wenn Herr Müller widerspricht.

Mit den Kollegen streiten Für den Umgang mit den übrigen Kollegen gelten ähnliche Grundsätze. Da gleichrangige Mitarbeiter nicht nur kooperieren, sondern meist auch Konkurrenten um den Aufstieg auf der Karriereleiter sind, ist die Pflege eines guten Verhältnisses besonders wichtig. Jede Art von Heimlichkeit, jedes Taktieren hinter dem Rücken der anderen fördert Intrigenwirtschaft und kann in Mobbing ausarten. Niemand kann genau vorhersagen, wer dann das Opfer solcher Machenschaften sein wird. Deshalb ist es für alle günstiger, den Kollegen durch interessierte Fragen zu zeigen, daß man ihre speziellen Fähigkeiten zu schätzen weiß und sich für ihre Ziele interessiert. Ein kluger Mitarbeiter wird auch nicht versäumen, bei seinen Erfolgen den Anteil der Kollegen und des Vorgesetzen hervorzuheben. Auf keinen Fall wird er versuchen, sich in die Rolle des «Kronprinzen» zu drängen. Selbst wenn es ihm gelingen sollte, auf diese Weise seine Konkurrenten um die Nachfolge auf dem Chefsessel auszubooten – er würde mit seiner Beförderung sofort seine früheren Kollegen und jetzigen Untergebenen gegen sich haben.

Dagegen festigt ein Mitarbeiter seine Stellung, wenn er bereit ist, auch über private Angelegenheiten mit den Kollegen zu reden. Ein gutes Zeichen für ein Vertrauensverhältnis ist es, wenn ein

Kollege oder gar der Chef mit ihm über familiäre Dinge spricht. Es gibt allerdings eine Reihe von Arbeitsgruppen, in denen die Mitarbeiter betonen, daß sie auf eine strikte Trennung von Beruf und Privatleben Wert legen. Das ist zwar jedermanns Recht, aber zugleich ein Zeichen dafür, daß mit dem Betriebsklima einiges nicht in Ordnung ist. In einer kreativen Gruppe darf niemand Angst haben müssen, daß Informationen über das Privatleben gegen den Betreffenden ausgenutzt werden. Einen Prüfstein, um festzustellen, ob in einer Gruppe eine gute Streitatmosphäre herrscht, liefert die Beantwortung der Frage, wie die Kollegen in Abwesenheit übereinander reden. Ist es üblich, über Nichtanwesende Witze zu reißen, ihre Charaktere zu analysieren und Gerüchte zu diskutieren? Verstummen diese Gespräche, sobald der Betreffende den Raum betritt? Oder wird über Anwesende hauptsächlich Gutes gesagt, und fallen kritische Äußerungen über einen Mitarbeiter nur dann, wenn er anwesend ist? Nur im letztgenannten Fall ist ein optimales Arbeitsklima erreicht worden.

Vier Führungsstile Den größten Einfluß auf ein streitbares Vertrauensklima hat jedoch der Chef selbst. Von seinem Führungsstil hängt es ab, wieweit die Kenntnisse und Ideen seiner Mitarbeiter Eingang in die Leistung der Gruppe finden. Die Sozialpsychologie unterscheidet vier Führungsstile:

Bei einem *autoritären Stil* trifft der Vorgesetzte alle Entscheidungen allein. Er legt jeden einzelnen Arbeitsschritt fest, zum Teil bis in Einzelheiten, er bestimmt auch, wer mit wem zusammenarbeitet, wer wofür verantwortlich ist und in welcher Form die Kontrolle erfolgt. Lob und Kritik äußert er meist willkürlich und ohne Angabe von Gründen. Außerdem bemüht er sich, zu den Mitarbeitern einen deutlichen Abstand zu wahren. Ein autoritärer Vorgesetzter hält meistens nicht allzuviel von den Fähigkeiten seiner Untergebenen. Aus diesem Grunde versucht er, jeden ihrer Arbeitsschritte zu kontrollieren. Meinungsverschiedenheiten wertet er als Angriff auf seine Position als Vorgesetzter. In einer autoritär geleiteten Abteilung oder Gruppe neigen die Mitarbeiter zu Heimlichkeiten und Intrigen. Dieser Führungsstil ist nur bei der Erfüllung einfacher, leicht kontrollierbarer Aufgaben effektiv, bei denen es unwichtig ist, ob die Arbeiter und Angestellten motiviert sind oder nicht. Mit einem autoritären Chef produktiv streiten zu wollen ist vergebliche Liebesmüh. Er wird jede abweichende Meinung als Widersetzlichkeit oder im günstigsten Falle als Ahnungslosigkeit seines Untergebenen bewerten. Aggressive Streitigkeiten kommen öfter vor als bei jedem anderen Führungsstil und arten fast immer in persönliche Angriffe und Rivalitäten aus. Mobbing ist häufig.

Bei einem *demokratischen, partnerschaftlichen Stil* trifft die Gruppe gemeinsame Entscheidungen. Der Vorgesetzte beschränkt sich darauf, die Diskussion anzuregen und zu leiten. Häufig schlägt er verschiedene Lösungswege vor und bittet die Gruppe um ihre Meinung. Die Mitarbeiter können selbst entscheiden, wer mit wem zusammenarbeiten will. Unter diesen Bedingungen ist der konstruktive Meinungsstreit nicht nur möglich, sondern sogar notwendig. Dieser Leitungsstil bewährt sich vor allem in Gruppen, die komplizierte Aufgaben zu lösen haben, bei denen kein einzelner alle Aspekte überschauen kann. Es herrscht eine offene Atmosphäre. Der Vorgesetzte geht davon aus, daß seine Mitarbeiter auf ihrem jeweiligen Gebiet fähiger sind als er selbst. Deshalb versucht er, sich ihre Kompetenzen zunutze zu machen. Er bemüht sich, ihnen weitgehende Entscheidungsfreiheit zu gewähren, damit ihre Ideen wirklich zum Tragen kommen.

Der «*Laisser-faire*»-Stil[24] wird von Vorgesetzten realisiert, die ihren Mitarbeiterstab im wesentlichen sich selbst überlassen. Jeder erledigt seine Aufgaben nach eigenem Gutdünken. Der Chef hält sich von den Aktivitäten der Gruppe fern, weil er es für hoffnungslos hält, in diesen «Haufen» Disziplin und Ordnung hineinzubringen. Solche Gruppen arbeiten meist wenig effektiv. Rivalitäten und Aggressionen sind häufig, weil sich jeder für sein spezielles Ressort die alleinige Entscheidungsbefugnis vorbehält. Dadurch kommt es zu Kompetenzstreitigkeiten. Ebenso wie bei der autoritären Führung blühen Formen zerstörerischen Streitens.

Diese drei Stile wurden von dem deutschen Psychologen Kurt Lewin und seinen Mitarbeitern Lippitt und White 1937 und 1938 in den USA untersucht. Für Lewin, der von den Nationalsozialisten aus Deutschland vertrieben wurde, hatten diese Forschungen eine vorrangig politische Bedeutung. Daher die Bezeichnungen «autoritär» und «demokratisch», die von einigen Wissenschaftlern wegen ihrer politischen Assoziationen kritisiert wurden. Die Unterscheidung dieser Stile und ihre Folgen für die Beziehungen innerhalb von Gruppen ist jedoch durch neuere Forschungen mehrfach bestätigt und ergänzt worden. Der Hamburger Psychologe Friedemann Schulz von Thun unterscheidet noch einen vierten Führungsstil, den partriarchalisch-fürsorglichen.[25]

Beim *patriarchalischen Stil* versucht der Vorgesetzte autoritäre Führungsansprüche auf freundliche Weise durchzusetzen. Er bevormundet seine Mitarbeiter, indem er an ihre «bessere Einsicht» appelliert. Das Managertraining dient häufig dazu, Führungskräfte der Wirtschaft zu diesem Stil zu befähigen: Autoritäre Ansprüche werden durch eine freundliche Redeweise verbrämt. Patriarchalisches Verhalten fördert jedoch indirekte Streitformen.

Der optimale Führungsstil Keine Frage, der Führungsstil, den Lewin «demokratisch» nannte, bietet die optimale Voraussetzung für produktive Streitgespräche. Welchen Stil ein Chef bevorzugt, hängt aber nicht nur von der Betriebsorganisation und seinen Führungskenntnissen ab, sondern auch von seinem Charakter. Und dieser Faktor läßt sich mittels Training nur wenig beeinflussen. Daß gerade in Deutschland der autoritäre Stil weitverbreitet ist, hat viel mit unseren Erziehungstraditionen zu tun. Verbote, häufige Strafen und Leistungsdruck von seiten ehrgeiziger Eltern, die ihren Nachwuchs für eine schnelle Karriere motivieren wollen, schüren bei den Kindern die Angst, zu versagen und den Erwartungen der Umwelt nicht zu entsprechen. Als Erwachsene haben sie folglich mit Minderwertigkeitskomplexen zu kämpfen, die sie durch ein besonders hartes, Schwächen kaschierendes Auftreten zu verbergen suchen. Deshalb ist ein partnerschaftlicher Führungsstil häufig abhängig von einer klugen Personalpolitik des Unternehmens oder einfach Glückssache – durch Zufall ist der richtige Mann auf die richtige Position gelangt. In den übrigen Fällen können die Mitarbeiter versuchen, zu ihrem Vorgesetzten ein Vertrauensverhältnis aufzubauen, um damit negative Auswirkungen seines Stils zu mildern. Ich weiß aus eigener Erfahrung, daß dies möglich ist.

Zum Schluß will ich auf die Risiken hinweisen, die jeder Chef eingeht, der auf autoritäres Auftreten setzt, weil er fürchtet, sonst die Kontrolle über seine Mitarbeiter zu verlieren. Dadurch, daß er zu seinen Angestellten innerlich auf Distanz geht, entgleiten alle zwischenmenschlichen Beziehungen seiner Einflußnahme. Die Kontakte beschränken sich weitgehend auf Befehlsempfang und die Meldung, daß die Anordnungen ausgeführt wurden. Er erfährt wenig über die Motivationen seiner Mitarbeiter und nimmt sich die Möglichkeit, ihre persönlichen Neigungen mit den Interessen des Unternehmens zu verbinden.

Zum zweiten bemerkt er kaum, wie sein Verhalten bei den Mitarbeitern ankommt. Da autoritäres Auftreten meist innere Unsicherheiten überspielen soll, sind solche Chefs auch gar nicht daran interessiert, zu erfahren, wie sie auf andere wirken. Solange ihre Anordnungen ausgeführt werden, ist die Welt für sie in Ordnung. Gelegentliche Widerstände bringen sie nicht mit sich selbst, sondern der Faulheit oder dem «inneren Schweinehund» der Untergebenen in Zusammenhang. Es besteht die Gefahr, daß der Chef nach einigen Jahren allmählich die Verbindung mit der Realität verliert, weil er schon lange nicht mehr genau mitbekommt, was um ihn herum vorgeht. Er hat verlernt, eigene Fehler zu erkennen und zu korrigieren.

Zum dritten riskiert der autoritäre Vorgesetzte, die Mitarbeiter gegen sich aufzubringen. Zwar kommt es nur selten zur offenen Revolte. Aber in solchen Gruppen sind Rechtsstreitigkeiten zwischen Vorgesetzten und Mitarbeitern häufig. Manchmal versucht ein Angestellter sogar, sich mit der nächsthöheren Ebene gegen seinen Chef zu verbünden – nicht selten mit Erfolg, da in autoritär geleiteten Arbeitsgruppen fast immer Schwierigkeiten auftreten, die zur Kritik am Leiter Anlaß geben. Da ein autoritärer Chef alle Entscheidungen an sich gezogen hat und die Mitarbeiter nur Ausführende sind, hat er allein auch alle Mißerfolge zu verantworten.

9

Der Streit in der Partnerschaft und mit Kindern

Ich möchte dich zugleich bekämpfen
und mich dir unterwerfen...
Anaïs Nin (1903–1977)

Als «bewaffnete Ratlosigkeit» bezeichnete der Münchener Sozio-
loge Ulrich Beck das Verhältnis von Mann und Frau in unseren
Tagen. Die Worte, die heutzutage benutzt werden, um die Lage
zwischen den Geschlechtern zu kennzeichnen, werden immer
kriegerischer. Zugleich nehmen Angst und Unsicherheit im Umgang miteinander zu. Filme wie «Der Rosenkrieg», «Die Teufe-
lin» oder «Der Feind in meinem Bett» zeigen Liebe und Intimität
als Schlachtfeld übergeschnappter Individualisten. Dort, wo die
Menschen Vertrauen und Geborgenheit suchen – in der Zärtlich-
keit, der Sexualität, der Ehe, mit Kindern –, sind Verunsicherung
und Gefahr eingezogen. Unter diesen Umständen scheint es ana-
chronistisch, dem Problem der Partnerschaft überhaupt noch ein
eigenes Kapitel zu widmen. Nicht nur, daß jede dritte Ehe geschieden wird, das sind über 135000 pro Jahr in Deutschland (mit
weiterhin steigender Tendenz), auch die Bereitschaft zu heiraten
nimmt ab.
  Noch in den sechziger Jahren galten Ehe und Familie als einzige
erstrebenswerte Lebensform. Inzwischen ist fast alles möglich geworden. Man kann zusammenleben, ohne zu heiraten, und heiraten, ohne zusammenzuleben. Gleichgeschlechtliche Lebensge-
meinschaften kämpfen um ihre gesetzliche Anerkennung als Ehe-
form. Das Durcheinander wird noch gesteigert durch die Kinder.
Meist ist die Mutter die einzig sichere Bezugsperson, auch wenn es
eine wachsende Zahl alleinerziehender Väter gibt. Viele Kinder
leben dauerhaft nur bei der Mutter und sehen eine Reihe von
«Onkeln» an sich vorüberziehen. Außerdem ist irgendwo noch
ein Vater, der sich sporadisch sehen läßt – oder auch nicht. Groß-

eltern, Tanten und echte Onkel, Cousins und Cousinen sind kaum noch sicher zuzuordnen. Die Väter wiederum wechseln mit der Partnerin häufig auch die Kinder, mit denen sie tatsächlich Umgang haben.

Vieles, was früher eindeutig durch Tradition und Moral geregelt war, ist heute der freien Wahl der Partner überlassen. Eheratgeber, die Toleranz, Nachgiebigkeit und Verständnis als Königsweg zu harmonischem Liebesglück preisen, gehen an der Wirklichkeit vorbei. Wenn die Vielfalt zunimmt, muß auch die Zahl der Themen, bei denen Meinungsverschiedenheiten zu erwarten sind, ansteigen. Die Fähigkeit, mit diesen Gegensätzen umzugehen, hält nicht Schritt mit der Zunahme an Konfliktstoff. Die Single-Gesellschaft besteht nicht nur aus fröhlichen Individualisten, sondern zum größten Teil aus Beziehungsgeschädigten, aus Menschen, die sich im Alleinsein von den Verletzungen gescheiterter Partnerschaften erholen wollen. Das Single-Dasein bietet dann einen Schutz vor Verletzungen, vor den Gefahren zu großer Nähe und Intimität. Alle Befragungen der letzten Jahre zeigen, daß Menschen jeder Altersgruppe, unabhängig von vorhergehenden guten oder schlechten Erfahrungen, vom konfliktfreien Idealpartner träumen.

Keine Partnerschaft ohne Konflikte Dieser Traum wird mit hoher Wahrscheinlichkeit an den Realitäten scheitern. Eine Ehe ohne Konflikte gibt es nicht. Die Zahl der strittigen Themen, bei denen beide eine Einigung finden müssen, wird immer größer, weil die Gesellschaft kaum noch verbindliche Normen vorgibt. Ob mit oder ohne Trauschein, eine Chance hat die Beziehung nur dann, wenn Frau und Mann es lernen, produktiv zu streiten. Wie sieht aber die Wirklichkeit aus? Da beide sich lieben und sich vorgenommen haben, daß ihre Liebe alle Stürme überstehen soll, versuchen sie, jene Dinge, die sie am anderen stören, zu tolerieren. Nur nicht streiten! Ich liebe ihn doch, wie kann ich da wegen Kleinigkeiten an ihm herummäkeln?

Doch die Kleinigkeiten wiederholen sich. Wenn es ihr beim erstenmal wie eine liebenswerte Macke vorkam, daß er nach dem Essen mit einem Streichholz in seinen Zähnen stochert, bringt sie diese Angewohnheit beim fünfzigsten Mal auf die Palme. Am ersten Abend lächelt sie darüber, beim zwanzigsten Mal zieht sie ihre Stirn in Falten, beim fünfzigsten Mal schließlich hält sie nur noch mit Mühe an sich. Sie stöhnt leise und verdreht ihre Augen. Wenn ihr beim einundfünfzigsten Mal der Geduldsfaden reißt, darf sie sich nicht wundern, wenn er ihr erstaunt entgegnet: «Wieso stört dich das auf einmal? Hast du einen schlechten Tag gehabt?»

Am Anfang, wenn die Begeisterung über die neue Eroberung jeden Zweifel hinwegfegt, wissen wir noch sehr wenig über unseren Partner. Zwei, drei Eigenschaften, die wir sehen, entsprechen genau unserem Idealbild oder übertreffen es sogar. Deshalb sind wir schnell bereit, die Lücken unserer Wahrnehmung durch unsere eigenen Vorstellungen zu füllen. Es fällt leicht, dem anderen allerlei liebenswerte Eigenschaften anzudichten. Da der Partner in dieser Zeit begierig ist, genau unseren Erwartungen zu entsprechen, gelingt es ohne Schwierigkeiten, unser Idealbild und sein Verhalten in Übereinstimmung zu bringen. Wir sehen den anderen so, wie wir ihn sehen wollen. Diese Selbsttäuschung hat durchaus ihre positiven Seiten. Sie hilft, eine tiefe Bindung zu erzeugen, da sie mögliche Zweifel fernhält. Doch je genauer man sich kennenlernt, desto größer werden die Abweichungen zwischen Ideal und Realität. Zuerst versucht man darüber hinwegzusehen, in der Hoffnung, man habe sich getäuscht oder das gebe sich wieder. Doch indem die beiden einander immer genauer kennenlernen, wachsen sich einige der Abweichungen zu deutlichen Unterschieden oder gar Gegensätzen aus. Wenn sie versuchen, ihre Illusionen aufrechtzuerhalten oder gar den anderen zu erziehen, bis er dem Idealbild entspricht, wird die Beziehung nach wenigen Monaten Schiffbruch erleiden. Die Enttäuschung, daß man sich statt des Ideals einen Durchschnittsmenschen mit Fehlern und Schwächen ins Bett geholt hat, entlädt sich in einem handfesten Krach, dem nur allzu bald die Trennung folgt.

Ist es fair, den anderen dafür zu bestrafen, daß er dem selbstgemachten Bild nicht entspricht? Vor allem dann, wenn man sich scheute, ihn rechtzeitig über die eigenen Idealvorstellungen zu informieren? Bis zur ersten Krise läßt man sich selbst und den Partner in dem Glauben, man liebe ihn so, wie er ist. Sobald sich dieser Schein nicht mehr aufrechterhalten läßt, bricht für viele eine Welt zusammen. Man hat doch geglaubt, daß gerade diese Partnerschaft etwas ganz besonderes sei! Wie rettet man aber die Romantik der ersten Wochen in den Beziehungsalltag hinüber? Ein Schuß Realismus, auch während des anfänglichen Höhenfluges, kann späteren Enttäuschungen wirksam vorbeugen. Das erfordert nicht nur, von Anfang an mit seinen Erwartungen nicht hinter dem Berg zu halten und sich mit den Hoffnungen des anderen produktiv auseinanderzusetzen. Sondern es verlangt auch, sich auf Abweichungen vom Idealbild einzustellen und die ersten Anzeichen für Konflikte zu nutzen, um eine Einigung zu erstreiten, also einen Kompromiß, abwechselndes Bestimmen, wechselseitiges Tolerieren, eine dritte Lösung oder einen gemeinsamen Verzicht (siehe Kapitel 7).

Konfliktfelder   Dabei kann jede Kleinigkeit, an der sich der Unmut über den anderen entzündet, ein Hinweis auf grundsätzliche Meinungsverschiedenheiten sein. Zwar wird in erster Linie über Geld, Kindererziehung, das Verhältnis zu den Schwiegereltern und störende Gewohnheiten des anderen gestritten, aber dahinter verbergen sich in der Regel ernstere Meinungsverschiedenheiten zu folgenden drei Gebieten:

1. *Erwartungen an den Partner.* Wenn nach der ersten Euphorie die Ernüchterung einsetzt, stellt man fest, daß er oder sie eigentlich ganz anders ist, als man es zunächst vermutet hat. Eigenschaften, die schon immer störten, werden mit einem Mal wichtiger als das, was man am Partner liebenswert fand. Jetzt kommt es darauf an, den anderen nicht für die eigenen Illusionen zu strafen, sondern die Ansprüche und Eigenschaften des anderen genauer zu erfragen und trotz der zu erwartenden Auseinandersetzungen die Gemeinsamkeiten nicht zu vergessen, die beide einst zusammenführten. Die Forschung hat nachgewiesen, daß scheiternde Paare zu einem frühen Zeitpunkt ihrer Beziehung aufhörten, sich konstruktiv auseinanderzusetzen.

2. *Die Beziehungsdefinition.* Im vergangenen Jahrhundert war alles vorgegeben: Der Mann arbeitete und ernährte die Familie,

die Frau kümmerte sich um Kinder und Haushalt. Diese Rollenverteilung ist auch heute noch weit verbreitet, aber nicht mehr für jedermann selbstverständlich. Die Partner müssen ihre Beziehung selbst definieren, das heißt, sie müssen sich einigen, ob sie ihren Umgang miteinander nach diesem oder lieber nach einem anderen Modell gestalten wollen. Vieles ist denkbar: Einige Jahre widmet er sich seiner Karriere, dann steckt er zurück zu ihren Gunsten, kümmert sich um die Kinder und das Haus, während sie eine Weiterbildung absolviert oder in ihren früheren Beruf zurückkehrt. Oder beide machen Karriere und leben an verschiedenen Orten, sehen sich nur am Wochenende und im Urlaub. Für Kinder und Haushalt wird eine Hilfe eingestellt. Oder beide arbeiten und verzichten auf Kinder. Oder sie arbeitet, und er wird Hausmann. Das Verhältnis von Beruf, Bildung und Haushalt liefert ständig neuen Konfliktstoff, ebenso die Einstellung zu Kindern (Wie viele? Wer verbringt wieviel Zeit mit ihnen? Wie sollen sie erzogen werden?) und die unterschiedlichen Bedürfnisse nach Nähe und Distanz. (Wieviel machen wir gemeinsam, in welchen Bereichen entscheidet jeder selbständig? Wieviel Intimität ist möglich und nötig? Welche Regeln gelten für die Sexualität?)

3. *Die Sinnkrise.* Kaum jemand ist heute noch bereit, seinen gesamten Lebensinhalt an der Partnerschaft auszurichten. Wer eine Beziehung eingeht, muß mit ihrem Scheitern rechnen. Die meisten Bindungen sind Bindungen auf Zeit. «Bis daß der Tod euch scheidet» ist für viele zu einer leeren Formel geworden. Damit stellten sich die Fragen: «Wofür lebe ich? Was erwarte ich von meinem Leben?» Auch der Beruf und Freundeskreise decken das Bedürfnis nach einem Lebenssinn nicht ab. Religionen, Sekten und esoterische Riten können die entstandene Lücke nicht füllen. Viele geraten schon lange vor dem vierzigsten Lebensjahr in die Midlife-Krise, weil sie keine Möglichkeit mehr sehen, ihrem Leben eine grundsätzliche Wende zu geben. Wohlstand einerseits und Zukunftsangst andererseits treiben vor allem die Angehörigen der «Computergeneration» (dazu rechnet man die nach 1970 Geborenen, die mit Computerspie-

len aufgewachsen sind) dazu, ihren Lebenssinn in unmittelbaren Genußerlebnissen zu suchen. Während ihre Eltern für die Kinder, den Hausbau und einen sorgenfreien Lebensabend arbeiteten, also für eine auf etliche Jahre vorausgedachte Zukunft, hat sich die Zeitperspektive der Kinder auf die Gegenwart verkürzt. «Alles, was Spaß macht» lautet die Formel, wenn nach den individuellen Interessen gefragt wird.[26] Die Vorstellungen darüber, was Spaß macht, sind jedoch verschieden – und müssen mit dem Geldbeutel und den Neigungen und Fähigkeiten der Partner in Übereinstimmung gebracht werden. Wenn der eine gern reitet, der andere aber noch nie ein Pferd aus der Nähe gesehen hat, erhebt sich die Frage, ob er den Rückstand durch intensives Training aufzuholen bereit ist. Für Tauchen, Surfen, Segeln, Eislaufen oder Bergsteigen stellt sich das gleiche Problem, es sei denn, die beiden haben sich bei ihrem gemeinsamen Hobby kennengelernt. Was erwarte ich vom Leben, was erwartest du? Engen wir uns gegenseitig ein, oder eröffnen wir uns gemeinsam neue Freiheiten? Keine Beziehung kann sich entwickeln, ohne daß diese Fragen immer wieder neu geklärt werden.

Regeln des individuellen Krisenmanagement Jeder, der in einer festen Partnerschaft lebt, kann sich prüfen: Kenne ich die Ansichten meines Partners zu diesen drei Themengebieten, und kennt er die meinen? Haben wir darüber eine Einigung erzielt, die unsere Beziehung trägt? Wer diese Fragen uneingeschränkt mit Ja beantworten kann, hat seine Partnerschaft auf eine stabile Basis gestellt, die so manchen Sturm überstehen dürfte. Ohne eine Einigung zu diesen Themen ist es nur eine Frage der Zeit, wann die (innerliche oder tatsächliche) Trennung ins Haus steht: entweder weil die beiden es nicht schaffen, offen miteinander zu streiten, oder weil sie charakterlich zu verschieden sind. Meistens trifft beides zu. Gelingt es dem Paar jedoch, diese Hürde zu nehmen, stehen die Chancen gut, daß auch spätere Konflikte gemeistert werden. Es gibt (zusätzlich zu den Methoden produktiven Streitens) eine Reihe von Hilfsregeln für das individuelle Krisenmanagement.

Regel 1: «Ich stehe zu dieser Beziehung!»

Einen Konflikt kann nur bereinigen, wer das auch möchte. Die erste Voraussetzung dafür ist der unbedingte Wille, vor der Auseinandersetzung nicht davonzulaufen, sondern eine gemeinsame Lösung zu finden, bei der beide gestärkt aus dem Konflikt hervorgehen. Wer wegläuft, ohne eine Klärung versucht zu haben, muß damit rechnen, daß es ihm mit dem nächsten Partner nicht besser ergehen wird. Wir treten ihm mit den Verletzungen und Empfindlichkeiten der vergangenen Beziehungen entgegen und wundern uns, wenn uns der Nachfolger nicht von der Hypothek unserer unbewältigten Vergangenheit befreien kann. Es gibt Tausende von Männern, die immer wieder bei dem gleichen Typ Frau landen, und ebenso viele Frauen, die auf die gleiche Art Mann hereinfallen, bei der sie schon etliche Male gescheitert sind.

Regel 2: «Die Partnerschaft ist mir wichtig!»

Der andere spürt, wenn das Interesse erloschen ist, wenn alles zur Routine erstarrt. Konflikte sind dann nur noch das Endstadium einer schon lange eingeschlafenen Beziehung. Dem kann man vorbeugen. Statt sich in Arbeit, Hobbys, Freundeskreise und Kinderverhätschelung zu stürzen, gilt es, sich rechtzeitig Muße für den anderen zu nehmen, ihm die gleiche Aufmerksamkeit wie in den ersten Wochen des Verliebtseins zuzuwenden. Das ist anstrengend und mag manchem überflüssig erscheinen, schließlich hat man den Partner inzwischen (scheinbar) sicher eingefangen. Aber die Investition lohnt sich, denn sie beugt den späteren Enttäuschungen und Frustrationen vor, die mit Trennung und Scheidung verbunden sind.

Regel 3: «Männer und Frauen streiten verschieden.»

Männer bemühen sich meist, einen Streit zu gewinnen, und gehen davon aus, daß ihre Partnerin dasselbe Ziel hat. Frauen bemühen sich eher um Konsens, um Kompromisse. Das führt, wie die amerikanische Psychologin Deborah Tannen gezeigt hat, zu einer Reihe von Mißverständnissen zwischen den Geschlechtern. Deshalb ist es gerade beim Streiten von Mann und Frau wichtig, daß sich beide im voraus verständigen, welches Ziel sie mit ihrer Auseinandersetzung verfolgen. Sonst geraten sie sehr schnell in den ermüdenden und ergebnislosen Kreislaufstreit, für den ich im Kapitel 7 (2. Streitregel) ein Beispiel brachte.

Regel 4: «Wir machen von Zeit zu Zeit Inventur.»

Wer erst mitten in der großen Krise darüber nachdenkt, was falsch gelaufen ist, kann den Schaden oft nicht mehr reparieren. Deshalb sollte man auch – und gerade – in guten Zeiten überlegen, auf welchem Stand sich das Verhältnis zum anderen befindet. Das Paar könnte beispielsweise vereinbaren, zu bestimmten Jubiläen wie Hochzeitstag oder Jahrestag des Kennenlernens Abende gemeinsamer Selbstbesinnung einzulegen, an denen nicht der tägliche Kleinkram, sondern der Zustand der Partnerschaft zur Sprache kommt: Gibt es Ermüdungserscheinungen? Läßt das Interesse nach? Ist auf die einst ausgehandelte Vertrauensbasis noch Verlaß? Besonders kleine Warnsignale (Kapitel 7, 6. Streitregel) sollten Anlaß gründlichen Nachdenkens sein. Übrigens sind nicht nur gesprochene Andeutungen, sondern auch plötzliche Arbeitssucht, zunehmender Alkoholkonsum und Suche nach außerehelichen Vergnügungen (und damit meine ich nicht nur Ehebruch, sondern jeden Versuch, woanders neue Betätigungsfelder zu finden) als Hinweis zu werten, daß das Leben mit dem Partner nicht mehr so spannend ist wie früher.

Regel 5: «Wir sind offen für Veränderung.»

Einmal getroffene Vereinbarungen sind nicht unkündbar. Jeder hat das Recht, seine Ansichten zu ändern und auf einmal gut zu finden, was ihm früher unerträglich schien. Beziehungen verändern sich, weil Menschen sich verändern. Argumente wie «Da hast du doch früher nichts dagegen gehabt» oder «Das mochtest du doch noch nie» sind wenig hilfreich. Wer seinen Partner kritisiert, weil er sich ändert, darf sich nicht wundern, wenn er von nun an vorgibt, derselbe zu bleiben, und die Beziehung in Monotonie erstickt. Viel besser ist es, nicht nur Neues zuzulassen, sondern gemeinsam zu überlegen, welchen ungewohnten Erfahrungen man sich aussetzen könnte. Eine Safari, ein gemeinsamer Sprach-, Tauch- oder Tanzkurs, ein Urlaub auf Island, eine Rad- oder Bergtour, ein japanisches Restaurant, eine Übernachtung im Park, eine völlige Umgestaltung der Wohnung – jede neue Erfahrung, die den bisherigen Erlebnishorizont sprengt, ist geeignet, die Beziehung aus eingefahrenen Bahnen zu reißen.

Ein besonderes Problem stellt das Streitthema Sexualität dar. Konflikt und Intimität vertragen sich schlecht, weil die Partner zueinander auf Distanz gehen, wenn sie streiten. Verweigerung ist deshalb nicht immer eine Strafmaßnahme, auch wenn der Partner dahinter einen Racheakt vermutet. Die Frau braucht nur empört zu sagen: «So gemein wie du warst, da soll ich mit dir ins Bett gehen? Ich bin doch kein Automat!» Wenn der Mann «Dann eben nicht!» antwortet, ist aus einem vielleicht momentanen Konflikt eine wechselseitige Verstimmung erwachsen, die tagelang anhalten kann. In diesen Situationen Sex zu erzwingen, mit Gewalt oder unter Androhung von Konsequenzen, macht alles nur noch schlimmer. Ich will gar nicht auf die juristischen Folgen eingehen («Vergewaltigung in der Ehe»), sondern nur auf die Tatsache, daß es eine Frau sehr leicht hat, den Mann durch kleine Gesten zu kastrieren. Sie braucht nur ihr Gesicht abzuwenden und einen gelangweilten Seufzer von sich zu geben. Manche dauerhafte Impotenz, die in den Sprechzimmern von Psychotherapeuten landet, hat auf diese Weise angefangen. (Es gibt natürlich auch Männer, die auf Konflikte mit Sexverweigerung reagieren.)

Das ist ein wichtiger Grund, warum Unstimmigkeiten sofort in einem fairen Streit mit anschließender Versöhnung geklärt werden sollten. Das Feiern der Versöhnung (Kapitel 7, 10. Streitregel) stellt die Intimität wieder her. Wenn es jedoch dauerhafte Probleme mit den sexuellen Beziehungen gibt, wenn sich die Wünsche und Empfindungen der Partner deutlich voneinander unterscheiden, sollte darüber genauso offen und fair gestritten werden, wie über jedes andere Gebiet. Das ist nicht immer ganz einfach, schließlich handelt es sich um intime Dinge, in die viele Gefühle investiert werden. Mancher hat auch Vorbehalte, weil er meint, das Reden würde die Romantik und das Geheimnisvolle zerstören. Gegen eine solche Haltung ist nichts zu sagen, solange beide damit glücklich werden. Ich gebe jedoch zu bedenken, daß es dann unmöglich werden kann, offen über eventuelle Schwierigkeiten zu reden, weil man es sich nicht bereits in jenen Tagen angewöhnt hat, als die Welt für beide noch in Ordnung schien.

Es gibt auch Paare, die den Streit brauchen, um in Stimmung zu kommen. Ein saftiger Krach stachelt ihr Begehren an – meist ein Zeichen dafür, daß ihr Alltag von Monotonie im Gefühlsleben durchdrungen ist. Die Zahl der Paare nimmt zu, die sogar noch stärkere Anregungen brauchen als ein simples Wortgefecht – damit meine ich alle Spielarten sadomasochistischer Inszenierungen. Die Vielfalt möglichen Verhaltens im Bereich der Sexualität entspricht der Vielfalt der Beziehungen, von der zu Anfang die Rede war.

Kinder als Konfliktauslöser Wird die Zweisamkeit durch Kinder erweitert, kommt neuer Konfliktstoff hinzu. Zwischen zwei Menschen für Klarheit zu sorgen ist schon schwierig genug. Drei Personen sind bereits eine Gruppe, aus einer sind auf einmal drei Beziehungen geworden (Mann-Frau, Vater-Kind, Mutter-Kind). Entsprechend vielfältig sind die Streitformen: Es kann *mit* den Kindern, aber auch *um* die Kinder gestritten werden. Fast nirgends ist die Orientierungslosigkeit so groß wie in Fragen der Erziehung. Für den Umgang mit Kindern gibt es kaum eine goldene Regel, vor deren Befolgung nicht schon ernstzunehmende Pädagogen gewarnt haben. Ob das Baby regelmäßig alle vier Stunden gestillt werden soll oder ob die Mutter lieber den wechselnden Bedürfnissen des Kindes folgt, ist für viele Eltern bereits der erste Streitpunkt. Besonders Eifrige unterziehen sich schon vor der Geburt einer strengen Hygiene, um dem Säugling einen optimalen Start ins Leben zu sichern. Regelmäßige Lebensweise, leichte Gymnastik, keine Aufregungen, kein Alkohol, kein Nikotin – jeder dieser Vorschläge ist wohlbegründet. Wenn das Kind heranwächst, geht es weiter. Nur nicht die Kreativität einengen! Dem oder der Kleinen immer ein freundliches Gesicht zeigen! Keine Schläge, kein Geschrei, statt dessen Geduld und Fürsorge, das sind die Eckpfeiler vorbildlichen Erziehungsverhaltens.

Unaufrichtige Eltern So sinnvoll solche Empfehlungen sind, eine Garantie für eine optimale Entwicklung des Kindes sind sie keineswegs. Immer wieder kommt es vor, daß Kinder trotz bester Absichten der Eltern «auf die schiefe Bahn geraten» und Abkömmlinge aus belasteten Milieus sich umgekehrt zu klugen und ehrbaren Erwachsenen heranbilden. All diese Erziehungsmaximen haben nämlich nur dann eine Wirkung, wenn sie die Eltern nicht überfordern und zur Heuchelei verleiten. Wir sehen das häufig bei Kindern aus Familien ehemaliger 68er. Die Eltern versuchten, antiautoritäre Ideale zu verwirklichen. Alles, was den Kindern Spaß machte, wurde erlaubt. Sie konnten essen, wann sie Hunger hatten. Die Mutter stellte sich an den Herd, wann die Kleinen es wollten, egal ob es morgens um sechs, nachmittags um drei oder abends um elf war. Wollten sie spielen, ließ Vater seine Arbeit liegen und nickte eifrig, wenn sie ihm das Gekritzel zeigten, mit der sie die Wohnzimmertapete verschönert hatten.

Nun sind Eltern aber auch bloß Menschen. Jedem reißt der Geduldsfaden, wenn man ihn zu lange strapaziert. Wenn der oder die Kleine überhaupt kein Einsehen hatte, daß die Eltern auch einmal Zeit für sich brauchen, rutschte auch dem antiautoritären Vater mal die Hand aus. Danach war das Geschrei groß. Das Kind wußte nicht, womit es sich das ungewohnte Verhalten des Vaters erklären sollte, und fühlte sich ungerecht behandelt. Der Vater, voll schlechten Gewissens, daß er die Beherrschung verlor, entschuldigte sich wortreich, tröstete sein Opfer und versprach ihm jede Wiedergutmachung, die es nur wollte. Der Wechsel von Verhätschelung und Bestrafung hat vielfach kleine orientierungslose Tyrannen hervorgebracht, die nur durch teure, immer ausgeklügeltere Spielzeuge zu besänftigen sind.

Was die Kinder verwirrt, ist der vergebliche Versuch, ihnen eine perfekte Elternpersönlichkeit vorzuspielen. Weder Vater noch Mutter können diese Rolle dauerhaft durchhalten. Kinder fühlen es sehr genau, wenn die Eltern nicht aufrichtig sind, da sie merken, ob Worte und Körpersprache übereinstimmen oder nicht. Im Zweifelsfall richten sie sich nach den wahrhaftigeren Signalen des Körpers. Kinder werden unehrlich, wenn die Eltern ihnen gegenüber unaufrichtig sind. Dabei ist es gleichgültig, ob hinter dieser Unehrlichkeit die beste Absicht steht, den Kleinen ein Vorbild sein zu wollen. In der Kommunikation zählt die Absicht wenig; das Kind kann sich nur nach dem sichtbaren Verhalten richten. Eltern, die nicht verbergen, daß sie Fehler haben, sind bessere Vorbilder als Perfektionisten, die sich ständig selbst unter Kontrolle halten.

Aus diesem Grunde ist es günstiger, Konflikte vor den Kindern auszutragen als hinter oder gar auf ihrem Rücken. Wo sollen die Kinder sonst lernen, wie sie mit Interessengegensätzen umgehen können? Sollen Kung-Fu- und Geisterjägerfilme ihre einzigen Lehrmeister in punkto Konfliktbewältigung sein? Es ist auch besser für die Eltern, ihre Kinder zu beteiligen. Die Anwesenheit der Kleinen bringt Vater und Mutter dazu, in der Wahl ihrer Streitmittel fairer und höflicher zu sein, als wenn sie mit sich allein sind. Kinder üben einen besänftigenden Einfluß aus. Es ist kein Unglück, wenn die Jüngsten bereits im Elternhaus lernen, daß das Zusammenleben von Menschen nicht nur aus eitel Sonnenschein besteht, sondern auch Krisen und Zerwürfnisse kennt. Wenn sie es erst erfahren, nachdem sie in die Schule eingetreten sind, ist die Chance verpaßt, am elterlichen Vorbild zu lernen, wie man im Streit fair miteinander umgeht. Ihre grundlegenden sozialen Fähigkeiten erwerben Kinder schon im Vorschulalter. Was in dieser Zeit versäumt wird, kann später nur noch mit hohem Aufwand nachgeholt werden. Aber noch ein weiterer Grund spricht dafür, Konflikte vor den Söhnen und Töchtern nicht zu verstecken. Die Eltern mögen zwar ihren Streit im Schlafzimmer austragen, aber die geladene Atmosphäre als Folge der Auseinandersetzung, die zornigen Augen der Mutter, die brummige Stimme des Vaters – das sehen die Kinder genau. Da sie die Ursachen für die veränderte Stimmung nicht kennen, werden sie verunsichert. Sind Vati und Mutti etwa wütend auf mich?

Heuchelei als Erziehungsrisiko Noch schlimmer kommt es, wenn die Eltern leugnen, daß im Haus eine gespannte Atmosphäre herrscht. «Bist du böse mit mir, Mutti?» fragt die kleine Tochter. «Aber nein, ich habe dich sehr lieb», antwortet die Mutter mit tränenverhangenen Augen. – «Mit Vati auch nicht?» – «Nein, mit Vati auch nicht.» Zugleich wirft die Mutter ihrem Mann einen vernichtenden Blick zu: ‹So weit hast du mich gebracht, daß ich mein Kind belügen muß›, sagen ihre Augen. Das Kind bemerkt den Blick – aber hat die Mutti nicht gesagt, sie hat alle lieb? Und Mutti lügt nicht. Das ist undenkbar.

Ein Kind, das häufig solche Beobachtungen macht, beginnt seinen Wahrnehmungen zu mißtrauen. Daraus kann sich ein tiefer Konflikt im Innern des Kindes entwickeln, der im Einzelfall bis zu psychischen Störungen fortschreitet. Paul Watzlawick hat solche Fälle untersucht. Wenn das Kind aufgefordert wird, die Dinge anders zu sehen, als sie sind, versucht es, dieser Aufforderung seiner Eltern nachzukommen. Die Erwachsenen sind überlegene Autoritätspersonen. Sie müssen schließlich wissen, was wahr und was falsch ist. Es beginnt sich anzustrengen, die Dinge «richtig» zu sehen. Seine Wahrnehmung verschiebt sich, es bekommt Schwierigkeiten, sich in der Realität zurechtzufinden. Es rückt sie in seinem Kopf zurecht. Wenn das Kind psychisch stark genug ist, wird letztlich die Wirklichkeit siegen. Sobald es erkennt, daß seine Eltern es täuschen, bricht es eine schwere Auseinandersetzung vom Zaun, um sich von ihrer Autorität zu befreien. Solche Kinder sind oft in der Lage, erhebliche Mengen an Strafen zu verdauen. Sie wehren sich lange Zeit mit Schmollen, Verdrossenheit und passivem Widerstand, ehe der Konflikt in der Pubertät unerträglich wird und in Geschrei und Vorwürfen eskaliert. Sie haben kaum Bedenken, die überlegenen Erwachsenen seelisch zu verletzen, wenn sie keinen anderen Ausweg sehen – zumindest solange sie noch nicht einschätzen können, welche Folgen ihr Tun bei anderen auslöst. Ist das Kind jedoch psychisch labil, kann seine Kommunikationsstörung bis zum klinischen Bild der klassischen Schizophrenie anwachsen. Die eingebildete Wirklichkeit weicht immer stärker von der Realität ab, wie sie die übrigen Menschen sehen.

Kinder als Spielball elterlicher Konflikte   Die übliche Erziehung ist eine Mischung aus Duldung und plötzlicher Bestrafung, mit der die Eltern sich wehren, sobald sie die Nerven velieren. Sie macht es den Kindern schwer, einen angemessenen Umgang mit Konflikten zu erlernen. Das gleiche Verhalten der Kinder kann bei den Eltern mal ein nachsichtiges Lächeln und mal unklare Drohungen auslösen («Laß das sein, sonst werde ich...»). Das wirkt sich besonders dann nachteilig auf die Kinder aus, wenn sie selbst zum Gegenstand des Streits werden, wenn die Erwachsenen also ihre Sprößlinge als Waffen im Krieg der Geschlechter einsetzen. Sollten sie bis zu diesem Zeitpunkt keine Erfahrung gesammelt haben, wie Mutter und Vater Meinungsverschiedenheiten austragen, können sie leicht zum wehrlosen Spielball der elterlichen Interessen werden – mit unabsehbaren Folgen für ihre Entwicklung. Der Streit um die Kinder kennt mehrere Stufen der Eskalation.

Im einfachsten Fall vermögen es Vater und Mutter nicht, sich über die Erziehungsprinzipien zu einigen. Dabei kann das Streitgespräch über Normen in der Familie durchaus in Anwesenheit der Kinder geführt werden. Sie bekommen es ohnehin mit, wenn die Erwachsenen unterschiedlicher Meinung sind. Die Eltern merken es daran, daß die Kleinen anfangen, Mutter und Vater gegeneinander auszuspielen: «Mutti, darf ich runtergehen mit Marcus spielen?» – «Jetzt nicht mehr. Es ist schon sechs Uhr.» – «Vati hat aber gesagt, ich darf, bis es dunkel wird.» – «Ja, wenn das so ist...»

Die Mutter hat vier Möglichkeiten zu reagieren. Entweder sie verhält sich selbst inkonsequent und gibt nach, nur damit das Kind nicht merkt, daß sie und ihr Mann unterschiedlicher Auffassung darüber sind, wann der Spielnachmittag endet. Dann lernt das Kind sehr schnell, den anderen Elternteil vorzuschieben, um seinen Willen durchzusetzen. Oder sie erfindet Ausflüchte, warum es im Prinzip wichtig ist, was Vati sagte, aber heute dennoch schon um sechs Schluß sein muß. Das Kind erkennt die Unehrlichkeit dieser Auskunft und lernt daraus, daß Erwachsene schwindeln dürfen, wenn sie bei einem Widerspruch ertappt werden. Die Mutter kann auch wütend in das Zimmer des Vaters laufen und rufen «Wie kommst du dazu, dem Kind zu erlauben, nach sechs noch spielen zu gehen? Wir waren uns doch einig...» Der Vater zieht entweder den

Kopf ein, bestreitet die Behauptung des Kindes oder verteidigt seine Erlaubnis.

Die vierte Möglichkeit ist der sachliche Streit. Die Mutter begründet gegenüber dem Kind, warum sie möchte, daß es nicht mehr nach unten geht. Wenn das Kind kein Einsehen hat und antwortet «Vati hat aber gesagt, ich darf», bittet sie ihren Mann, sich an der Klärung zu beteiligen. Sie besprechen in Anwesenheit des Kindes, warum sie unterschiedlicher Ansicht sind, und versuchen eine Einigung zu finden, die zum Beispiel in einem Kompromiß bestehen kann: Das Kind darf noch eine halbe Stunde auf dem Hof spielen. Ist der Vater allerdings nicht zu Haus, gilt so lange die Norm des anwesenden Elternteils, also der Mutter, bis die Familie wieder vollzählig ist.

Schwieriger wird es, wenn zwischen den Eltern ernsthafte Krisen ausgebrochen sind. Es gibt nur wenige Ehen, wo dieser Fall niemals eintritt. Wenn die Eltern miteinander hadern, übersehen sie oft, wie ihre Kinder auf die Situation reagieren. Häufig glauben sie, die Kleinen aus dem Streit heraushalten zu können, und merken gar nicht, daß sie sie in vielfältiger Weise an dem Konflikt beteiligen, und zwar als

– *Kurier*: «Frag Vati, ob er am Sonntag einen Ausflug mit uns allen machen will. Aber verrat ihm bloß nicht, daß ich dich auf die Idee gebracht habe.»

– *Kundschafter*: «Schau mal nach, was Mami gerade macht.»

– *Schiedsrichter*: «Kannst du Mutti nicht mal bitten, ein bißchen netter zu sein?» – «Gut», antwortet die Mutter, nachdem die Botschaft ausgerichtet wurde, «dann muß sich Vati aber bei uns allen entschuldigen.»

– *Projektionsfläche*: «Siehst du, weil du nicht lieb bist, haben Papi und Mami sich jetzt gestritten!»

– *Liebespfand*: Statt mit seiner Frau den Konflikt auszutragen, ist der Mann besonders nett zu den Kindern, weil er weiß, daß seine Frau das mag. Er hofft, daß sie nun wieder mit ihm redet, ohne daß er sich entschuldigen muß.

Kinder im Scheidungsfall Was aber, wenn die Konflikte zur Scheidung führen? Da ein Drittel aller Ehen vor Gericht endet und die Trennungsrate nichtehelicher Gemeinschaften noch viel höher liegt, machen sehr viele Kinder Erfahrungen mit dem endgültigen Bruch zwischen Vater und Mutter. Für viele Heranwachsende ist dieses Auseinanderbrechen der Familie ein traumatisches Erlebnis, vor allem dann, wenn sie in einer heilen Welt sicherer Bindungen aufgewachsen sind. Kinder, die bereits Konflikte miterlebt haben und längst wissen, daß Vater und Mutter nicht immer ein Herz und eine Seele sind, haben es leichter, wenn es zum Schlimmsten kommt. Im Kampf der Geschlechter, bei dem es um Erziehungsrecht, Güteraufteilungen, Alimente und Besuchsrechte geht, ist den Beteiligten häufig jedes Mittel recht, um gegenüber dem früheren Partner und jetzigen Gegner Punkte gutzumachen. Wenn die Kinder bis dahin nicht gelernt haben, sich ihrer Eltern zu erwehren und im Konflikt eine eigenständige Position zu beziehen (soweit es in ihrem Alter möglich ist), benötigen sie unter Umständen viele Jahre, um dieses Ergebnis zu verarbeiten. Es bleibt zu hoffen, daß es beiden Elternteilen trotz aller Verbitterung möglich ist, folgende Umgangsregeln mit den Kindern einzuhalten:

Nie die Kinder zwingen, Partei zu ergreifen. Daß sich Vater und Mutter auseinandergelebt haben, ist für ein Kind, das beide liebt, schon schwer genug. Wer versucht, ein Kind gegen den Partner einzunehmen, handelt in mehrfacher Hinsicht unfair. Erstens: Er manipuliert das Kind. Da es niemals sämtliche Umstände des Konflikts kennt, muß man es einseitig informieren, um es zu einer Stellungnahme gegen den anderen zu veranlassen. Zweitens: Die Absicht besteht überhaupt nicht darin, für das Kind das Beste zu erreichen, sondern es dem Partner zu entfremden, um ihn zu bestrafen. Drittens: Er zwingt dem Kind die eigene Sicht der Dinge auf und nimmt ihm die Chance, eigene Strategien der Konfliktbewältigung zu erwerben.

Die Scheidung akzeptieren. Kinder sind im allgemeinen bereit, unvermeidliche Ereignisse als solche zu akzeptieren. Sie haben noch nicht den Vergleich mit «glücklichen» Familien. Sie sind bereit, das, was um sie herum passiert, für normal zu halten. Daher werden sie die Trennung ihrer Eltern schnell verwinden, wenn ihre Umgebung sich bald auf die neue Lage einstellt. Unglücklich fühlen sie sich erst dann, wenn etwa die Großeltern daherkommen und sagen: «Ach, ihr armen Kleinen. Euer Vater hat euch verlassen. Was für ein Unglück!» Wie soll sich das Kind nicht für bedauernswert halten, wenn alle sagen, daß es furchtbar unglücklich ist?

Geklärte Verhältnisse schaffen. Eigentlich versteht es sich von selbst, daß feste Besuchsregelungen für den nicht erziehungsberechtigten Elternteil sowie sachlich-höfliche Umgangsformen am besten geeignet sind, um die Kinder bald mit den neuen Verhältnissen vertraut zu machen und ihnen die Verlustangst zu nehmen. Leider wird kaum gegen eine Regel so oft verstoßen wie gegen diese. Der Kampf um die Zuneigung der Kinder wird fortgesetzt, manchmal bis sie erwachsen werden. Besuchsregelungen werden hintertrieben, neue Partner auf beiden Seiten ergreifen Partei.

Kinder müssen ohnehin irgendwann lernen, in unserer konfliktreichen Gesellschaft mit Widersprüchen fertig zu werden. In Märchen und Spielen setzen sie sich schon früh mit Gut und Böse auseinander. Etwas länger dauert es, bis sie begreifen, daß jeder Mensch nicht nur lieb und bösartig ist, sondern die Motive unserer Handlungen widersprüchlich sind. Spätere Gewalttäter stammen keineswegs aus konfliktträchtigen Umgebungen, sondern sind meist kontaktarm aufgewachsen. Sie haben streitbare Formen des Bewältigens von Gegensätzen mit anderen Menschen nie gelernt. Ihre Aggressionen richten sich deshalb auf Ersatzobjekte. Das sind im Kindesalter häufig Puppen, andere Gegenstände, aber auch die Geschwister oder Spielkameraden. Heute, wo viele als Einzelkinder aufwachsen, übernehmen gewalttätige Video- und Computerspiele diese Funktion.

Streiten mit Kindern Wenn unsere Kleinen älter werden, schiebt sich der Streit *mit* den Kindern in den Vordergrund. Sie treten zunehmend als eigenständige Persönlichkeiten in Erscheinung. Da sie spätestens ab der Pubertät beginnen, um ihre Selbständigkeit zu kämpfen, treten sie immer wieder in Opposition zu ihren Eltern, häufig auch dann, wenn ein Außenstehender keinen sachlichen Grund erkennen könnte. Zwar gelten für den Umgang mit Heranwachsenden die gleichen Streitregeln wie zwischen Erwachsenen, dennoch gibt es ein paar Besonderheiten. Zwischen Eltern und Kindern herrschen komplementäre Beziehungen (siehe Kapitel 7). Vater und Mutter können lange Zeit ihre Überlegenheit ausnutzen, um Konflikte mit ihren Sprößlingen für sich zu entscheiden. Da der Streit eine symmetrische Kommunikationsform ist, also auf ein Gespräch zwischen Gleichrangigen zielt, ist das Bemühen der Kinder, sich mit den Eltern zu streiten, immer als ein Versuch zu werten, erwachsen zu werden. Eltern, die die Streitversuche ihrer Kinder ernst nehmen, so unbeholfen sie auch anfangs sein mögen, fördern das Bestreben nach Eigenständigkeit. Wenn sie ihnen dagegen verbieten, Widerpart zu leisten («Wie redest du denn mit deiner Mutter?»), versuchen sie, den Zustand der Abhängigkeit so lange wie möglich aufrechtzuerhalten.

Kinder, die merken, daß die Eltern sich auf keine Auseinandersetzung einlassen wollen, suchen sich ihre Meinungsgegner woanders, meist bei Gleichaltrigen. Das Kräftemessen im Kampf der Argumente ist ein natürliches Entwicklungsbedürfnis. Kinder lernen dabei in spielerischer Form, in sozialen Konflikten zu bestehen. Attacken mit Kraftausdrücken bei jüngeren Kindern haben Spielcharakter. Man kann erleben, daß Jungen in den Schulpausen mit Beleidigungen um sich werfen, deren Bedeutungen sie kaum verstehen, und im nächsten Moment einträchtig miteinander Verstecken spielen. Eltern, die sich dem Streit mit ihren Kindern verweigern, klagen häufig über deren schlechten Umgang. Damit meinen sie Gleichaltrige, bei denen die Kinder jene Selbstbestätigung finden, die ihnen zu Haus verweigert wird. Gerade Jugendliche aus sogenannten guten Elternhäusern tauchen plötzlich in Subkulturen von Aussteigern, Rechtsradikalen oder Sekten auf.

Eltern, die den Kontakt zu ihren Kindern nicht verlieren wollen, werden sie deshalb nicht gängeln. Die Bindung zu den Erwachsenen ist nur dann etwas wert, wenn sie eine freiwillige Basis besitzt. Wer bereit ist, mit seinen Kindern zu streiten, muß ihnen allerdings eine faire Chance einräumen. Das heißt, er verzichtet für die Zeit der Auseinandersetzung darauf, die Überlegenheit einzusetzen, die er aufgrund seines komplementären Status eines Erziehungsberechtigten besitzt. Kinder merken sehr genau, wenn etwa der Vater sagt «Okay, versuche mich zu überzeugen», aber von vornherein entschlossen ist, keine Handbreit nachzugeben. Fair streiten bedeutet für den überlegenen Partner, sich auf das Sachargument zu konzentrieren und dem Unterlegenen die Wahl der Waffen zu überlassen. Kinder möchten nicht nur ab und zu recht behalten dürfen, sondern auch verschiedene Streitmethoden ausprobieren. Optimal ist es, wenn die Eltern dieses Spiel nicht nur mitmachen, sondern in Form des Feedbacks (also ohne erhobenen Zeigefinger) dem Kind zurückmelden, wie sein Streitverhalten auf andere wirkt. Fair streiten will gelernt sein – für Eltern ebenso wie für Kinder.

10

Mit der Verschiedenheit leben:
Plädoyer für eine neue Streitkultur

> Reden mit Leuten ist ja eh Wahnsinn.
> Ensemble «Valtorta»

Nach der Lektüre der vorhergehenden Kapitel wissen Sie recht gut Bescheid über die Chancen und Risiken des Streitens mit Freunden, Partnern und Kollegen. Sie kennen die Regeln für den konstruktiven Umgang mit Meinungsverschiedenheiten und wissen andererseits, welche Verhaltensweisen sich auf zwischenmenschliche Beziehungen zerstörerisch auswirken. Und Sie werden sich am Ende vielleicht folgende Fragen stellen: Kann ich tatsächlich irgendeinen praktischen Nutzen aus diesen Kenntnissen ziehen? Werde ich nicht Schiffbruch erleiden, wenn ich die Auseinandersetzung suche – ganz einfach deswegen, weil meine Umgebung es lieber sieht, wenn ich allzeit nett und höflich bin? Werden die Leute es mir nicht übel vermerken, wenn ich ihnen Paroli biete? Ist es nicht trotz allem sinnvoller, lieber ab und zu zurückzustecken um des lieben Friedens willen und dort, wo der Konflikt sich nicht vermeiden läßt, die Lösung einem Anwalt zu überlassen?

Ein Teil dieser Fragen beantwortet sich nach dem bisher Gesagten von selbst: Es ist gefährlicher, einen Konflikt zu unterdrücken, als ihn offen im Streit auszufechten. Jedoch hat die Einstellung unserer Mitmenschen tatsächlich einen nicht zu unterschätzenden Einfluß auf unser Verhalten. Am Schluß unserer Reise durch die Welt der Zwistigkeiten und Wortgefechte möchte ich deshalb einige Bemerkungen über den Stellenwert der sozialen Gemeinschaft beim Umgang mit Konflikten anschließen.

Für ein Kind besteht die Gesellschaft zunächst aus Elternhaus, Schule und gleichaltrigen Freunden. Für den Heranwachsenden kommen Intimpartner, Arbeitskollegen, Bekannte sowie Vertreter von Behörden und anderen Institutionen hinzu. Von ihnen haben wir gelernt, daß sich am besten mit ruhigen, nachgiebigen Nachbarn leben läßt. Und wir erfuhren, daß sie aber im geheimen jene Erfolgsmenschen bewundern, die auf dem Weg nach oben im richtigen Moment ihre Ellenbogen zu gebrauchen wissen. Da wir inzwischen selbst für andere Menschen Partner, Elternteil, Kollege oder Vertreter einer Institution sind, wirken wir daran mit, eine offene Streitatmosphäre zu schaffen – oder zu verhindern. Es liegt an uns, ob wir die Heuchelei, die Nachgiebigkeit lobt, in Wahrheit aber Durchsetzungsvermögen belohnt, in die nächste Generation weitertragen oder ob wir für mehr Ehrlichkeit eintreten. Ob wir es wahrhaben wollen oder nicht: Wir bauen an der Umgebung mit, die uns manchmal unterstützt, aber unter der wir manchmal auch leiden. Wo liegen die Gründe für unsere Schwierigkeiten, lebendige und anregende Beziehungen zu gestalten?

Alle Menschen sind verschieden Gerade deshalb streiten sie sich. Leider ist es oft anstrengend, im Gestrüpp der Gegensätze nach einer Übereinstimmung zu suchen. Wer aber immer der gleichen Meinung ist wie wir, wird uns bald als langweilig erscheinen: Wir bekommen den Eindruck, daß er uns stets nach dem Munde redet. Wird umgekehrt die Verschiedenheit zu groß, dann ist es, als ob man zwei unterschiedliche Sprachen spricht: Es fehlt der gemeinsame Nenner, ohne den es keine Verständigung gibt. Sich zu streiten ist eine hervorragende Möglichkeit, festzustellen, wieweit die Gemeinsamkeiten reichen und wo die Unterschiede anfangen. Gerade die Tatsache, daß kein Mensch völlig einem anderen gleicht, bereichert unser Leben; sie macht jeden von uns zu einem einzigartigen und unverwechselbaren Individuum. Selbst eineiige Zwillinge sind niemals völlig identisch. Trotz übereinstimmender Gene und oft verblüffender Ähnlichkeiten in ihrem Lebenslauf wird jeder seinen eigenen Weg gehen und eigenständige Entscheidungen treffen.

Obwohl wir alle einem gemeinsamen Staatswesen angehören und dessen kulturelle Tradition, vermittelt durch Elternhaus und Schule, in jedem von uns nachwirkt, haben wir das Glück, zwischen einer Reihe von Lebensstilen und Ansichten wählen zu können. Alle Versuche, durch staatlichen Zwang den Bürgern eine einzige Lebensweise im Namen einer ungewissen Zukunft aufzuzwingen, sind bisher gescheitert. Wir verurteilen fundamentalistische und andere extreme Ideologien wegen ihrer autoritären Ansprüche auf die alleinseligmachende Wahrheit, weil sie statt der versprochenen besseren Welt bisher nur Verfolgung, Zensur und wirtschaftliche Rückschläge mit sich brachten.

Das Gegenteil ideologischer Disziplinierung wäre eine offene Streitkultur. Unser Grundgesetz mit dem Recht auf Meinungsfreiheit liefert dafür eine wichtige Voraussetzung – ob sie Alltagspraxis wird, hängt von uns ab. Wo sie verwirklicht ist, wird Zivilcourage überflüssig, weil es für niemanden ein persönliches Risiko darstellt, für seine ehrliche Meinung einzustehen. Wo aber Menschen mit ihren Ansichten hinterm Berg halten, weil sie sonst um ihren Arbeitsplatz fürchten müssen, weil der Partner mit Konsequenzen droht, weil der Lehrer «brave» Schüler bevorzugt – dort klafft zwischen Anspruch und Wirklichkeit eine Lücke.

Vereinzelung als Quelle des «Streitbedarfs» Wir beobachten in der Gegenwart zwei gegensätzliche Tendenzen. Einerseits beschwören Politiker angesichts tiefer Konflikte den Gemeinsinn, das Streben nach einer geistig-moralischen Erneuerung und das Zusammengehörigkeitsgefühl aller Bürger. Andererseits beobachten wir den Zerfall traditioneller Lebensformen. Familie, Religion und Zugehörigkeit zu festen sozialen Schichten sind keine Selbstverständlichkeit mehr. Statt festgefügter Lebensformen finden wir wachsende Entscheidungsfreiheit, aber auch Risiken in der Gestaltung der eigenen Biographie. Statt Gemeinschaft erleben wir das Streben nach Vereinzelung, Selbstverwirklichung, Lebensgenuß, individueller Freiheit und Selbstverantwortung. Modebegriffe wie Erlebnisgesellschaft, Ego-Gesellschaft, Neue Unerbittlichkeit oder Generation der Eigensinnigen benennen die Folgen: den Sieg des Individualismus über das Streben nach Solidarität und Gemeinsamkeit.

Diese Entwicklung kann man beklagen, sie ist jedoch eine unvermeidliche Folge unseres Wohlstands. Die Menschen wollen ihre materiellen Möglichkeiten nutzen, um ein aufregendes, faszinierendes und einmaliges Leben zu führen. Wem sollte man das verdenken! Allerdings stoßen wir dabei sehr bald auf eine Schwierigkeit: Man kann zwar seine Lebensziele für sich allein bestimmen, aber man kann sie kaum allein umsetzen. Die wenigsten verstehen unter Selbstverwirklichung das Dasein eines Eremiten oder einsamen Wanderers. Mit dem Rückgang dauerhafter Ehen wächst das Bedürfnis nach stabilen Freundeskreisen. Der Mensch bleibt auch in der Ego-Gesellschaft ein «soziales Tier» (Aristoteles), er benötigt Gleichgesinnte, um glücklich zu werden. Deshalb wächst mit der Vereinzelung zugleich das Bedürfnis nach Kommunikation und sozialen Kontakten. Kaum jemand will wirklich auf Gemeinschaft und Solidarität verzichten.

Der Bewußtseinswandel, den wir in der Gegenwart erleben, liegt auf einer anderen Ebene. Nicht das Streben nach Gemeinsamkeit ist in Frage gestellt, sondern daß wir uns in eine soziale Struktur einfügen sollen, die uns von unseren Eltern vorgegeben wird – sei es eine Glaubensgemeinschaft, eine bestimmte Familientradition oder eine vorgeplante berufliche Laufbahn. Wir wollen lieber selbst entscheiden, welcher Art von Gemeinschaft wir uns anschließen. Vorbei sind die Zeiten, da Gesellschaft von Staats wegen verordnet werden konnte, und alle machten mit. An der Verschiedenheit der Menschen führt kein Weg mehr vorbei. Das aber bedeutet zugleich, daß sich niemand mehr darauf verlassen kann, daß Eltern oder Schule ihm verbindlich sagen können, wie er sein Leben am besten gestaltet. Gemeinsamkeiten müssen vielmehr erstritten werden zwischen Persönlichkeiten mit zum Teil gegensätzlichen Interessen und Ansichten. Ihr Zusammenleben muß abgesprochen, ausdiskutiert, durchprobiert und korrigiert werden. An die Stelle des einfachen Übernehmens überkommener Vorbilder tritt die bewußte Suche nach besseren Beziehungen, deren Regeln wir selbst festlegen. Die Statistiken belegen, daß die Menschen heute in ihrer Mehrzahl lieber Rückzug und Isolierung auf sich nehmen, als auf die Chance der Selbstverwirklichung zu verzichten.

Eine Gesellschaft von selbstbewußten Individuen verlangt eine neue Art, miteinander umzugehen. Was früher weithin selbstverständlich war – Solidarität und Bürgersinn –, muß heute im Streitgespräch erkämpft werden. Die Bereitschaft, Meinungsverschiedenheiten offen anzusprechen, statt sie hinter Appellen an Toleranz und Versöhnlichkeit zu verstecken, ist dafür die erste Voraussetzung. Kurz, wir brauchen eine Streit*kultur*. Dieser Begriff ist in zweifacher Weise zu verstehen:

Die öffentliche Streitkultur   Also eine Kultur, die den Streit als gesellschaftliche Form der Meinungsbildung fördert, weil er für Erneuerung sorgt, also Stagnation verhindert. Fragen wir uns ehrlich: Freuen wir uns, wenn in unserem Land Minderheiten mit neuen Ansichten an die Öffentlichkeit treten? Hören wir sie aufmerksam an, oder verurteilen wir sie im Namen der Mehrheit und der Tradition als Spinner und Unruhestifter? Die Antwort fällt nicht schwer. Ich erinnere an die Aufregung, als sich ab Anfang der siebziger Jahre die Ökologiebewegung etablierte, zunächst als Bürgerbewegung, dann (seit 1980) als Partei der Grünen. Man kann zu dieser Gruppe stehen, wie man will – sie hat es ohne Zweifel geschafft, durch ihre stete Streitbereitschaft das gesamtgesellschaftliche Problembewußtsein in Umweltfragen zu verändern. Auf den Umgang mit Kernenergie, die Zusammensetzung unserer Nahrung, den Zustand unserer Wälder und die Verschmutzung von Luft, Wasser und Boden schauen wir heute mit viel wachsameren Augen als noch vor zwanzig Jahren. Die Bereitschaft dieser Leute, sich mit einer Mehrheit zu streiten, die sich wenig um die Folgen wirtschaftlichen Wachstums scherte, hat dafür gesorgt, daß kaum noch jemand einen zügellosen Raubbau an der Natur befürwortet. Die Frauenbewegung hat ähnliches bewirkt: Obwohl sie ihre weitgesteckten Ziele nicht durchsetzen konnte, veränderte sie das Problembewußtsein hinsichtlich der Gleichberechtigung der Geschlechter, bis in das Weltbild und die Politik konservativer Parteien hinein.

Die parlamentarische Demokratie ist einst angetreten mit dem Ziel, durch öffentliche Kontroversen Lösungen für die sozialen Probleme zu finden. Regierungsparteien auf der einen Seite, eine widerstreitende konstruktive Opposition auf der anderen sollten sichern, daß die Politik in Bewegung bleibt und stets die vernünftigste Lösung im Interesse aller Wähler findet. Die seit einigen

Jahren zunehmende Politikmüdigkeit liefert einen Hinweis darauf, daß dieses Grundprinzip nicht mehr richtig funktioniert. Regierung und Opposition nähern ihre Positionen an, um das Bestehende gegen Randgruppen zu verteidigen, anstatt nach neuen Wegen zu suchen. Dadurch gehen zwischen den parlamentarischen Parteien die Streitthemen verloren. Manch politisch interessierter Bürger erinnert sich wehmütig an die heftigen Parlamentsdebatten der fünfziger und sechziger Jahre und fragt sich, warum er wählen gehen soll, wenn sich die großen Parteien nur noch in Nuancen unterscheiden und keine grundlegenden Erneuerungen anzubieten haben. Gerade die Politik lebt von Kontroversen über Alternativen, sie darf nicht das Ruhekissen einer konfliktscheuen Mitte werden.

Durch den Streit von Minderheiten gegen die Mehrheit werden Krisen, die langsam und im verborgenen herangewachsen sind, an das Licht der Öffentlichkeit getragen. Es mag unbequem sein, manch liebgewordene Tradition durch Querdenker in Frage gestellt zu sehen, immer ist es jedoch ein Zeichen dafür, daß Veränderungen ins Haus stehen. Durch den Streit können wir reagieren, bevor uns die Probleme über den Kopf wachsen. In einer echten Streitkultur werden Minderheiten sehr genau angehört. In unserer Gesellschaft heißen die positiven Werte jedoch Harmonie, Disziplin und Verträglichkeit. Wer sich streiten will, gilt als Störenfried. Es gibt psychologische Trainingsprogramme, die es sich zur Aufgabe gestellt haben, solchen Leuten das Herumdiskutieren abzugewöhnen. Die Quelle der Störung wird im Individuum gesucht, nicht in den überpersönlichen sozialen Strukturen, denen der einzelne ohnmächtig gegenübersteht. Wenn jemand charakterlich so verfestigt ist, daß er um alles und jedes zanken muß und unter seinen Konflikten leidet, mag eine Therapie angezeigt sein. Häufig liegt das Problem aber nicht in der Psyche des Streitenden, sondern in seiner Umgebung. Wenn er sich damit auf die Couch eines Psychologen begibt, kann dieser ihm lediglich helfen, sich mit seiner Umwelt zu arrangieren und einzusehen, daß es keinen Sinn hat, gegen Wände anzurennen. Kein Psychologe kann heilen, was in der Arbeitswelt, der Politik oder der Schule im argen liegt.

Eine konfliktscheue Gesellschaft lebt immer in der Gefahr, von gewalttätigen Gruppen terrorisiert zu werden. Skinheads mögen zahlenmäßig ein unbedeutender Haufen sein, ihre brutalen Taten sichern ihnen jedoch ein ständiges internationales Medienecho. Ihre Aktionen bringen nicht nur unser Land in Verruf, sondern offenbaren auch eine seiner Schwächen. Es hat sich gezeigt, daß die Demokratie für den Umgang mit jenen, die Werte gewaltfreien Streitens mißachten, ungenügend gerüstet ist. Haben wir die Lehren aus dem Untergang der Weimarer Republik vergessen? Wer Gewalt für das beste Mittel hält, seine Auffassung gegen andere durchzusetzen, darf keinen Anspruch auf die gewaltfreie Toleranz seiner Umgebung erheben können. Warum gelingt es nicht, entschlossen jenen entgegenzutreten, die ihre Untaten mit einer verworrenen fremdenfeindlichen Ideologie zu rechtfertigen versuchen?

Unsere Gesellschaft ist in kleine Teilkulturen zerfallen, die kaum noch miteinander kommunizieren. Extremistische Gruppen nutzen den Sieg des Individualismus für sich aus. Gegen einzelne haben sie ein leichtes Spiel, da es modern geworden ist, zu glauben, daß jeder mit seinen Schwierigkeiten allein fertig werden muß. Wer mit seiner Umwelt nicht zurechtkommt, ist schnell bereit, an ein persönliches Versagen zu glauben. Solidarisierung gegen Gewalttäter ist deshalb kaum zu erreichen. Statt Gemeinschaft finden wir eine Vielzahl von Subkulturen, Teilgruppen unserer Gesellschaft, zwischen denen erhebliche Differenzen bestehen. Sie leben nebeneinander her, ohne ihre unterschiedlichen Auffassungen über Lebenssinn, Verhaltensnormen und Zukunftsvisionen miteinander auszudiskutieren. Hinter dem Schlagwort «Toleranz» verbirgt sich oft nur noch gegenseitiges Ignorieren statt Akzeptanz, die nur aufgrund persönlichen, aktiven Kennenlernens anderer Lebensstile zustande kommen kann.

Ostdeutsche – Westdeutsche   Am deutlichsten wird die innere Spaltung der Gesellschaft im Verhältnis von Ostdeutschen und Westdeutschen. Die «Vereinigung in den Köpfen» scheint ferner denn je. Den meisten Westdeutschen gelingt es, so weiterzuleben, als hätte es die Umwälzungen des Jahres 1989 nicht gegeben. Die

Ostdeutschen, die diese Möglichkeit nicht haben, sind selbst tief gespalten. Einige versuchen bessere Bundesbürger zu sein als ihre westlichen Vorbilder und orientieren sich an einem bestimmten Typ geschmeidiger Geschäftsleute, der seit einiger Zeit in den neuen Bundesländern besonders häufig anzutreffen ist. Andere bemühen sich, so viele Elemente wie möglich aus ihrer früheren Lebensweise zu bewahren. Notgedrungen toleriert man die jeweils anderen Deutschen, aber eine Diskussion findet nicht statt.

Die übergroße Mehrheit beider Teilgruppen ist in Staaten aufgewachsen, die sich so stark voneinander unterschieden, daß wir es faktisch mit zwei Kulturen zu tun haben. Das wäre nicht weiter schlimm, wenn die offizielle Politik bereit wäre, diese Tatsache anzuerkennen.[27] Aber das jahrelange Gerede, wir seien schließlich alle Deutsche, hat den Konflikt und die innerdeutsche Verschiedenheit verdeckt. Wer das Problem mit der Bemerkung herunterspielt, es seien schließlich nur vierzig Jahre der Trennung gewesen, vergißt, daß diese vier Jahrzehnte für die Betroffenen mindestens ein halbes Leben ausmachen. Berlin, die Stadt, in der ich wohne, ist faktisch immer noch geteilt. Jede Hälfte bleibt möglichst unter sich, Begegnungen zwischen Ost und West finden nur sporadisch statt.

Es lohnte vielleicht kaum, über dieses innerdeutsche Problem mehr als nur ein paar Worte zu verlieren, wenn unser Land nicht so eindeutig nach der europäischen Einigung streben würde. Wie wollen wir mit Franzosen, Finnen oder Griechen klarkommen, wenn es uns nicht einmal untereinander gelingt, eine öffentliche Streitkultur zu entwickeln? Der jährliche Besichtigungstourismus dürfte kaum ausreichen, um zu verstehen, weshalb die Briten soviel Wert auf ihre «Inselmentalität» legen, weshalb es zwischen Wallonen und Flamen knistert oder warum die Dänen mit Vorliebe in ihren Gärten die Nationalflagge hissen. Ganz zu schweigen von den Vorurteilen dieser Nationen gegen die Deutschen. Wenn es gar darum gehen wird, Polen, Tschechen oder Bulgaren in das vereinte Europa einzubeziehen, dürften sich Verständnisschwierigkeiten auftun, gegen die unsere innerdeutschen Querelen lächerlich klein erscheinen werden.

Hochherzige Appelle an die gegenseitige Toleranz genügen nicht. Das kann bestenfalls dazu führen, daß die europäischen Völker weiter nebeneinanderher leben, ohne sich in ihren Alltagsgeschäften allzusehr um ihre Nachbarn zu kümmern. Eine gemeinsame europäische Mentalität kann so nicht entstehen. Die täglichen Berichte über ausländerfeindliche Anschläge sind ein Indiz für die weitverbreitete Angst vor den «anderen». Wenn wir nicht wollen, daß eines Tages fundamentalistische Nationalisten die Völker gegeneinander aufhetzen, müssen wir fair miteinander streiten lernen.

Woran es unserer Kultur mangelt, um sich zu einer produktiven Streitkultur zu entwickeln, können wir jeden Abend im Fernsehen feststellen. Seit einigen Jahren gibt es einen Boom an Talk-Shows. Diese Sendungen, ursprünglich als Foren öffentlichen Streitens gedacht, sind mehrheitlich zu Bühnen der Selbstdarstellung verkommen. Unter dem Druck von Einschaltquoten und eines Publikums, das unterhalten werden möchte, bemühen sich die Kontrahenten vor allem, sich selbst überzeugend in Szene zu setzen. Das inhaltliche Eingehen auf die Argumente anderer ist selten. Am Ende stehen die Positionen genauso unversöhnlich gegeneinander wie am Anfang. Niemand sucht nach einer Einigung, mit der die Vertreter unterschiedlicher Interessengruppen leben können. Dem Zuschauer bleibt es überlassen, sich einer der präsentierten Meinungen anzuschließen oder zu entscheiden, daß die ganze Diskussion lächerlich war. Zu einem öffentlichen Problembewußtsein oder gar einer verbesserten Streitkultur tragen diese Sendungen wenig bei. Man kann ihnen kaum einen Vorwurf daraus machen: Sie spielen nur nach, was die große Politik uns seit einigen Jahren vorlebt. Einen Wertewandel von einem gleichgültigen Schulterzucken zu einem sinnvollen Streiten über unterschiedliche Lebens- und Gesellschaftsentwürfe halte ich für dringend notwendig.

Die private Streitkultur Streitkultur kann auch verstanden werden als kulturvoller Umgang miteinander bei Meinungsverschiedenheiten. Dieser Aspekt stand in diesem Buch im Vordergrund. Die Regeln fairen Streitens einhalten, sich selbst bei starker emotionaler Spannung um Chancengleichheit der Partner bemühen, die Auseinandersetzung offen und ehrlich führen – das alles sind Prinzipien, die einem Streit seinen zivilisierten Charakter verleihen. Unter diesen Voraussetzungen werden zwischenmenschliche Beziehungen an Tiefe und Stabilität gewinnen, weil sie sich in schwierigen Situationen bewährt haben. Wer jedoch Schweigen und Vortäuschen von Harmonie für kulturvoll hält, darf sich nicht wundern, wenn sich die Konflikte bis ins Unerträgliche zuspitzen. Nicht-streiten-Dürfen ist eine gefährliche Quelle plötzlicher Gewaltausbrüche, was uns Zeitungsmeldungen über Amokläufer oder Totschlagdelikte durch Eltern und größere Kinder beinahe jeden Tag eindringlich vor Augen führen.

Um die persönliche Streitkultur zu verbessern, möchte ich abschließend an folgende Prinzipien erinnern:

1. Es erfordert mehr Mut und soziale Fähigkeiten, Kontroversen auszutragen, als darauf zu warten, daß sich die Probleme von allein klären. Wir sind heutzutage eher damit beschäftigt, unser äußeres Erscheinungsbild und unser Auftreten zu verbessern, um nach außen möglichst perfekt zu wirken. Die tatsächliche Persönlichkeit bleibt bei diesem Spiel verborgen, so daß das ehrliche Äußern der eigenen Meinung zu einer Fertigkeit geworden ist, die nun in Kommunikationskursen, wie sie inzwischen fast jede Volkshochschule anbietet, trainiert werden muß. Nicht selten werden die neu erworbenen Fähigkeiten genutzt, um wieder nur eine Rolle, die des unbeschwerten Plauderers oder Rhetorikgenies, zu spielen.

2. Der Streit ist nur eine von vielen Möglichkeiten, miteinander ins Gespräch zu kommen. So falsch es wäre, ihn zu verteufeln, so verkehrt wäre es, konfliktfreie Gesprächsformen gänzlich abzulehnen. Small talk, Liebesgeflüster, Partygespräche, Belehrungen, Anordnungen, Befragungen, Ratschläge, Trost, lockerer Meinungsaustausch – sie alle haben ihre Zeit und ihre Berechtigung. Gute Gesprächspartner verstehen es, ihren Kommunikationsstil den jeweiligen Partnern und Gelegenheiten anzupassen. Sie spielen auf der gesamten Klaviatur menschlicher Ausdrucksmöglichkeiten.

3. Solange Menschen sich in fairer, das heißt gleichberechtigter Weise streiten, sind sie offen für Veränderungen. Sie zeigen damit Interesse aneinander und bemühen sich, die Beziehung zu verbessern. Der Streit ist ein gutes Mittel gegen sich langsam einschleichende Routine – solange nicht eine bestimmte Form ergebnislosen Streitens, die sich zwischen Sticheln und Zanken bewegen kann, selbst zur Routine erstarrt. (In diesem Fall kann ein Streit auf der Ebene der Metakommunikation wieder Bewegung in den Dialog bringen.)

4. Faires Streiten ist nicht nur ein Zeichen der Achtung vor unserem Partner, sondern auch vor uns selbst. Wer im Innersten überzeugt ist, über die richtigen Argumente zu verfügen, hat es nicht nötig, den anderen mit irgendwelchen Tricks zu überrumpeln. Natürlich kann es passieren, daß wir wider Erwarten in einem Wortgefecht unterliegen, als dessen Sieger wir uns schon gesehen haben. Für einen sachlichen Streit ist nicht entscheidend, wer gewonnen hat, sondern daß sich am Ende das bessere Argument durchsetzt. Zum kulturvollen Streiten gehört auch, in Ehren verlieren zu können. Das Eingeständnis, sich geirrt zu haben, ist für eine Partnerschaft nützlicher als das unrealistische Streben nach absoluter Fehlerlosigkeit. Noch besser ist es natürlich, wenn die Kontrahenten eine Lösung finden, bei der beide recht behalten.

Die Zukunft unserer Gesellschaft wird immer mehr von unkalkulierbaren Risiken verdunkelt. Überbevölkerung, neue Nationalismen, Nord-Süd-Konflikt, Ozonloch, Aids – das sind nur einige Themen, für die wir bisher keine Lösung gefunden haben. Wir wissen nur, daß die Existenz der Menschheit auf dem Spiel steht und daß es schon sehr bald zu spät sein kann. Der Streit um Auswege aus den globalen Krisen ist längst entbrannt. Daß sich dabei die besseren Argumente durchsetzen mögen, unabhängig vom Ansehen und der politischen Macht der Kontrahenten, das wird für uns und unsere Kinder überlebenswichtig sein.

Anmerkungen

1 A. M. Esch (1983), zitiert nach Friedemann Schulz von Thun: Miteinander reden 2, Reinbek bei Hamburg 1989, S. 25.

2 Das bekannteste Buch von Josef Kirschner heißt «Manipulieren – aber richtig».

3 In der Literatur auch unter den Bezeichnungen «Verbalisieren» oder «Du-Botschaft» zu finden.

4 Dabei war Lorenz' Auffassung nicht neu. Schon Freud war überzeugt, daß es einen angeborenen Aggressionstrieb gibt.

5 Stand April 1994. Zitiert nach einer Meldung der «Berliner Zeitung» vom 18.4.1994, S. 16.

6 John Klama: Aggression: The Myth of the Beast Within. New York 1988, S. 93 f.

7 Das sind Befragungen, in denen Rahmenfragen vorgegeben waren. Der Interviewer konnte aber gleichzeitig durch Zusatzfragen, die sich aus der Situation ergaben, die Antworten der Befragten tiefer ausloten. Dadurch waren die Interviews vergleichbar, ohne daß die Besonderheiten verloren gingen. Die Untersuchungen wurden im Herbst 1991 vom Interdisziplinären Institut für Humanontogenese der Humboldt-Universität durchgeführt.

8 Unterdrückung von Angriffs- und Verteidigungsbestrebungen, insbesondere die Verdrängung feindseliger Impulse führt langfristig zu Störungen des sympathischen Nervensystems mit psychosomatischen Erkrankungen wie Bluthochdruck, Herzerkrankungen, Arthritis, Kopfschmerzen und Migräne. Die dauerhafte Unterdrückung von Fluchttendenzen hat dagegen Störungen des parasympathischen Nervensystems zur Folge, das heißt Magengeschwüre, nervöses Asthma, Erschöpfungszustände und alle Arten von Darmerkrankungen. Siehe: Franz Alexander: Psychosomatische Medizin. Berlin, New York 1985, S. 32–44.

9 George R. Bach, Herb Goldberg: Keine Angst vor Aggression. Frankfurt a. M. 1981, S. 125.

10 In der Literatur auch unter der Bezeichnung «Etikettierung» zu finden.

11 In Frankreich beispielsweise wird zwar mehr gestritten als bei uns, aber man verklagt sich viel seltener vor Gericht. Rechtsschutzversicherungen, die annähernd jeder vierte Deutsche abgeschlossen hat, sind bei den Franzosen unbekannt.

12 Darunter versteht Eric Berne, der Begründer der Transaktionsanalyse, einen Lebensplan, der auf einer in der Kindheit getroffenen Entscheidung

beruht und in dessen Befolgung man von den Eltern gestärkt wird. Alle nachfolgenden Ereignisse werden vom Individuum im Sinne einer Verstärkung dieser ursprünglichen Entscheidung interpretiert.

13 P. G. Zimbardo: Nicht so schüchtern! Landsberg am Lech 1986, S. 150.

14 Diese Ebene wird von Friedemann Schulz von Thun als «Selbstoffenbarung» bzw. «Selbstkundgabe» bezeichnet.

15 Anfang der sechziger Jahre waren lediglich 14 Prozent der westdeutschen Haushalte mit Telefon ausgestattet, heute sind es weit über 90 Prozent. (In der DDR betrug der Anteil bis in die achtziger Jahre 8 Prozent.) Es ist erstaunlich, wie viele Menschen, die per Telefon eine Vielzahl von Kontakten unterhalten, ihre eigenen Nachbarn nicht kennen.

16 So schreiben Berndt Zuschlag und Wolfgang Thielke in «Konfliktsituationen im Alltag» (Stuttgart 1989): «Konflikte können auch eine kreative Funktion und motivierende Macht haben... Sie können absichtlich herbeigeführt werden mit dem Ziel, bisher unbeachtete Probleme einer Lösung zuzuführen, Wege zur Neuorientierung aufzuzeigen, Selbsteinsicht und Horizonterweiterung zu fördern. Manche notwendige Veränderung kommt durch die Einleitung und die Bearbeitung des Konflikts überhaupt erst in Gang.» (S. 11)

17 Zuerst in einem Beitrag von Scott und Fredericson aus dem Jahre 1951.

18 Zum Beispiel von Iwan Pawlow und Hans Jürgen Eysenck. Hohe Streitbereitschaft kann nach heutigen Erkenntnissen erklärt werden aus einem Zusammentreffen von hoher Aktivität, starker Emotionalität (starke Erregbarkeit der Gefühle und Intensität der Gefühlsreaktion sowie hohes Affektniveau) und Impulsivität, siehe dazu: John Klama: Aggression. The Myth of the Beast Within. New York 1988, S. 94.

19 Die Unterteilung der Beziehungen in symmetrische, komplementäre und metakomplementäre stammt von J. Haley (1978), zitiert nach F. Schulz von Thun: Miteinander reden 1. Reinbek bei Hamburg 1981, S. 181 f.

20 Ausführlich zu diesem Sonderfall von Paarbeziehungen: Jürg Willi: Die Zweierbeziehung. Reinbek bei Hamburg 1990.

21 Siehe zum Beispiel: C. Rothkirch/I. Weidig: Die Zukunft der Arbeitslandschaft. Basel 1985; M. Baethge/H. Overbeck: Die Zukunft der Angestellten. Frankfurt a. M., New York 1986.

22 Behinderte werden vier- bis fünfmal so häufig Mobbingopfer wie der Durchschnitt der Arbeitnehmer. Dagegen gibt es zwischen Männern und Frauen kaum Unterschiede. In Schulen, Verwaltung und Universitäten kommt Mobbing überdurchschnittlich häufig vor; im Handel, Produktion und Gesundheitswesen ist es seltener als im Durchschnitt. Die Häufigkeit des Mobbing steigt mit der Größe des Betriebes, siehe: Heinz Leymann: Mobbing. Reinbek bei Hamburg 1993, S. 98 und S. 82 ff.

23 Kontaktadressen bei den Gewerkschaften und in dem Buch von Heinz Leymann (siehe Literaturverzeichnis).

24 Zu deutsch «Laßt es geschehen». Der Ausdruck stammt aus der klassischen politischen Ökonomie und bezeichnet ursprünglich das Ideal der freien Marktwirtschaft, ohne staatlichen Eingriff die Selbstregulierungsmechanismen des Marktes im freien Spiel der Interessen wirksam werden zu lassen.

25 Siehe F. Schulz von Thun: Miteinander reden 1, Reinbek bei Hamburg 1981, S. 164.

26 In einer repräsentativen SPIEGEL-Umfrage unter Jugendlichen im Alter zwischen 14 und 29 antworteten auf die Frage «Warum sind Sie auf der Welt?» 53 Prozent: «Ich möchte das Leben genießen». Die weiteren Antworten: «Ich suche Geborgenheit in einer eigenen Familie» (20 Prozent); «Ich möchte allen zeigen, was ich kann» (14 Prozent); «Ich bin auf der Welt, um etwas Gutes zu tun» (11 Prozent); «Ich will Macht und Einfluß» (2 Prozent). Zeitpunkt der Befragung: Sommer 1994. Siehe: SPIEGEL-Spezial, Ausgabe November 1994.

27 Die Bürger selbst sind sich dieser Tatsache bewußt. Auf die Frage, ob es zwischen Ost- und Westdeutschen mehr Gemeinsamkeiten oder mehr Unterschiede gibt, sagen 52 Prozent der Befragten in den alten Ländern, daß die Unterschiede überwiegen. Nur 18 Prozent sehen mehr Gemeinsamkeiten. Neue Länder: 70 Prozent bzw. 10 Prozent. Zitiert nach: Allensbacher Jahrbuch der Demoskopie. München 1993.

Literatur

Alexander, F.: *Psychosomatische Medizin*. Berlin–New York 1985

Allensbacher Jahrbuch der Demoskopie 1984–1992. München u. a. 1993

Argyle, M.: *Bodily Communication*. London–New York 1988

Axelrod, R.: *The Evolution of Cooperation*. New York 1984

Bach, G. R., Deutsch, R. M.: *Pairing. Intimität und Offenheit in der Partnerschaft*. Reinbek bei Hamburg 1979

Bach, G. R., Goldberg, H.: *Keine Angst vor Aggression*. Frankfurt a. M. 1981

Bach, G. R., Wyden, P.: *Streiten verbindet*. Frankfurt a. M. 1983

Baethge M., Overbeck, H.: *Die Zukunft der Angestellten*. Frankfurt–New York 1986

Beck, U.: *Risikogesellschaft. Auf dem Weg in eine andere Moderne*. Frankfurt a. M. 1986

Berne, E.: *Was sagen Sie, nachdem Sie ‹Guten Tag› gesagt haben*. Frankfurt a. M. 1983

Bühler, K.: *Sprachtheorie*. Jena 1934

Carnegie, D.: *Wie man Freunde gewinnt*. Bern–München–Wien 1986

Dentan, R. K.: *The Semai: a Nonviolent People of Malaysia*. New York 1968

Descamps, M.-A.: *Le langage du corps et la communication corporelle*. Paris 1989

Gordon, T.: *Familienkonferenz*. Reinbek bei Hamburg 1985

Habermas, J.: *Theorie des kommunikativen Handelns*. 2 Bde. Frankfurt a. M. 1981

Hall, E. T.: *The Hidden Dimension*. New York 1966

Holzheu, H.: *Gesprächspartner bewußt für sich gewinnen*. Düsseldorf 1984

Horx, M.: *Die wilden Achtziger*. München 1987

Huntingford, F., Turner, A.: *Animal Conflict*. London–New York 1987

Janis, I. L.: *Victims of Groupthink*. Boston u. a. 1972

Kirschner, J.: *Manipulieren – aber richtig*. München 1974

Klama, J.: *Aggression. The Myth of the Beast Within*. New York 1988

Knigge, A. F. von: *Über den Umgang mit Menschen*. Leipzig 1980

Lewi, W. L.: *Vom Umgang mit anderen*. Leipzig–Jena–Berlin 1988

Lewin, K.: *Die Lösung sozialer Konflikte*. Bad Nauheim 1953

Lewin, K., Lippitt, R., White, R. K.: *Patterns of Aggressive Behavior in Experimental Created «Social Climates»*. In: Journal of Social Behavior 10 (1939), S. 271–299

Leymann, H.: Mobbing. *Psychoterror am Arbeitsplatz und wie man sich dagegen wehren kann*. Reinbek bei Hamburg 1993

Liersch, W.: *Hans Fallada. Sein großes kleines Leben.* Berlin 1981

Lorenz, K.: *Das sogenannte Böse.* Wien 1963

Mehrabian, A.: *Nonverbal Communication.* New York 1972

Meissner, T.: *Wunderkinder. Schicksal und Chancen Hochbegabter.* Frankfurt a. M.–Berlin 1991

Naumann, F.: *Erkenntnis zwischen Abbild und Konstruktion.* Hamburg 1993

Rock, G.: *Sag doch einfach ‹Du› zu mir! Das Kontakt-Trainingsbuch.* München–Landsberg am Lech 1993

Rogers, C.: *Counseling and Psychotherapy.* Boston 1942

Rogers, C.: *Die klientenzentrierte Psychotherapie.* München 1972

Rothkirch, C., Weidig, I.: *Die Zukunft der Arbeitslandschaft.* Basel 1985

Ryborz, H.: *Die ‹Kunst› zu überzeugen.* Genf 1981

Sarcinelli, U. (Hg.): *Demokratische Streitkultur.* Opladen 1990

Schulz, G.: *Die Erlebnisgesellschaft. Kultursoziologie der Gegenwart.* Frankfurt a. M. 1992

Schulz von Thun, F.: *Miteinander reden 1. Störungen und Klärungen.* Reinbek bei Hamburg 1981

Schulz von Thun, F.: *Miteinander reden 2. Stile, Werte und Persönlichkeitsentwicklung.* Reinbek bei Hamburg 1989

Scott, J. P./Fredericson, E.: *The causes of fighting in mice and rats.* In: Physiol. Zool. 24 (1951), S. 273–309

Tannen, D.: *Du kannst mich einfach nicht verstehen. Warum Männer und Frauen aneinander vorbeireden.* Hamburg 1991

Watzlawick, P.: *Wie wirklich ist die Wirklichkeit?* München 1978

Watzlawick, P.: *Anleitung zum Unglücklichsein.* München 1983

Watzlawick, P., Beavin, J. H., Jackson, D., D.: *Menschliche Kommunikation.* Bern–Stuttgart–Wien 1969

Wessel, K.-F., Naumann, F. (Hg.): *Kommunikation und Humanontogenese.* Bielefeld 1994

Wessel, K.-F., Naumann, F., Lehmann, M. (Hg.): *Migration,* Bielefeld 1993

Wickler, W., Seibt, U.: *Das Prinzip Eigennutz.* Hamburg 1977

Willi, J.: *Die Zweierbeziehung. Spannungsursachen, Störungsmuster, Klärungsprozesse, Lösungsmodelle.* Reinbek bei Hamburg 1990

Zimbardo, P. G.: *Nicht so schüchtern!* Landsberg am Lech 1986

Zuschlag, B., Thielke, W.: *Konfliktsituationen im Alltag.* Stuttgart 1989

Streß mit dem Chef, Probleme in der Familie oder Angst vor der Zukunft - Probleme, die allein schwer zu meistern sind. Jetzt erscheint bei rororo das Psycho-Power-Programm zur Stärkung des Selbstbewußtseins, bekannt als **Neurolinguistisches Programmieren (NLP)**, das in den siebziger Jahren von den Amerikanern Richard Bandler und John Grinder entwickelt wurde. Knapp, praxisnah und verständlich geschrieben, bieten die Bücher konkrete Hilfe für Alltag und Beruf.

Barbara Schott
Gut drauf sein, wenn's schiefgeht
(rororo 9604)

Cool bleiben
(rororo 9603)

Andere Wege wagen
(rororo 9605)

Barbara Schott/ Klaus Birker
Freunde finden
(rororo 9668)

Prüfungsstreß ade
(rororo 9669)

Kompetent verhandeln
(rororo 9773)

Schüchternheit überwinden
(rororo 9774)

Dr. Barbara Schott ist seit 1984 Professorin für BWL und Marketing an der Fachhochschule Nürnberg. Ihre Ausbildung in NLP erhielt sie bei Reese, Grinder und Bandler in den USA und erwarb die «Certification in NLP» durch die «Society of Neuro-Linguistic - Programming». Seit langem unterhält sie ihr eigenes Institut «NLP-Praxis» in Nürnberg.

Klaus Birker ist Professor für Betriebswirtschaft (Führungslehre und Controlling) an der Fachhochschule Rheinland-Pfalz. Seit 1987 ist er zusammen mit seiner Frau tätig als Berater, Trainer und Coach, mit Zusatzausbildungen u.a. in NLP.

rororo sachbuch